Essays on Civil Politics

現代市民政治論

Takabatake Michitoshi

高畠通敏＝編

世織書房

はしがき

高畠通敏

「二〇世紀は戦争と革命の世紀」だったが、「二一世紀は市民政治の世紀」だという。同時多発テロに対抗して、アフガンへの容赦ない戦争に訴えた「アメリカ帝国」の力の信仰ぶりを見れば、二一世紀に戦争が廃絶されることは容易に期待できない。しかし、社会改革の手段としての革命への期待は、少なくとも先進工業国においては明らかに消滅した。それは、生産手段の国有化によって、資本主義社会よりも豊かな社会が構築できるという社会主義の夢が現実化しなかったためばかりではない。革命による権力奪取によって上からの社会改革を行うという方法が、半永久的に強権的な支配体制を持続させるという事実を、人びとが痛みとともに学習したからである。戦争の痛みは、「安全」にハイテク戦争を遂行する技術を開発したという神話とともに、勝者となった帝国のなかでは容易に忘れられてしまう。しかし、半世紀にわたったソ連・東欧共産主義体制の廃墟の後に、もう一度革命をという運動は、ソ連・東欧諸国はもちろんのこと、少なくとも先進工業諸国のなかでは、当分の間、大きな流れになることはないに違いない。

二一世紀の世界で市民政治の展開に期待が寄せられるのは、それが、革命運動がついえた後の今日、残された唯一の社会改革の推進力であるからだ。多くの国で、社会主義運動は社会民主主義運動へと路線を転換した。それはたんに革命ではなく平和的な方法で社会主義を実現するという一九世紀以来のもう一つの路線に戻ったということではない。今日の社会民主主義は、市民的な社会主義という新たな路線へと入ることによって、生命力を持続しているのである。すでに、めざすべき社会主義の内容も大きく変化した。それは環境問題、差別問題、南北問題、分権問題など新たな課題を社会主義の内容に取り込まなくてはならなかった。それは多くの国において、伝統的な社会主義運動ではなく市民運動が取り組んできた課題だった。ヨーロッパ諸国の社会主義運動は、市民運動と協力し、その上に運動の新たな基盤を構築しなおすことによって生命力を復活させたのである。

革命への幻想は崩壊しても、革命への期待を生んだ社会構造は、その姿を変えながらも基本的に持続している。豊かな社会化のなかで貧富の対立こそ弱まったが、資本主義経済はいぜんとして、働く人間の都合や生活者としての消費者のニーズに沿ってではなく、企業の都合に沿って利潤本位に運営されている。不況になれば、労働者の首切りが構造改革という名の下で行われ、法や世論の網の目をかいくぐって欠陥商品が生産され、公害がまきちらされる。また、資本主義経済が機能しつづけるために、資源やエネルギーを乱費しながら消費者心理をくすぐって過剰な商品生産が行われる。他方、政治権力が、選挙とマスメディアの上に乗った大衆民主主義の装いをまといながら、いぜんとしてこういう資本主義や企業の利害と密着した政策を遂行して、人びとの生活を振り回していることも変わりはない。日本の与党と政府が、自身の政権基盤である土建企業や銀行あるいは官僚層を富ませるために国費を惜しみなく投入し、危機となれば国費で救済することを繰り返して、GDPの一・三倍を超える公的負債をつくって身動きできなくなっている事実が、端的にそれを証明している。

現代の問題は、こういう社会構造と多元的な民主主義が一体となって、利益の民主主義という政治構造を生みだしていることだ。企業や業界は、利益団体を形成して政治に圧力をかける。そこには補助金が目当ての地方公共団体や地域団体もふくまれる。政治権力は、こういう利益団体に組織化された「世論」に民主的に耳を傾けるという形で、政治を運営する。利益団体のなかには、かつて社会的弱者であった労働者の声を代弁し、社会改革さらには革命の旗手であった労働組合の多くも、いまやふくまれているのである。

かつて、アメリカでは、こういう利益の民主主義を現代における新しい多元的民主主義として擁護する議論があった。社会的弱者がそれぞれ利益団体を組織し政治に介入するなら、そこにお互いの均衡状態が生まれ、やがて政治は、数の上で圧倒的な多数である弱者の声に耳を傾けるに違いないと。

しかし、この理論は二つの点で決定的に間違っていた。第一に、弱者は弱者であるがゆえに、強力な組織をつくれないのである。第二に、そしてより根本的な問題は、たとえ弱者が自身の利益団体を組織しえたとしても、利益の民主主義は真に望ましい民主主義なのだろうかということだ。それはロールズが『正義の理論』で提起したポイントでもあった。政治は、民主的に不正義を行うことがある。たんなる民主主義は、政治の最終的な目標ではありえないのだと。

そこに市民政治が、利益の民主主義を超えて形成され展望される基本的な理由がある。世界のなかで人びとが市民として声を挙げはじめた二〇世紀の終わりの四半世紀、その発想の原点に、生活の新たなイメージがあった。もちろん、生活の基盤には、収入の確保があり福祉の充実がある。戦前の政府の生活保護や戦後日本の労働運動の生活防衛という言葉は、生活をそういう経済的・物的な基盤においてのみとらえている。しかし、豊かな社会化の進展のなかで、その意味は大きく変わった。生活という言葉は、いまや日常的な暮らしにおける量より質を、物的な満足より精神的な充足を問うシンボルになっている。その意味で生活は、これまで仕事のための休養、エネルギー充填の時間としてしかとらえられなかった余暇生活や家庭生活を中心に、地域コミュニティでの活動や宗教・文化・スポーツなどの活動などを基本的な側面として組み立てられるものへと変化しているのである。

こういう意味での生活から発想する市民政治が、そして最近の用語に従うなら市民社会の再構築が、資本主義機構と市場原理を何よりも優先する現在の先進工業諸国の政治権力と社会システムに、本質的に正面から向き合うものであることは当然だといえよう。その力は、現在、決して大きなものだとはいえない。しかし、それは多くの国において、決して無視できない力に育ってきているのもまた、事実である。

現代の市民政治は、また、市民の政治への直接参加を志向する。かつてルソーがイギリスのブルジョア市民政治について指摘したように、選挙で選ばれた代表に政治的全権を委ねる代表制民主主義は、議員や政党が特権的な身分や地位を占める時代と見合っているからである。大衆的民主主義の装いの下で、支配政党や議員たちがしばしば人びとの期待を裏切るのは、それが容易に権力的地位や組織に転化するからだ。この意味で、市民政治の発展にともない、どの国でも住民投票や国民投票が導入されるようになる。そして、それはまた地方分権や政党組織の変化などと連動してゆくのである。

しかし、市民政治についてのこのような理解の仕方が、今日のところでは必ずしも一般的でないことも、また事実なのである。「国民の教科書」問題で明らかにされたように、国家だけが公共性を代表するという伝統的な保守主義や国家主義の考え方の下では、国民や公民に対して、市民運動は私生活の幸福に満足し地域エゴにとらわれた運動だと切り捨てられる。他方では、伝統的な左翼の立場からは、市民とは結局プチブルジョア（小市民）以外のなにものでもなく、労働運動を通じての生産関係の変革がなくては社会は変わるはずがないという決まり文句が返ってくる。

私たちは、こういう批判にそれなりの基盤があることを認めなければならない。近代ヨーロッパにおいて、市民革命を通じて生みだされたブルジョア市民社会は、人権思想や立憲主義を生みだし、政府は社会の信託の下にあり限定的な権力しかもちえないとする新しい原則を作りだしたが、ブルジョアとしての階級的基盤を乗り越えることができなかったし、国民という形で団結することに批判の目をもたなかった。市民たちは、労働者階級を市民社会の外にしめだし、また、国民国家が植民地をもちながら強大になることを歓迎したのである。彼らにとって、市民社会ということの第一の意味は、アダム・スミスが「諸国民の富」で示したように、契約と信用のシステムを通じて市場経済を確立することにあり、所有権や契約の意味を定めた市民法（民法）は、その意味で市民社会の基盤となるものだった。

いま新たに構築されようとしている現代の大衆市民社会は、その意味でかつての市民社会の再現であってはならないし、またありえないだろう。現代の市民は、下に差別すべき階級がある特権身分ではなく、またその中心的な関心は、生産よりも余暇に向かっている。私たちは、こういう市民活動の担い手の大きな部分が、ブルジョア市民社会はもとより社会主義運動のなかでも差別されつづけてきた女性であることに留意しなくてはならない。また、多くの市民運動は、今日、国民の枠を超えて国際的な連帯の下に活動している。そこでは地球市民という表現も生まれている。非営利組織（NPO）や非政府組織（NGO）の成長にともない、こういう非営利活動のネットワークとして市民社会の構築をめざす考え方も急速に広がっているのである。

だが、こうした期待が絶対的なものでないことも、また私たちは認めなくてはならない。欧米では、広義の非営利組織のなかに教会や学校そして組合などをふくめて考えるのが普通だが、こういう非営利組織も容易に利益団体の性格を帯びるようになり、利益政治に巻き込まれるのである。また、オルテガのように、大衆という言葉を非理性的で短見な人びとと定義すれば、私たちは今日のひとりの人間のなかに、市民、労働者そして大衆がせめぎ合っていることを認めなければならない。この意味で、市民を自称する組織や運動そして政党が、排外的なナショナリズムや差別的な国民意識にとらわれないという保障はない。

したがって、市民という言葉は、また、定義の問題でもある。市民政治の問題が広がってゆくにつれ、市民や市民社会ということの〃真〃の意味はなにかの論争は、高まってゆくに違いない。だが、その論争を通じて、現代において市民ということがいわれるとき、それがかつてのブルジョア市民と同じ意味ではありえないということもまた広く認められてゆくに違いない。

ここで市民政治とは、このような現代の大衆市民社会の成熟の過程で、それと平行して、またそれを支える形で展開した現代政治の側面をさしていわれている。その過程は単純ではない。市民参加の拡大は、これまでの代表制民主主義や中央集権的制度とさまざまな軋みを発する。その落ち着く先は、それぞれの国において異なっている。民族的マイノリティの権利を樹立し、国民国家を多文化国家に改編しようという運動が、住民投票という形で否定されるところも生まれる。市民政治の前進は、国家の政治制度の改編から人びとのエートスの変革をめざす多様な戦線でたたかわれ、そこにはすべての政治の変革と同じように、漸進主義からラジカリズムにいたるさまざまな志向がからみあう。その意味では、市民政治の展開は、革命と対照的に時間をかけて熟成させることが必要な変革過程である。しかし、それゆえに、市民政治を通じて形成された変革は、非可逆的で長期的な変革として定着してゆくことになる。

この本では、現代におけるこういう市民政治の展開のさまざまな断面が取り上げられ分析されている。一見バラバラのように見えるが、それはすなわち市民政治の多面性の表れでもある。これらの断面を重ね合わせることによって、読者が今日、政治の世界で進行している静かな、しかし巨大な変革の全体像を感知することができれば、編者としてそれに勝る幸せはない。

二〇〇二年五月

現代市民政治論＊目次

市民社会論再考

1 「市民社会」とはなにか

――［戦後日本の市民社会論（1）］

市民社会（civil society）をめぐる議論は、東欧の民主化革命においてソビエト的独裁体制に対抗する側のスローガンとして市民社会の防衛が登場して以後、ヨーロッパの思想運動や学界を中心に急速に広がった。その中心的な論客であるジョン・キーン(2)によれば、市民革命期に成立し多用されたこの概念は、一九世紀後半以降の現代社会化のなかで、新しい時代に適合しない旧びた概念として、西欧社会ではほとんど忘れられていたという。そこには、ヘーゲルやマルクスによる市民社会（bürgerliche Gesellschaft）批判が、大きな影響を及ぼしたことは、当然である。しかし、ソ連・東欧社会主義の崩壊以降、国家から自立した市民社会の成熟は、現代民主主義の成立の基本的な前提として広く注目されるようになり、歴史的な文脈から切り離された一つの理念型として、時には規範的な意味をもたされて、世界的に論じられるようになった。キーンは、この意味で、「二一世紀は市民社会論の世紀」とさえ主張している。

この文脈のなかで、日本における市民社会論の歴史に注目が集まるようになったのは、学問の国際化という意味でよろこばしい。キーンは、東欧の民主化革命に先立って、日本のマルクス主義思想のなかで、内田義彦、平田清明らによって市民社会が肯定的にとらえられるようになったことを現代世界における市民社会論復興のはじまりの一つとして評価している(3)。その後、日本の研究者たちによって、日本における市民社会論に関する多くの英文の研究論文が書かれるようになった(4)。この小論は、それらの業績をふまえながら、私見を若干付け加え、一つの問題提起として書かれている。

1　用語の問題

近代日本における市民社会に関する論議をふりかえるとき、「市民社会」という用語の問題が、大きな役割をはたしてきていることに、まず留意しなくてはならない。現在のヨーロッパにおける市民社会論の復興には、civil society という英語あるいはフランス、スペイン、イタリア等の諸国語におけるそれと同系の用語の存在が大きな役割をはたしてきている。ラテン語の civis（市民）に由来する civil という英語は、野蛮の反対語としての文明（civilization）や洗練（civilized）あるいは文化・教養（civility）、軍人の反対語としての文民（civilian）、国家の法と区別された民事法（civil code）、政治的参加権としての市（公）民権（civil right）などの概念への広がりをもっている。したがって、最近の civil society 論の復興において、civil society という概念は、容易に「法的に保護された非暴力的、自立的、自己発展的で、国家とは常に緊張関係にある非政府的な諸制度の総体」(5)として理念型的に再定義されることが可能なのである。

リーデルが詳しく分析しているように(6)、civil society という概念が具体的に何を意味していたかは論者によって一様ではない。たとえば、この言葉がはじめて登場した市民革命時のイギリスにおいて、ロックはそれを、契約によってつくられるべき政治社会すなわち市民国家の意味において使用したのに対し、スミスは、政治から自立した市場経済を中心とする経済社会の意味においてこの言葉を使った。だが、それが肯定さるべき新しい社会の意味において使われていた点では共通している。

しかし、同じように市民を意味する中世フランス語由来の bourgeois (仏) や Bürger (独) には、civil のような概念の広がりはない。そしてドイツには、市民社会に相当する言葉としては bürgerliche Gesellschaft という言葉しか存在していなかった。一九世紀前半のドイツにおいて、bürgerliche Gesellschaft の問題を論じたヘーゲルは、スミスの用法を受けつぎながら、それをたんなる「欲望のシステム」とし、人倫のシステムとしての国家によって止揚されるべきものとして否定的に描きだした。マルクスにおける言葉の用法も、基本的にヘーゲルを継承しているといってよい。したがって、現代の新しい市民社会論に対応するために、ドイツではハーバーマスらによって zivil Gesellschaft というそれまで一般的でなかった術語が提唱されるようになったのは周知の通りである(7)。

さて日本では、こういう歴史をもつ civil society と bürgerliche Gesellschaft の両者に対し、ともに市民社会という訳語が当てられてきた。知識人の間における概念の混乱がはなはだしいのは、当然である。そしてマルクス主義の影響の強かった戦前・戦後の知識人の間では、市民社会という言葉は、直ちにブルジョア社会と言い換えられ、否定的な概念として理解されるのが一般的だったといえよう。

日常語としての市民という言葉が、日本語として明治維新以後導入された官製の言葉であることが、さらに問題を難しくしている。市民は、通常、行政的に村や町と区別されて市と定められた地域の住民だけをさす。東京都のように、市とは別な名称をもつ大都市の住民は、市民ではなく都民なのである。市民権や市民運動などという問題との関連で、行政的地域区分に関係なく市民という用語がジャーナリズムなどで使われるようになったのは、ほんのここ二、三〇年のことに過ぎない。だが、たとえば英語で American citizen というのと同じように日本語で「日本市民」ということは、まだ一般的ではない。一九九八年の市民活動促進法案の審議において、市民活動とは反政府的な活動を意味するという自民党側からの批判にあって、名称を特定非営利活動促進法案（通称、NPO法案）と変更させられたことは、市民や市民社会という言葉が、いまだに日本において市民権を得ていないことを物語っている(8)。

こういう事情をふまえれば、現在の新しい意味における市民社会の提唱の日本における歴史をふりかえるにあたって、市民社会という用語を使って議論した論者に限って照明をあてるのは不適当だといわなくてはならない。たとえば、今日の時点からみて、戦後日本において市民社会確立の必要性を主張し、事実上、市民社会問題の最初の提起者となったとみなされている大塚久雄、丸山眞男の両者とも、市民社会という用語を肯定的な意味で使っていないのである(9)。その代わりに両者が多用したのは、近代社会という言葉だった。他方、マルクス主義の流れのなかで、市民社会という言葉に肯定的な意味をもたせて使った最初のひとりである平田清明は、厳密には今日的な意味での civil society としての市民社会を考えたのではなかった。彼は、マルクスにおける bürgerliche Gesellschaft の概念の分析を通して、西欧諸国において資本制社会が市民社会すなわち bürgerliche Gesellschaft という形態の下に現れることの積極的意味を明らかにするのに精力を傾けたのである(10)。

2　戦後啓蒙運動と市民社会

キーンがいうような意味での復活した市民社会概念は、具体的にどのように定義することができるだろうか。今日、市民社会として論じられていることの内容は、急速に増大した論者によって、少しずつ異なる。だが、その核に、共通したものがあることは疑えない。それをたとえばマイケル・ウォルツァーの言葉を借りて、強権的な政治と弱肉強食的経済システムを抑制する社会内の構造やネットワークへの探求とするなら(11)、私たちは戦後日本において、同じような探求を志したさまざまな知的な努力を見出すことは難くない。なぜなら、戦前の軍国主義の台頭とそれに続くアジアへの侵略に対して無為無力であったことへの「悔恨」は戦後の知識人に広く共有されていたし、また彼らを圧倒した日本軍国主義の力が、たんに強権的な政治や法的な制度によってのみでなく、戦前日本の社会的、文化的な構造によって支えられていたという認識も、一般的だったからである。かつて私も参加した戦時中の知識人の転向についての共同研究(12)が明らかにしているように、社会主義的知識人や自由主義的知識人は、思想警察（特高）だけでなく、天皇崇拝やアジア侵略に熱狂する大衆も、彼らを抑圧し転向するよう強制すると感じ続けていた。こういう知識人たちが、戦後の民主改革が政治的、法的な領域にとどまるなら、それは永続しないと考えたのも、当然だといわなくてはならない。

もちろん、そこには国家権力による資本主義経済システムの廃棄すなわち革命が、平和主義的政府をつくる唯一の道だと信じる知識人たちもいた。絶対主義的な天皇制、伝統的な地主制そして強権的な軍部は占領改革のなかで解体されたが、天皇制自体は、スムースな占領行政を確保するという目的の下で温存された。資本主義制度は維持され、朝鮮戦争勃発後は、日本を自由主義陣営の極東における兵器工場にするというアメリカの政策の下で、財閥の復活などその強化へと向かった。同じように、アメリカ軍の後方部隊として自衛隊が創設され、次第に強化されていった。資本主義の廃棄とアメリカからの完全独立をめざす革命のみが、平和で民主的な日本の政府をつくる唯一の道だと信じる知識人が輩出するに十分な歴史的な背景があったというべきだろう。

こういう状況のなかで、革命よりも、日本の伝統的な社会構造と文化の改革の方が急務だと主張するのは、それなりに勇気を必要とする行動だったといえよう。彼らは、日本社会の「近代化」の必要を説いたという意味で、しばしば「近代主義者」というレッテルをはられ、また、西欧市民社会を近代化のモデルとしたという意味で西欧崇拝として非難された。集中砲火は、革命主義の左翼、民族主義の右翼両者から浴びせられたのである。こういう「近代主義者」の典型として、大塚久雄、川島武宜、丸山眞男などの名をあげることができる。マルクス主義のなかでも、羽仁五郎や内田義彦のように講座派の流れを汲む一部の人びとが、彼らと近い立場に立った。講座派は、戦前日本の天皇制や軍国主義が、近代以前の共同体的社会構造に結びついていると分析することによって、日本の近代化を社会主義革命の前提条件としたからである。

革命よりも「近代主義的」な社会改革が日本にとって急務だと、こういう知識人たちが信じた基本的な理由は、なんだったのだろうか。それは基本的に彼らが、革命を志向する左翼陣営のなかに天皇制を支えたのと同じメンタリティが生きていることを感じたことによる。それはすなわち、政治至上主義と結びついた権威主義にほかならない。こういうメンタリティを温存したままの革命の帰結は、彼らがまさに対決してきたものと同じ種類の権威主義的強権体制を生むことになるだろう。この意味で、戦時中の日本が、西欧諸国のようにイデオロギー的な右翼と左翼の対抗だけでなく、それを超える天皇制という問題を抱えていたことは、一部の知識人にとって、イデオロギーを超えた社会と文化の「近代化」すなわち市民社会の構築という課題に、現代西欧社会よりもはやく目覚める機縁になったということができる。

*

このようにして、主体性論争にはじまる市民的人間の創出と一般化に向けてのさまざまな言説が展開され、また、それを支える社会的な条件についての探求が、これら「近代主義者」たちによって精力的に遂行されたのである。それらは、知識人という立場から雑誌や新聞あるいは教壇を通じてなされたという意味で、ときに戦後啓蒙運動とも呼ばれている。

3　戦後啓蒙運動についての若干のコメント

すでに多くの分析があるこれら戦後啓蒙運動やそこにおける個々の知識人の活動について、私がここで関説する必要はない(13)。ただ、戦後日本において市民社会問題がどのように追求されてきたかという主題との関連で、若干のコメントを述べるにとどめたい。

第一に、これら知識人は、必らずしも「啓蒙」というレッテルから推量されるような意味での近代的理性主義を説いたわけではなかった。彼らは、理性に導かれた調和的な市民社会を夢見たりはしなかった。彼らが主張したのは、ウエーバー的な意味でのエートスの変革だった。そしてマックス・ウエーバーは、多くの論者において共通の理論的拠り所だった。それはエートスや文化の問題は、たんなる上部構造の問題にすぎないとするマルクス主義的な左翼陣営に対抗するための理論的な基盤として必要だったというばかりでない。二〇世紀半ばという現代技術文明が浸透した社会のただなかで、その社会を「近代化」するという課題に直面しなければならなかったということの反映でもあったのである。

彼らは、権威主義的メンタリティを乗り越えた自主的な個人の確立が、たんに西欧市民社会の模倣という問題を超えた現代民主国家の普遍的な前提条件であると考えていた。しかし、彼らはまたそういう主体性が、近代的理性の働きによって生まれると信ずることがもはやできない時代に生きていたのである。この意味で、保守派ジャーナリズムが、これら「近代主義者」たちに付した「進歩主義者」というレッテルもまた誤っているというべきである。西欧近代の市民革命を推進した進歩主義者たちと対照的に、日本の「近代主義者」たちは、自分たちが主張している「近代化」や民主化が、時代の必然的な進歩に沿っているという楽観をもっていなかったからである。「虚妄の戦後民主主義に賭ける」という丸山眞男の有名な言葉は、その自覚の表れにほかならない(14)。

無教会派のクリスチャンである大塚久雄にとって、主体性の確立あるいは再生はたんなる理性的啓蒙によってではなく信仰を媒介としてなされるというウェーバー的なテーゼは、この意味で正面から受け止められるものだったに違いない。しかし、そうでない丸山眞男においては、エートスの変革いいかえれば文化革命への梃子は、ウェーバー理論の別なところに探られねばならなかった。それはすなわちセクトという自律的集団を基本単位とする社会の多元的な再編成ということにあった。そこから思想的自由と異論への寛容という新しいエートスが生まれ、それがファシズムや全体主義へ社会がなびかない防波堤となる。西欧市民社会の歴史的経験は、このようにして普遍的な人類の教訓となる。それが丸山における「近代主義」の意味だった。

第二に、「近代主義者」たちが直面していたのは、たんに前近代的なエートスや社会構造の問題だけではなかった。彼らはまた、現代大衆社会の到来にともなう問題にも直面していた。前近代的な権威主義的、家父長制的な社会構造は、ポスト近代的な大衆組織化や同調主義の心理と重合していた。

このような状況の下で、主体的個人の意味を強調することは、たんなる西欧近代的な主体性の復活を説くことではありえなかった。丸山眞男は、「現代社会における人間と政治」(15)と題する論文のなかで、現代の目覚めた個人は、いかなる組織のなかでも「境界人」としてとどまり、組織にからめとられないことが必要だと説いている。集団や組織に対する彼の警戒心は徹底していた。それは、強権的な支配や左翼的大衆運動に対抗して立ち上がったばかりの市民組織に対しても同様だった。一九六〇年の安保闘争で出現したばかりの市民集団を激励しながら、彼は書く。

デモクラシーが逆説だからこそ、それは運動としてだけ本当に存在する。声なき状態はそれ自身何ものでもない。しかし、声ある状態を固定することもまた運動の死を意味する。願くはこの会に不断の生命あらんことを——(16)

六〇年安保に際して、議会制民主主義の確立のために研究室を出て抵抗運動の先頭に立った丸山眞男は、事態が収束に向かった後、他の多くの「近代主義者」たちとともに研究室に戻り、学者としての仕事に専念する。市民は、民主的社会の原則が危険に瀕するときは、立ち上がらなくてはならない。政治的な自由を確保するために、市民は日常生活においてふだんから備えていなくてはならない。しかし、平時においては、市民は社会内におけるそれぞれの活動に専念すべきである。日常的には非政治的な市民が、緊急時に政治的な抵抗運動に立ち上がることに意味がある。大胆に要約するなら、それが丸山眞男をはじめとする「近代主義的」知識人の一般的な考えだったとすることができよう。

こういう考え方のなかに、ウェーバー的な職業（Beruf）観が反映していることを見ることは容易である。だがそれは、いわば専門的職業をもって自立している人たちにのみ可能な職業観でもあった。大衆的な市民の多くは、平時の日常生活を営むために、さまざまな市民的な政治活動を組織する必要性に迫られているのである。たしかに、これらの市民活動自体が、やがて既成の組織となって運動として生命を失うようになる危険を指摘することは重要である。だが同時に、「近代主義者」たちが、その危険の指摘にとどまって、そこからさらにどのようにして市民の政治運動を日常的に組織してゆくかという問題に踏み込んでゆかなかったことを確認しておくことも重要である。

第三に、これらの言説において、当時の「近代主義者」たちが、創出すべき近代的主体を一般に国民という言葉で表現していたことが、今日の時点において、しばしば、彼らの限界として指摘されている。それは、彼らがいまだナショナリズムにとらわれており、今日論じられているようなグローバル・シティズンシップへの展望をもっていなかった例証として語られている(17)。このような批判があたっている場合もあるだろう。しかし、他方では、冒頭にふれたように、戦後のこの時期において、今日の意味における市民という言葉が、一般的でなかったということも考慮に入れられるべきである。そしてまた同時に、国民という言葉が、今日、通常、理解されている nation という意味よりも広い文脈で使われていたことも、考慮にいれられなくてはならない。たとえば日本国憲法の公式な英訳を参照すれば明らかなように、前文において「国民」は、Japanese people に対応する言葉として表れている。翻訳すれば、それは「日本人民」としてもおかしくない。実際、人民という言葉が共産党系の用語として手垢がつくまえは、大学の憲法の講義でも、国民主権と人民主権という用語は区別なく使用されていた。歴史をふりかえっても、このことは明らかだろう。明治憲法が、公式用語として「臣民」という言葉を定めていた明治の中期において、国民主義を主張することは、当時の国権論に対する批判の表れであった。「近代主義者」たちが国民という言葉を使用するなかに、ナショナリズムの感覚がまったくなかったとはいわない。しかし、それは、フランスにおいてナショナリズムがはじめて生まれたときのように、日本という国民社会を、平和と民主主義という新しい原則、新しいエートスを共有する国民社会として再生させたいという願望に裏付けられたものであり、その限りでのナショナリズムだった。中国文学者の竹内好が、日本近代の国民的伝統と中国のそれとを対照させながら、日本民族の道義心再生の希望をこめて国民文学論を提唱したのも、こういう時代の文脈の中においてである。それは、今日の市民社会論の文脈におきかえていうならば、日本の市民社会における普遍的なヴィルチュ（モラリティ）あるいは公共性の構築の問題だったといってよい。国民という用語のなかで実質的に論議されていたことを無視して、アプリオリにその限界をいうことは、必ずしも当を得た判断とはいえない。

朝鮮戦争以後、日本の政治がいわゆる「逆コース」に入り、占領改革の成果が一つずつ元に戻されてゆく時代環境のなかで、それまで人民主義を呼号していた共産党をはじめとする左翼運動が幅広い結集をめざして、国民運動の組織化に乗りだす。それは一九五五年の社会党の統一を経て六〇年安保の運動へと高まってゆく。国会での強行採決に反対する三〇万人近くの抗議の人波を一ヵ月間国会周辺へと集め、ついにアメリカ大統領の訪日を中止させ、岸内閣を総辞職に追い込んだこの運動は、日本の近現代史における最大の革新的国民運動だった(18)。国民という用語の下で、戦後の「近代主義者」の運動は、ひとつの現実的な成果を収めたということができよう。しかし、それはどのような現実であったのか。

実際において、この六〇年安保は、いわば二つの「国民」が対決した事件だった。保守派にとっての国民とは、地方の共同体的なネットワークや企業、利益団体の下に組織されている人びとだった。これに対し革新派の国民は、運動を指導した安保改訂阻止国民会議を形成した一三八の全国的な組織の下に結集していた。その中心は労働組合や革新系の大衆組織、学生組織そして文化団体などであり、二〇〇〇を超える地方団体がその傘下にあると称された。

一九五五年前後は、近代日本における新しい組織化の波の出発点とされている。それまでの村落共同体と企業、宗教、教育、労働などの職能的組織や学生運動、婦人運動などの大衆組織をこえて、農協などの職業的利益団体やスポーツ・文化などの領域での全国組織が形成され、また原水禁運動などがつくられていった。それは都市化が進行するなかで日本社会に新たな多元的なネットワークがつくられてゆく時期であったとすることもできる。革新運動の側における国民的組織形成もまた、新しい社会条件、出現しはじめた戦後の多元的な市民社会への適応の試みだったということができるだろう。

しかし、この国民運動は、一時のものに過ぎなかった。社会党とそれを支えた総評（日本労働組合総評議会）は、国民会議のリーダーシップをにぎりつづけ、共産党はオブザーバーとされた。そして、他の組織や集団は中央での決定に従うよう要請された。そして組合は、通常、その指令に応じて抗議行動に参加した組合員に交通費や食費、ときには日当をさえ支払ったのである。このようにして、六〇年安保の運動は、その巨大な人波にもかかわらず、組織の外にあった全学連の学生組織を除けば、参加者のほとんどは中央の指令にしたがって平穏に解散し、運動は過激化しなかった。運動は街頭では力強かったが、居住地や企業内では平穏で、保守派の組織が支配し続けたのである。運動は、マスメディアの注目を浴び、世論を喚起し、政権交代をうながす力はもったが、選挙には影響をおよぼさなかった。そして選挙になれば、社会党と共産党はふたたび争い、六〇年の秋の総選挙では、何事も起こらなかったかのように保守党が勝利を占めつづけたのである。

4 市民運動と住民運動の時代

革新国民運動は、結局のところ、革新政党の支持者たちをその多様な所属集団別に再編成して、それに国民という名称をかぶせたものに過ぎなかった。それは、実質的に、革新政党への新たな支持の波を呼び起こすものではなかったし、また、新たな組織やネットワークをつくりだすものでもなかった。こういう状況を打ち破ったのが市民運動や住民運動と呼ばれる新たな運動形態の発展である。

大規模な形での市民運動は、日本では一九五八年の警職法（警察官職務執行法案）反対運動で組織されたのが最初だとされている。そのとき、日本ではじめて、市民という呼びかけの下に、左翼政党や労働組合とは関係のない街頭での政治行動が、知識人やジャーナリストたちを中心に組織されたのだった。市民運動は、さらに六〇年安保の際に、国民会議が組織した組合や集団に属さない人びとによる自由な抗議行動（声なき声の会）として発展し、やがて六五年のべ平連（ベトナムに平和を！市民連合）において革新政党の街頭運動を超える大きな人波をつくりだしてゆく。

同じように、住民運動は、五五年以降の高度成長のなかでの人口の大都市集中にともなう生活環境の悪化に対抗する運動として、日本の各地ではじまった。公害問題、生活環境問題、福祉問題、教育問題などをとらえて、旧来の保守・革新というイデオロギーを超えて住民が結集し、活動を展開したことが特徴的である。七〇年代初めの調査によれば、そのとき全国では、三〇〇〇を超える数の住民運動が活動していると報告されている。運動がいかにはやく広がったかを物語っている。それは、戦後日本の市民社会において、新たな組織化の波が広がったことを意味している。村落共同体や職業的利益あるいは宗教や教育など既成の文化的関心を超えて、日常的生活利益に根ざした消費者運動やベトナム救援、地球環境保全などのモラリティを軸とした新たな人びとのネットワークが、都市社会を中心に広がっていったのである。

こういう運動の展開に、戦後啓蒙運動の先頭に立った知識人の多くがついてゆけなかったのは、ある意味では当然だった。運動は拡散し、そこで必要とされていたのは、すでにエートス論ではなく、運動の実際に則した具体的な政策や組織などの運動論だったからである。だが、そこには少数ながら、大学や書斎から飛びだし運動に随伴しながら、それに理論的な展望や方向性を与えようと試みる例外的な知識人たちもいた。

久野収は、疑いなく、この意味で戦後日本における市民運動の最初の理論的な指導者だったということができる。戦時中、彼は、フランクフルト学派の哲学とともにデューイやミードなどのアメリカ・プラグマティズムの哲学や社会理論を研究し、左翼とは異なる展望に立つ戦争への抵抗運動を、小規模ながら京都で展開した。それはまた日本における市民運動のはじまりだったといってもよい。デューイが『公共性とその諸問題』(19)で提起した現代社会における公共性の崩壊とそれをいかに再建するかという問題は、終生、彼の念頭にあった問題だったということができるだろう。戦後、東京で、平和問題談話会を中心に平和運動の活動家となった久野は、社会主義陣営すなわち平和勢力であるという考えに反対し、平和運動は左翼運動から独立してつくられなくてはならないと強力に主張しつづけた(20)。

六〇年安保の運動において、彼は、抗議行動を強権政治に対する市民的不服従の運動として定義し、運動は、市民的組織と住民組織の連合という形で組織されるべきだと論じた。彼が研究会会長として関わった雑誌『思想の科学』の特集「市民としての抵抗」(一九六〇年七月号)は、国民会議の運動が新安保条約の廃棄を通じて革新政権の樹立を展望していたのに対して、市民的不服従を通して日本における市民社会の確立を展望している点で、異彩を放っている。久野によれば、市民とは、本来、職業生活と地域生活の二つの側面で成立する。今日、職業生活は会社への従属に置き換えられ、また地域生活は、農村では伝統的共同体によって窒息させられており、都市においては存在していない。それが強権体制の成立を可能にさせている基盤である。それゆえ、人びとが職業人、生活人の二つの側面で市民性を取り戻して自立してゆくことが、強権体制を突き崩す基本的な筋道だと久野は説く(21)。

市民社会という言葉を使うことを回避しながら、久野は日本においてあるべき市民社会の理念をここで描きだしている。このような市民社会形成に向けた運動の原理を、彼は市民主義という言葉で表現した。久野においてはじめて、市民は、一つの政治的なイデオロギーとなった。同時に、彼がいちはやく、この市民主義の基盤として、生活人という理念を打ちだしたことも注目されてよい。マルクスにおいて生活の解放は疎外論の基本的な概念でありながら、現実の左翼運動や組合運動では、生活問題とは暮らしすなわち賃金や収入の問題に矮小化されてきた。それに対し、久野は、生活人の視点から独占企業の商品の意味をどのように問うかの論理学を説き、具体的に人びとの日常生活の質を追求することのなかに、新たな運動の出発点を築こうとしたのである(22)。

鶴見俊輔もまた、この時期において市民運動を支えるのに力を注いだ知識人である。アメリカでプラグマティズムの哲学を学んだ彼は、ドイツ観念論やマルクス主義が浸透していた日本の知識人の風土に反発し、自分が創刊した雑誌『思想の科学』を基盤として、日本の民衆の日常哲学のなかから戦争や強権体制に抵抗する基盤を発展させることに努力を集中した。六〇年安保の際の市民運動の発展や、ベ平連の形成において彼がはたした指導的役割は、久野収とならんで大きなものがある。彼は、戦後の日本において、巨大組織とは別に自主的に形成されてきた小集団のなかに、利害にもとづかない自発的な活動という市民性の萌芽があると考えた。戦後日本に生まれたさまざまな小集団を対象に、彼のリーダーシップの下で行われた共同研究(23)は、いまだにこの分野における唯一の広範な研究として残っている。これらの小集団には、職場や地域において、文学や趣味の同好会的サークルとして出発したものが多い。そして、そのサークル運動は、しばしば、伝統的権威主義や現代的同調志向に対する自立的個人の抵抗の場でもあった。六〇年安保のときの市民運動は、彼の提案により、八〇〇におよぶ全国のこれらサークルのメンバーに呼びかける形で展開されたのである。

鶴見もまた市民社会という表現を避けていたが、彼がめざしていたものが、久野と同じように、今日的な意味における市民社会を日本でつくりだすことにあったことは疑いない。そして彼は、日本の戦後の小集団運動だけでなく、日本の戦前社会や前近代社会の遺産のなかに、現代市民社会へと受け継がれるべき市民性の伝統があると考えた。彼が持続的に行っている家の伝統や下町社会の文化あるいは民衆演芸の研究は、そういう彼の意図に沿って理解することができる。国家や権力から自立しそれと向き合おうというエートスは、たんに宗教的な良心や理性的な批判を通じてのみでなく、庶民の哄笑や涙を通じても形成されるのである。

*

久野と鶴見が、一九六〇年代の市民運動の中心的な理論家だったとすれば、松下圭一は大都市地域における住民参加の運動の理論的な指導者だった。最初、現代マルクス主義の理論家として出発した松下は、イギリス市民革命時の思想、とりわけジョン・ロックの理論の研究を通じて、現代市民社会の理論家へと変貌していった。彼は、大衆社会のなかで大衆が市民へと上昇し、この市民の蜂起による住民自治の広がりのなかで日本の政治構造が根本的に変革する道筋を描いた。彼の独創は、高度成長時代の保守党の看板だったGNP（国民総所得）の拡大というスローガンに対抗して、シヴィル・ミニマム（市民的生活最低水準）を地域ごとに算出し、その実現を迫ることを住民参加の運動の梃子として用いたことにある。この彼の理論は、革新政党内部でのグラムシ的構造改革理論と重なって、六〇年代中期からほぼ一〇年の間、大都市地域で住民運動と連合した革新政党が自民党支配を覆すときの理論的な支えとなった。

一九六九年、平田清明が『市民社会と社会主義』において、市民社会の肯定的評価を宣言したのは、このような先人たちの仕事の積み重なりと現実の展開をふまえてのことだった。高島善哉や内田義彦などという先人たちの試みもあったが、市民社会という言葉が日本の左翼陣営のなかで市民権を得て論じられるようになったのは、それが社会主義建設の前提条件という枠組みのなかでのことに過ぎなかったにせよ、これ以後のことに属する。

このように、六〇年代の経済成長の時代はまた、市民運動と住民運動の時代でもあった。とはいえ、それは市民運動や住民運動が、社会の主流になったということではない。逆に、日本の政治全体をとってみれば、この時代において、世論調査における自民党への支持は史上最高のレベルに達し、自民党は五五年以後三八年間続いた永続政権への基礎を固めたのである。

それは、五五年以降、日本が平均して年率実質一〇パーセント以上の経済成長を一七年間にわたって続けた時期であったという単純な事実から理解できる。戦中の滅私奉公そして敗戦後の貧困生活から抜けだした日本の民衆は、歴史上はじめて私生活の幸福を肯定し、豊かな生活を楽しむことができる時代を迎えたのである。

だが、同時に私たちは、高度成長の間、社会の組織化がさらに進行したことを考慮に入れなくてはならない。市民運動や住民運動の組織化を超えて一般化したのは利益団体の網の目であり、それと密着した後援会をはじめとする自民党組織の再編成だった。この新しい組織化の波にのって、自民党は、それまでのイデオロギー政党から利益誘導を梃子とする包括政党へと変身した。労働組合も、この変化の外に止まることはできなかった。官公労を中心とする総評系組合は社会党と密着しながら、政治的な大衆行動から次第に身を引き、やがて国会内での与野党の対立を組合利益の実現に向けての取引として利用するようになったのである。自民、社会の二大政党の対立として出発した五五年体制が、やがて自民党永続支配の下で、社会党が永久野党としての役割を演じるシステムに変質していったのはそのためである。

企業をはじめとする社会団体が、職業的原則に立ち戻って政治から自立する、という久野収の期待は現実化しなかった。市民運動は、こういう五五年体制のいわば周辺で抗議の声をあげる存在でしかなかった。大都市地域での地方自治に参画した住民運動も、日常の行政に関しては、官僚機構と政党組織にふりまわされるほかなかった。そして、七三年の第一次オイルショック以降、地方財政が危機にみまわれるや、自治官僚を先頭にして態勢を建て直した自民党とその連合によって、住民運動は自治体の庁舎からかんたんに追い払われたのである。

5　豊かな社会と市民運動の日常化

高度成長時代の終焉とともに、市民運動と住民運動の時代は、表面的に終わりを告げる。ベトナム戦争もまた終結した。アメリカはデタント外交を開始し、日本も中国本土政府と国交を回復した。他方、革新自治体の努力によって、公害や福祉あるいは教育などについての大都市地域の社会的な緊張は大幅に緩和された。日本経済の急速な減速は、人びとの心理を保守化させた。若者は、夢を見ることをやめて安定した大企業に身を寄せるようになった。七〇年代後半、日本はオイルショックにともなう経済の後退から抜けだし、ハイテク産業を中心にゆるやかだが持続的な新たな成長時代に入った。そのなかで日本は、国民総生産で米ソに次ぐ経済大国になる。そして七〇年代の末、日本の政府は、日本が明治維新以来目標にしてきた西欧諸国の生活水準についに追いついたと宣言する。日本の社会は豊かな社会の時代に入ったのである。

それは国民的な満足とプライドの時代だったということができよう。さまざまな世論調査に明らかなように、人びとは自民党政治については不満が多かったけれど、経済と社会については満足していた。それは、当然、政治体制と国家に対してもおよんだ。民族主義的、自国中心主義的なナショナリズムが広まっていったのである。市民運動や住民運動が、マスメディアの報道において、政治の表面から姿を消すようになったのは当然かもしれない。しかし、それは、これらの運動が社会から消滅したということではなかった。実際は、この時代に運動はむしろ一般化し、日常化していったのである。日常化にともない、それは報道の対象にならなくなったにすぎない。

豊かな社会においては、これまで運動の中心にあった知識人や専門職業人そして若者だけでなく、家庭の主婦やサラリーマンそして退職者などが、運動に参加することを可能にする。それにともない、運動の目標も、日常生活に密着したものに変わってゆく。平和問題や教科書問題、従軍慰安婦問題などという思想的な問題だけでなく、消費者運動、環境保護運動、医療問題、青少年問題、ゴミ処理場問題などが取りあげられ運動の対象になってゆく。こういう新しいタイプの市民運動、住民運動は、ひとくちにいえば、生活の質を問うタイプの運動だということができるだろう。これまで高度成長から豊かな社会化までの間、ひたすら量的拡大を求めてきた国家と社会の姿勢に対して生まれた新たな不満が、その基盤となっている。

こういう新たなタイプの市民運動の典型として、生活クラブ協同組合の運動をあげることができる。無農薬、有機栽培による安全な食品を産地直結のシステムをつくって配付するというこの運動は、六〇年代の後半、東京周辺の住宅地域からはじまり、今日では全国の大都市周辺地域に広がっている。消費者のための生活協同組合運動には戦前からの長い歴史があるが、生活クラブの運動がそれらと異なるのは、店舗をもたないということだ。その代わりに、ボランティアの主婦たちがつくりあげたネットワークが食品などの配付にあたる。生活クラブは、このような主婦たちとの交流のなかで、消費者よりも生産者の利益を優先させる政府の食品行政のあり方を問い、生活環境保全の運動へと活動領域を拡大していった。彼らは、この主婦たちのネットワークの基盤に立って、地方議会に彼らの代表を送るようになる。この代表選出において、彼らは議員を独立した身分として認めず、定期的に交代する、彼らの組織の「代理人」と定義する。今日、大都市地域の周辺の地方議会の多くで、このような「代理人」議員が、少数だが選出され活動している。

この運動の創始者の一人である横田克己は、グラムシの影響を受けた構造改革派の活動家として出発した。今日、彼はこの運動を「オルタナティブ（もう一つの）市民社会」を構築する運動だとしている。オルタナティブと称するのは、彼らがめざす市民社会がかつての西欧近代における市民社会（bürgerliche Gesellschaft）と区別された新しい市民社会だ、ということをはっきりさせたいからにほかならない。横田によれば、このオルタナティブ市民社会は、かつてのような生産者本位、男性優位の社会とは異って、生活者本位、男女共同参画を原則とする社会である。この意味で、市民という単純な呼称も不十分だと彼は考える。新しい社会における市民は、生活者市民として表現されなくてはならない。彼らは生活の原理によって立ち、国家の原理と資本の原理とに対峙する。そのような生活者市民のネットワークが広がるなかで、国家と生産の構造が全面的に改革されてゆくことに、彼は期待している(24)。

松下圭一も、この市民社会の新しい展開に応じて、新たな提言の努力をしている。彼はいう。市民社会の第一期は、シビル・ミニマムという梃子によって開けられた。豊かな社会の時代に入れば、市民たちの目標は、経済的なものから文化的・政治的なものに変わらざるをえない。いまやそれぞれの地域的特色をもった文化的生活を豊かにするとともに、住民の主体性を活かしうるよう地方分権を推進することが大切であると。彼は、住民の地域自治権を中央集権国家の制約から解放して基本的人権として主張するとともに、国家組織を分節化された連邦的構造に変えてゆくのが新しい市民社会にふさわしいと論じる。同時に、市民運動、住民運動も、旧来のような批判的・抵抗的姿勢から歩み出て、政策提言を行えるようになることが、新しい市民的ヴィルチュであるとする(25)。

横田と松下は、豊かな社会に入った日本の市民社会についての言説の典型的な例にすぎない。構造改革派の経済学者だった長州一二神奈川県知事が、一九七六年、「地方の時代」宣言を行った前後から、大都市地域におけるコミュニティ構築と地方分権化をめぐる言説は、メディア上に溢れだした。それから約四半世紀経た今日、日本の政治構造が、これら論者が主張した方向へと大きく動いてきたことは誰の目にも明らかだろう。それはとりわけ、自民党の一党支配が崩壊しはじめた九〇年代に入ってから著しい。一九九五年に成立した地方分権推進法に続く二〇〇〇年の地方自治法の改正によって、国と地方自治体とは基本的に対等の関係にあるとはじめて定められ、地域のみに関する事項についての権限は、原則として地方自治体に委譲された。沖縄米軍基地や新潟の原子力発電所建設のような国家政策に関わる問題についても、地域住民の生活の視点から、国の異議にもかかわらず、地域での住民投票が実施されるようになった。住民投票はいまだ法的効力をもたせられていないが、政治的には一定の効果を発揮している。

また、一九九八年の特定非営利活動促進法（NPO法）によって、一部の市民団体にはじめて法的な保護が与えられるようになり、二〇〇一年に入って、これらの団体への寄付に関する税制上の優遇措置も、一定の限界つきながら実施されるようになった。生活重視や生活者本位という言葉は、今日では、その内容がなんであれ、すべての政党の政策のキャッチフレーズとして使用されている。自民党はいまだに市民という言葉を排斥しているが、最大野党の民主党や社会民主党は、市民政党であることにアピールの力点を置くようになっている。

このように市民と市民社会という問題をめぐる環境は、急速に変化しつつある。そこにここで挙げられたような市民派知識人たちの言説が大きな影響を与えていることは疑いない。同時にまた、市民社会の成熟に向かう高度成長時代以降の社会構造の発展が、このような変化を促したことも、容易に理解できる。自民党政権が、地方分権やNPO法を受け入れた一つの理由は、このような社会構造の変化のなかで、地方自治体や非営利団体に環境問題やゴミ問題あるいは福祉活動の権限と責任を委譲しなければ、財政的に破綻する状況に迫られていたからでもあった。

6　市民社会と二一世紀の希望

市民運動や住民運動、NPOやNGOなどの非営利団体、そして伝統的な宗教、教育、福祉、スポーツなどのグループ活動を広くふくめて市民活動とし、そのネットワークを総称して市民社会とするなら(26)、今日の日本において市民社会は、広くまた深く根を張ったということができる。そしてこういう市民社会の確立が、強権的、全体主義的政治体制に対する最大の防波堤になるということは、誰もが認めることだろう。ロバート・ダールは、世界の政治体制の比較検証にもとづいて、現代民主主義としてのポリアーキーの成立の基盤として、政治的な自由の法的な確保とならんで多元的かつ自立的な社会集団の活動をあげている(27)。二〇世紀における強権体制から脱出した日本と東欧諸国で、西欧近代の市民国家の歴史的経験を参考にしながら現代における市民社会構築への論議がはじまったのは、いわれのないことではない。

また、大衆運動と独裁にゆれた現代民主主義が、今後安定的に発展してゆくために、市民社会の確立と成熟が必要だということもまた確かだろう。労働組合が、民主主義の発展のための推進力としての役割を終えた今日、民主的かつ人間的な社会の構築のためにつねに問いかける役割をになうのは、市民運動や住民運動にしか見出せないからだ。

問題は、こういう市民社会の発展と成熟が、はたして二一世紀世界の多様な課題を解決してゆく切札となりうるかどうかということである。社会主義の理想あるいは幻想が崩壊した後、市民社会確立への期待はその空虚を埋めるものになるだろうか。そしてまた地球市民の国際的な連帯は、実現しなかった労働者のインターナショナルに代わるものになりうるのだろうか。

こういう問いの半分は、私がこの文章の冒頭で記したように言葉の問題でもある。日本の多くの知識人は、いまだに市民社会という言葉を、このような規範的な意味で使うことをためらっている。それは、依然として、西欧近代社会におけるブルジョア社会と同義であったり、あるいは、私的生活が肯定されるようになった戦後日本の社会と同義であったりする(28)。

だが、問いの他の半分は、もちろん現実的な問題に関わっている。この節のはじめに定義したような意味における市民社会の発展が、現代の政治や経済の問題をコントロールしてゆく力を発揮する可能性がどれほどあるのだろうか。

近代市民国家の歴史をふりかえってみれば明らかなように、ブルジョア市民社会の成立は、絶対主義という強権政治体制の再現をはばみ、またファシズム運動の制覇を阻止するのに力があったことは明らかだ。それはまた、国内の政治的紛争から暴力を追放し、議会と選挙を通じての平和的闘争へと、政治を文明化 civilize することに成功した。しかし、それは労働者や女性を搾取・差別したし、競争経済が独占資本主義へと発展し、やがてブルジョア市民国家が帝国主義的な植民地侵略に乗りだしてゆくのを阻止する力をもたなかったことも確かである。

現在の日本の政治と経済について考えてみよう。政治の世界で、いま、私たちが直面しているのは、キャリア官僚、業界そして自民党幹部からなる「鉄の三角」と称されている複合体の権力であり、それは五五年体制が崩壊した今日においても、さまざまな破綻を繕いながら基本的に持続している。本質的に閉ざされたエリート的な支配構造でありながらそれが今日まで持続している基本的な理由は、その中核であるキャリア官僚が、小学校からのきびしい進学競争を駆け抜けてきたエリート秀才であるという神話の上に乗っているからにほかならない。八〇年代以降、この権力複合体にテレビ局や新聞社などのマスメディアも加わった。日本のマスメディアは、政治的規制や広告スポンサーなどのコントロールに対して体質的に弱いのである。

こういう権力複合体が選挙で勝てるのは、それが利益誘導を通じて業界や利益集団、地方議員や後援会を動員するシステムをつくりあげているからである。日本の政治の特質の一つは、この利益集団のなかに地方自治体がふくまれることだ。中央政府が行う公共工事や補助金配分などの権限によって、地方自治体は否応なしに政権政党にすり寄らざるをえないのである。一九九三年に導入された小選挙区制は、この地方自治体の政権政党依存をさらに進めた。九〇年代以降の深刻な財政危機のなかで持続している膨大な公共工事は、こういう選挙組織を維持するためのカンフル剤の意味をもっている。

経済のシステムについていうならば、二〇世紀の後半以降、私たちが直面しているのは、巨大な多国籍企業による市場支配と国際的投機資金による金融市場の攪乱という新しい問題である。

今日、日本で根を張りつつある市民社会は、このような政治と経済の現実に対して、有効なコントロールを行いうるようになるのだろうか。現在の日本の政治体制は、実質において、民主的体制というにほど遠い。有権者の四分の一(比例区では五分の一)以下の得票しかない政党が政権政党たりえているのは、小選挙区制と棄権率の高さのためであり、その政党の幹部たちが密室の談合で決めた森首相は、世論調査での支持率が二〇パーセントを下回り続けても一年以上の間首相の座に居座り続けた。日本の公的な負債は、GDPの一三〇パーセントを上回り、宮澤財政相自身が崩壊寸前と表現するにもかかわらず、政権政党は利益誘導を軸とする支配機構を維持するために、公共投資をはじめとするバラまき財政を続けた。それが、二〇〇一年の春、小泉首相が大衆の歓呼の声を浴びて救世主のごとく登場するまでの日本の政治の状況だったのである。

実際、今日の日本の政党政治は、崩壊の一歩手前ということができる。有権者は、与党への不満を、選挙で野党に投票することで政権交代をうながそうとせず、たんに棄権する。なぜならそれは野党そのものも支持されていないからである。実際、住民の直接投票でえらぶ地方自治体の首長選挙において、しばしば共産党をのぞく政党全部が、連合して官僚候補者の支持にまわったりする。そして、これらの「政党派」候補者に対して、「無党派」候補者が勝利する例もめずらしくはない。

それにもかかわらず、今日の日本の政治体制は、野党や批判的言論を強権で封じ込めていないという意味で、強権的政治体制ではない。六〇年安保のときのように、市民運動や住民運動が連合して、こういう政治に対して抗議や批判の運動を起こすという状況は、生まれていないのである。

経済のシステムについても、同じことがいえる。八〇年代以降の国際化の嵐のなかで、日本の企業は構造改革という名の下で、高年齢層や女子労働者に対して差別的な退職強要を行い、低賃金で雇用できるパートタイム労働者や外国人労働者を大幅に導入した。しかし、企業別組合である日本の労働組合は、経営者と同じ視点に立って企業の生き残りを優先し、ほとんどなんらの抗議行動を起こしていない。

今日、形成されつつある大衆市民社会が、さまざまな点において、かつてのブルジョア市民社会よりも強力であることは確かである。階級的、ジェンダー的な差別に対する否定の原則はゆきわたったし、消費者、生活者、環境保護の視点からの企業や商品に対する規制や生産者責任制度も強化されてきている。たとえば、地球温暖化問題に典型的に表れているように、経済活動に対するナショナリズムを乗り越えようという市民運動の国際的な連帯も生まれている。国内政治においても、地域分権や住民投票の導入、省資源や脱原発の政策などが国や地域によって行われるようになったのは、やはり市民社会からの圧力によるものとして考えられるべきだろう。

とはいえ、こういう改革の推進において、市民社会の力は、強権政治に対して抵抗する場合のようには、めざましくないように見える。それは一つには、市民社会がいまだ十分に成熟していないからであり、他方では、政治権力や商品経済と攻めぎあっている市民社会に、ハーバーマスがいうような「生活世界の植民地化」(29) 現象が生まれるからでもある。かつて有力な市民社会の基盤であった宗教団体や教育団体あるいは労働組合などにおいて、組織が確立されるにしたがってそれが利益集団に転化し、権力的な支配体制を支える一部に転化していった例は、枚挙にいとまがない。今日のNPOやNGOも、それが組織として確立するにしたがい、従業員を雇用し補助金を受けるようになるなかで、同じ道を辿る危険がある。そのとき、市民社会が原則としている多元的な自由主義は、ロウイが批判する利益集団の自由主義(30) 以外のなにものでもなくなってしまうだろう。

だが、市民集団のなかに、集団の原点に立ち戻るという精神が生きているかぎり、それが全面的に植民地化されることはない。そして、市民集団あるいは市民社会が政治や経済のシステムを変えてゆく力は、基本的に、そういう運動としての問いかけによって、世論を動かし社会のエートスを変えつつ、権力や利益中心主義を抑制してゆく力なのである。それは生活しているふつうの人間としての原点に立ち戻って、政治や経済のあり方を問いかける。軍備や商品生産のあり方やエリート支配の構造がふつうの生活者市民にとってもつ意味を問う。そのなかで、権力的支配や利益至上主義の構造の基盤となっている理論やイデオロギー、ナショナリズムやまた人種差別の感情構造を解体してゆく。それは、二〇世紀において、多くの人が社会革命に期待したように政治や経済のシステムを一挙に根底から変革するという種類のものではない。しかし、このようにしてなされた変革は、逆戻りすることのない持続的な変革だということができる。それが、権力的支配や利益至上主義を完全に解体するということはないに違いない。だが、その攻めぎあいのなかで、市民社会がこういう非人間的で野蛮な構造を一歩ずつ文明化civilizeしてゆくことが、二一世紀に残された人類の希望なのである。

2 戦後市民社会論再考

［戦後日本と市民社会の問題］

1 はじめに

一九八〇年前後の東欧を震源として、「市民社会」に関するさまざまな議論が国際的にひろがり、余震はなお収まる兆しがない。広義には古典期ギリシャの用語にまで遡り、近代に限っても、スミス以来、資本主義経済の生成、発展と不可分のものとしてさまざまに論ぜられてきたこのすぐれて伝統的な概念が、二〇世紀末に新たな脚光を浴びた事実は驚くに値しよう。

＊

英語圏を中心に氾濫する近年の市民社会論全般の検討はここでの課題ではないが、戦後日本の市民社会論との比較という本稿の視点から、その背景を簡単に整理しておこう。

まず、東欧の民主化運動や反体制知識人が、「プラハの春」圧殺後の状況のなかで社会主義自由化の戦略拠点を市民社会に求め、西欧のネオ・マルクス主義者がこれに呼応したことが「市民社会論」復興の出発点となったことは周知のとおりである。ただし、それ以前に、西欧とくに英語圏におけるヘーゲル・ルネッサンスとグラムシの再発見が市民社会概念への学問的関心を呼び覚ましていた事実には留意すべきであろう。東欧・ソ連の民主化が体制の改良にとどまらず、社会主義自体の崩壊と資本主義への移行に突き進むや、市民社会と市場経済との関連と区別があらためて問われ、他方では、東アジアやラテン・アメリカにおける軍事政権や権威主義体制の民主化、先進資本主義国における「新しい社会運動」などもまた市民社会の形成、展開の問題として議論されるに至る。さらにこれらすべての現象を根底において規定している経済のグローバライゼーションと国民国家の揺ぎが鋭く意識されるとき、市民社会の問題は国境を超え、「地球市民社会」の課題さえ提起される。

要するに、二〇世紀最後の四半世紀に顕在化した世界の構造変化のあらゆる側面がなんらかの形で市民社会の問題と関連して論じられているのであり、それだけに概念や用語の混乱も避けがたく、議論の交通整理の必要があるというのが現状であろう。といって、簡単に整理できるわけではないが、かつての「古典的な」市民社会論と比較するとき、今日のそれは、第一に国家との対比だけでなく市場との緊張関係を強く意識し、第二に、その市場自体ますます世界化しつつあるだけに、市民社会の問題も国境を超えるつながりのなかで考えられているということ、少なくともこの二点は共通の特質として確認できよう。

ところで、近年におけるこうした市民社会についての議論に先行する歴史的先例が一つ存在する。いうまでもなく、戦後日本の市民社会論に他ならないが、これについては国際的な議論の場にほとんど知られていない(1)のはもとより、日本でこれに追随する近年の論者のなかにも自国のこの知的遺産を踏まえて議論しているものは少ない(2)。もちろん、戦後日本の市民社会論は多分に日本独自の文脈のなかで形成されたものであり、今日の問題関心に直接つながらないのは事実である。

結論をやや先取りする形になるが、第一に、それは敗戦の歴史的反省を根本動機に、近代日本の構造的欠陥を西洋近代の「市民社会」との対比で明らかにすることを主眼としていた。知的環境としても、戦中戦後の鎖国状態のなかで、日本で蓄積された西洋近代思想の理解を基礎に、海外との接触のほとんどないなかで形成された。その結果、欧米との対比で日本における市民社会の未成熟を論じる、いわば「一国市民社会論」の色彩を濃厚に宿すことになった。

第二に、戦後の知的状況のなかで市民社会を論ずることはもちろん日本社会の民主化の課題と深く関わっていたが、市民社会論そのものは政治的実践に直接結びつくものではなかった。この点は、一つには戦後市民社会論の理論的源泉が戦前マルクス主義の影響を強く受けつつ戦中にアカデミズムに蓄積されたスミス研究にあったことが作用している。経済学史や社会思想史を中心に、社会科学や歴史学の諸分野で「市民社会」の概念は広く議論され、援用されたが、それだけに秘教的性格も強まり、スコラ的議論に堕した場合もないではない。なによりも、これをスミス、ヘーゲル、マルクスの線で経済学のカテゴリーとして理解する傾向が強かっただけに、政治的民主化の戦略をそこから導く理論は形成されなかった。六〇年安保を画期とする「市民主義」の成立や、その後の市民運動や住民運動の理論と実践が狭義の市民社会論とどう関係するかについて、十分な理論的関心が払われたとはいえない。

第三に、ヘーゲル、マルクスの影響は日本の市民社会論に歴史主義的なものの見方を根強く残存せしめた。ここで歴史主義的というのは、要するに「市民社会」を特定の歴史段階に閉じ込めて理解する傾向のことである。もちろん、内田義彦がある時期から「市民社会」には具体的意味と並んで「抽象的」意味でのそれがあるといい、平田清明が「市民社会」の課題は社会主義になっても残ると強調したことは、この点で市民社会論の現代化に大きく踏みだしたものといえるが、彼らにあっても、資本主義から社会主義へという歴史の発展段階説そのものが否定されたとは言えないであろう。

以上三点をみても、戦後日本の市民社会論の関心領域や理論射程には今日の議論と重ならない面が少なくないのは事実であるが、反面、今日の市民社会論に共通する問題関心や論点の提示のあることも否定できない。資本主義経済の倫理的基礎を問い、(将来の) 社会主義社会にとっての市民社会の意義を提起したこと、そしてなにより、軍事体制ないし権威主義体制の解体を受けて、民主政治の構築を喫緊の課題とするなかで市民社会の問題を提起した点で、戦後日本の市民社会論はとくに東欧の市民社会論とかなりの程度共通の文脈で論ずることができる。本稿はこのような比較の視座から、戦後日本の市民社会論の再評価を試みるものである。

2　日本の市民社会論前史――戦前マルクス主義とスミス研究

日本の社会科学の用語としての「市民社会」という言葉が、ヘーゲル、マルクスの用いた die bürgerliche Gesellschaft の訳語として導入されたことはまず間違いない。したがって、それはもう一つの訳語である「ブルジョア社会」と本来同義であり、ヘーゲルのいう「欲求の体系」の意味であれ、マルクスの定義する資本主義社会の意味であれ、本来、否定的ニュアンスの強い言葉であったはずである。「市民社会」の訳語が「ブルジョア社会」という先行訳語にとって代わった理由について検閲への配慮があったという説明は間違いではなかろう。ただ、それだけでなく、「市民」という日本語の曖昧さと「ブルジョア」に比して少なくとも否定的ではないニュアンスが、無意識のうちに使い分けをもたらしたともいえるのではないか。ドイツ語にすれば同じであっても、資本制社会の経済構造やその実質的担い手を意味するときには「ブルジョア社会」を、法制度やイデオロギー構造をさす場合には「市民社会」をという使い分けが、厳密ではないにしろ定着していった可能性は十分に考えられる*。検閲への配慮が「市民社会」の語を一般化したことは、資本制社会の経済構造を前提にしつつ、もっぱらその上部構造（法的、イデオロギー的外皮）に引きつけてこれを理解する習慣を生んだのではなかろうか。（マルクス主義理論のうえで、「市民社会」を明白に上部構造の問題として定式化したのはいうまでもなくグラシムの功績である(3)が、日本ではこれが訳語の使い分けを通じて明確な自覚なく、したがって概念の混乱を生みつつ、グラムシ理論の導入以前になされていたとも言えよう。)

＊すでに、かの『日本資本主義発達史講座』所収の一文に次のような用例がある。「最も徹底したブルジョア民主主義変革たるこれらの政治革命（とくにフランス）は、ブルジョア的発展の不可避的必然を、力を以って阻止妨害した封建体制に対立抗争し、且つ、これを克服したところの、ブルジョア社会のための全き根底からの変革だった。そこで、その市民社会のための変革は、旧支配者の権力を倒壊することによって、全『国民』から切り離されていた少数の封建領主の利益に基く国家制度を、革めて、それを市民社会の構成員たる『独立』的『個人』に奪還したのである。……」「したがって、人間解放とは、ブルジョア社会の封建権力からの解放であり、同時に、したがって、市民社会の成員としての『人間』(l'homme) のみが、いわゆる人間として、『不可譲的の』『人権』を獲得し、市民社会の成員として、その成員の権利、即ち『公民権』(droits du citoyen, Staatsbürgerrechte) を獲得したに過ぎぬ。しからば、このブルジョア社会における被搾取階級たるプロレタリアートが、はじめからこの人間解放の政治的埒外に放逐せられ、『人権』からも『公民権』からも政治機構的に除外せられたのも決して偶然ではない。」（傍点、引用者）

ここで著者（平野義太郎）自身が「ブルジョア社会」と「市民社会」を厳密に区別して定義したうえで使い分けているとは言い難いが、前者を階級支配の社会的現実に、後者をこれに普遍性の外皮を着せた社会的幻想と理解することは無理ではない。

日本における固有の意味での市民社会論は、高度に学問的な戦時中のスミス研究のなかから形成された。高島善哉、大河内一男、大道安次郎らの研究は多かれ少なかれマルクス主義の影響を受けつつ、マルクスからヘーゲル、さらにスミスへ遡って、資本主義的近代の成立根拠を市民社会の理論に求めた。

この場合、ヘーゲルの die bürgerliche Gesellschaft をスミスやファーガソンの civil society の概念に復元することは、たんに言葉の問題にとどまらぬ視座の転換をもたらした。一八世紀啓蒙の世界における市民社会の概念はヘーゲルのように国家において止揚さるべき欲求の体系でもなければ、マルクスのいう如くプロレタリア革命による決着を待つ階級闘争の場でもなく、なによりも分業を通じて生産の恩沢をあまねく施す文明社会を意味したからである。

ヘーゲル、マルクスからスミスに遡ることが市民社会理論にどのような転回をもたらしたか。集約して述べるならば、第一に市民社会をその生成において問う歴史的視座の獲得であり、第二に、国家との範疇的区別を意識しつつも、経済社会としての市民社会の自律性を確認し、これを成り立たしめる倫理や道徳的基礎を正面から問うた点にあろう。

むろん歴史的視座はヘーゲル、マルクスにも欠けていないが、彼らの場合にはなんといっても市民社会は一九世紀の産業社会の現実のなかにすでに出来あがったものとされ、その歴史的形成を問うことは少なくとも第一次的問題ではなかった。これに対して、スミスやファーガソンなどのいわゆるスコットランド歴史学派においては、生成しつつある商業社会を文明の発展段階として基礎づけることが課題であり、そこに、一方、さまざまな共同体的規制から解き放たれ、他方、国家の干渉を排する社会＝経済社会の自立として新たな市民社会の概念が成立したのであった。そして、市民社会の歴史的形成は経済行為の倫理的基礎の確立なくしてあり得なかった。『道徳情操論』と『国富論』との統一的理解を通じていわゆるアダム・スミス問題に独自の解答を求めた戦中のスミス研究は、利潤動機に基づく経済行為が共同体的規制や国家への依存を脱し、固有の道徳的基礎を確立する過程をスミスの経済理論に見出した。高島善哉はスミスの関心領域を道徳、法学、経済に三分し、それぞれの領域における行動原理の相違を強調する。各人が私益を追求する経済社会において、人は他者の「仁恵」benevolence ではなく、利己心に訴える他なく、したがって私益の追求は正義の原理の支配する市民社会の条件の下、「慎慮」prudence を伴ってはじめて社会の承認を得る(4)。かくして、スミスのホモ・エコノミックスは強欲ではなく、なにより慎慮の人でなければならない。大河内一男もまた重商主義政策やギルド的規制に保護された特権的商人資本と鋭く区別される「下層および中産階級」の営利活動における「慎慮」の重要性についてのスミスの指摘に注意を喚起している(5)。

見逃してならぬのは、スミスの経済理論を倫理や法との関連において問い、市民社会の自立の根拠を明らかにしたこれらの高度に専門的な研究が、同時に、日本資本主義の精神的基盤への批判と結びついていたことである。農村に残る「反封建的」な地主小作関係、経済の「二重構造」、財閥の「政商」的性格など、講座派マルクス主義がかつて展開した日本資本主義批判の論点は、戦時下のスミス研究者もまた一般に共有したところだからである。まして、戦時の統制経済が進むなか、「欲しがりません勝つまでは」、「贅沢は敵」といった道徳主義的スローガンの押し付けの下、軍需物資の横流しや闇取引が横行する事態にあって、スミスに依拠して経済社会としての市民社会の構造を明らかにする作業が時代批判の意味をもつことは明らかであった。戦後の市民社会論を代表する内田義彦は「一物一価」という市民社会の原則が日本社会に根づいていないことを民衆は戦時下に誰でも経験した、と繰り返し述べている。

丸山眞男は羽仁五郎や唯物論研究会の例をあげて、戦時の言論統制の下、マルクス主義者やその影響を受けた学者、知識人の一部がマルクス主義の思想的源流を遡り、啓蒙の合理主義やブルジョア・イデオロギーの積極面を押しだすことで時局への抵抗を試みた事実に注意を喚起している(6)。高島善哉や大河内一男のスミス研究は高度に専門的な労作であり、しかも、天皇機関説事件のころと違って、アカデミズムが民衆の意識から完全に切り離され、官憲の取り締まりのエア・ポケットとなった時期に発表されているだけに、直接的な意味で言論による抵抗とは言い得ないであろうが、思想史的には同様の文脈に置くことができよう。しかも、問題それ自体はまさに「マルクス主義の三つの源泉」のうちの二つに関わるだけに、戦時下のスミス研究とそれが定式化した市民社会の概念は戦前マルクス主義をいわゆる戦後啓蒙の社会科学に接続する重要な結節点を成したのである。

3　戦後啓蒙と「市民社会」問題

敗戦は西洋近代の理念と現実についての新たな検証と、それとの比較における日本の近代への反省という課題を知識人や学者につきつけた。「近代の超克」を呼号して英米の自由主義に挑戦した「大東亜戦争」が結局のところ日本の近代の底の浅さを露呈する破局的結末に終わった以上、日本の近代を反省することなしに戦後の再出発はあり得なかったからである。こうした問題関心に立った日本の近代の批判的検証の作業において、戦前マルクス主義が用意し、戦中のスミス研究が磨き上げた市民社会論は、アカデミズムの枠から脱し、いわゆる「戦後啓蒙」の言説に重要な位置を占めることになる。

帝国憲法下の「擬似立憲制」がその実、天皇の権威をかざす官僚支配に傾斜し、軍国主義者の権力簒奪を許したのはなぜか。高度に発達した資本主義でありながら、頂点の財閥支配から底辺の零細企業の労使慣行に至るまで、前近代的な社会関係を内包し、ついにこれを払拭しきれなかったのはなぜか。さらに家族関係における封建的意識の残存と、そうした家族関係にもとづく一家意識の企業など家族を超える社会関係への拡散。日本社会に残る封建的意識や前近代性があらゆる領域で指摘され、そこに制度的再編を超える「精神革命」の課題が意識されるとき、西洋近代の社会形成を、とくにその倫理的基盤から問い直した市民社会論が現代的有意性に満ちた学問的課題となったのは当然であった。社会思想史家はスミスからロック、ホッブスにまで遡って市民社会の論理の思想的起源を明らかにし、歴史家はフランス革命やイギリス革命に典型的な「市民（＝ブルジョア）革命」の構造を探り、それとの落差で明治維新の不徹底性を論証しようとした(7)。

ただ、市民社会の概念が日本の近代の歴史的批判に対して引照規準を提供したからといって、そこから直ちに民主主義の政治的課題や戦略が導かれたわけではない。市民社会はなんといっても経済社会学の範疇として理解されており、個別具体的な政策課題と直結するものではなかった。逆にいえば、戦後改革の諸施策やさまざまな民主化要求をめぐって対立の激化した政治化の時代にあって、市民社会の理論はむしろそうした短期的争点を超える社会形成の問題を提起したところに意義があったのである。

敗戦による秩序の解体は日本全体をいわば「自然状態」に還元し、軍事官僚統制と天皇制の神話が永らく抑圧してきた「社会」の突然の噴出をもたらした。それが民衆の活力を解放したのは事実であり、そこに無制約な欲望の肯定やアナーキーへの傾斜とともに、主体的な自己の希求や自発的な集団形成のさまざまな動きがあったことは否定できない。しかし、「焼け跡闇市」の解放感が市民社会の自立と理論化されたわけではもちろんない。闇市自由市場は戦時統制経済の下に事実上展開していた裏経済の全面的表出であって、日本経済における市民社会の倫理的基礎の欠如の証明とみなされた。今日ふりかえるならば、権威主義的軍事官僚制の崩壊が下からの秩序形成の課題を否応なく民衆に課した点で、東欧の民主化運動が市民社会の観念に理論的基盤を求めたのに似た状況が戦後日本にもあったといえるかもしれない。しかし、一切の政治的抵抗が窒息させられた戦時下に形成された日本の市民社会論はなお限られた知識人の言説に留まっており、戦後の混乱期に簇生した民衆運動と結びついたとはいえない。「市民社会」になんらかの意味で肯定的に言及した戦後知識人の多くは、いわゆる戦後革新運動のおおよその方向について少なくとも否定的ではなかったにしても、運動を導いたイデオロギーやレトリック、大衆動員の組織形態について留保を表明することが少なくなかった。

4　市民社会論から市民政治論へ

「市民社会」をめぐる言説が日本の政治の現実に具体的に働きかけ、政治的実践と結びつくには、占領期の混乱が過ぎ、戦後民主主義の政治体制がそれなりに定着するのをまたねばならなかった。いわゆる五五年体制の1・1/2政党制の下に利益配分の制度化が進み、保守と革新を問わず雇客主義《クライエンテイリスム》の政治が定着するなかで、民主政治を議会制民主主義の制度に回収することなく、他方、在来の「階級闘争」を掲げる急進的政治運動とも異なる形で有権者の政治的関心を日常的に組織するさまざまな動きは、警職法反対運動から六〇年安保闘争にかけての戦後革新運動の展開を通じてはじめて生まれた。「市民主義」、「市民運動」、「市民政治」など、今日なお流通性を失っていない政治シンボルはいずれもこの時期に誕生している。

ヨーロッパ近代との落差で日本近代の「後進性」や「歪み」を浮き彫りにする認識象徴としての「市民社会」の理念はこのプロセスを通じて日本政治の現実に働きかける「市民政治」の戦略を生みだしたといえよう。「市民社会論」から「市民政治論」への転換は、直接には五〇年代後半から六〇年代にかけての種々の政治運動の展開のなかで実践的に果たされたものである。しかし、この時期が政治的には五五年体制の確立期であり、経済的には高度成長の開始期であったことが示唆するように、その背景には運動論の次元にとどまらぬ日本社会の構造変化があった。そうした歴史的背景を含めて、市民社会論から市民政治論への転換の意味を考えるには、理論的にも実践的にもこの転換をリードした政治学者、松下圭一の政治理論の展開を追うに如くはない。

松下圭一はすでにその学問的出発点をなす近代ヨーロッパ政治思想研究(8)のなかで、ロックにおいて頂点をなす近代政治思想を「市民政治理論」と規定していた。英米の研究であればおそらく「(近代)

自由主義の政治理論」とでも称されるべき内容を「市民政治理論」と名づけたところに戦後市民社会論の影をみることができよう。著者はここで封建制から絶対主義国家を経て近代市民社会へという発展図式にみあった政治理論の展開を追いつつ、日本語の「市民（的）」が bourgeois と civil の二重の含意をもつことを意識的に利用して、近代政治理論の発展を説明している。思想史研究それ自体としてみれば、このような解釈は長（ないし超）歴史的なコンテクスチュアリズムにもとづく恣意的な概念操作という批判を免れない。しかし、松下自身はその後も一貫して「市民（的）」という語の二重の含意を意識的無意識的に操作しつつ、「市民社会」が担った理念をその歴史的実体から剝離し、現代民主政に有意な「市民政治」の理論へとこれを転轍することに努力を傾ける。

いわゆる大衆社会論争の引きがねとして著名な彼の論文「大衆国家の成立とその問題性」（一九五六年）は、思想史解釈から現代政治論への移行という点でも、理論的分析から実践的課題の提示への橋渡しという点でも、『市民政治理論の成立』と六〇年代以降の松下政治理論の展開とを結ぶ結節点を成している。当時なお支配的であったマルクス主義の用語を多用しつつ、松下はここで、独占（帝国主義）段階以後の資本主義が市民社会を解体させ、大衆社会の成立を準備するとして、労働者階級が主観的にも客観的にも体制に馴致されて「大衆」と化した「大衆国家」として現代国家を理解すべきだと力説する。「生命・自由・財産」（ロック）の主体としての独立生産者層を主体とする「市民社会」の理念は、産業資本段階においてはなお有意性を失わないとしても、「完全な人間性の喪失態」（マルクス）としての労働者階級の創出によってその普遍性を喪失する。そして、独占段階に達した資本主義は、一面で社会主義の挑戦に応答しつつ、なによりもテクノロジーの発達（「第二次産業革命」）に促されて、「原子化」と「組織化」を基本動因とする社会全体の形態変化をもたらす(9)。

このような巨視的な見取図のなかに、松下は普通選挙制の普及、労働（組合）運動の公認とその体制内化、社会保障政策、社会主義運動の分裂、政党における少数支配、ファッシズムと全体主義国家、大衆文化の成立など、一九世紀後半のヨーロッパから第二次大戦後のアメリカにまで及ぶさまざまな政治、経済、社会現象を大衆国家の成立の徴候として統一的に位置づけようとしたのである。全体としてそれが成功しているかどうかは問うところではない。「市民社会論」から「市民政治論」へという戦後日本に固有の問題連関から見るとき重要なのは、理論装置も歴史的説明もすべて欧米の事例に依拠したこのいささか晦渋な論文が、「大衆国家の問題性」を明らかに現代日本にも共通の課題として提示している点である。この点は論文の末尾に、日本においても独占資本段階における社会の形態変化は進行しており、「封建」対「近代」のみならず、鋭く「近代」自体の問題が提起されねばならないと付け加えられているところに明らかである。

よく知られているように、この論文は雑誌『思想』の「大衆社会論」特集の一部として、京極純一の画期的な「リーダーシップと象徴過程」や田口富久治のウォーラス論などとともに掲載されたものである。戦後政治学の第一世代の成果がこの時期に「大衆社会論」の意匠をまとって提示されたこと自体が時代の変化を鋭く示していた。大嶽秀夫のやや図式的な対比を用いれば、戦後初期の「近代主義政治学」の「伝統」対「近代」という問題関心から「マス状況」の進行という、その限り、日本の特殊性以前に現代国家としての共通の文脈を強調する観点への移行が見て取れるからである(10)。このような視座の転換は政治学だけでなく、経済学や社会学など戦後社会科学の他の諸分野にも現れており、その背景には「もはや戦後ではない」という『経済白書』の一文が象徴するような経済復興に裏づけられた戦後社会の安定と発展があった。松下圭一の大衆国家論は独占段階に達した資本主義の必然的帰結として「市民社会」の崩壊と大衆の出現を論証したが、それは、「市民社会」の理念に照らしての日本社会の遅れや歪みの裁断という近代主義的観点と、労働者階級の階級意識を自明とするマルクス主義の革命戦略とをともに時代遅れとして批判する両面作戦を意味していた。大衆社会の理論は日本においても松下流の半ばマルクス主義の発展図式を引きずったものばかりではなかったし、松下自身もその後はマルクス主義用語に距離をおくようになるが、六〇年代に顕在化する高度成長の社会的現実は五六年の論文が示した方向性を大筋において裏切るものではなかった。

しかしながら、松下圭一のその後の理論展開を考えるうえで見逃してならないのは、この論文が実体としての「市民社会」を初期資本主義からせいぜい産業資本段階の現実に限定し、独占段階に至って崩壊するとみなす一方で、それが担った理念たる「市民的自由」とそのコロラリーとしての自主集団の形成を大衆状況のなかで実質的に確保することを課題として掲げている点である。大衆状況をもたらした社会形態の変化を積極的条件に転化して、市民的自由を大衆的基盤の上に活性化し、大衆状況を克服すること、これこそ六〇年代以後の松下政治学を貫く問題関心といってよい。

「戦後二〇年を経た今日、マス状況の拡大の中から『市民』的人間型が日本で生まれつつある。……

下からのムラ状況の根底的変革でなく、上からのマス状況の拡大が、市民的人間型の醸成を準備したのである」（傍点、引用者）。冒頭にこう宣言する一九六六年の論文、「市民的人間型の現代的可能性」は安保闘争から六〇年代前半にかけての日本政治の変容に実践的にも理論的にも関わった経験にもとづく松下のこの問題への解答であった(11)。

人口の圧倒的部分の「プロレタリア化」とテクノロジーの発達が原子化と組織化というマス状況を生みだすという一〇年前の論文の図式に従いつつ、松下はここでは大衆民主主義の条件下に新たな市民的人間型が形成される積極面を強調する。松下が大衆国家において人口の大部分が「プロレタリアート化する」というとき、それは主として新中間層と労働者階級をさしているが、現代民主主義国家はそのどちらについても、大衆社会的疎外状況からこれを救いだし、市民的人間型に鋳造し直す機構や実践を発達させた。「多元政治理論」（ここではダールなど現代アメリカの多元主義ではなく、ラスキなど二〇世紀前半の英米の多元的国家論）は個人の自発的結合としてのアソシエーションを通じて大衆社会の疎外を克服する方途を示し、「社会契約型の市民社会の考え方を現代の大衆社会に復元した」し、労働者階級も二〇世紀の先進資本主義国の存在条件において「市民」として政治的に成熟していく。要するに、松下は現代の大衆民主主義国家が発達させたさまざまな政治回路を通じての大衆の日常的な政治参加に市民的エートスの現代的再生を期待するのである。極度に単純化して言うならば、かつての「市民社会」において、「市民」はブルジョア（＝有産者）でしかなかったとすれば、現代の大衆国家では大衆がそのまま「市民」となる条件を探る他はない。

大衆国家の成熟のなかに市民的人間型の再生の条件を見出す以上の分析は、一〇年前の論文と同じく現代国家の普遍的現象として提示されているが、松下がこのような積極的評価に転じたのはなによりも日本政治のこの間の変化を受けてのものであった。戦後改革の成果の定着と経済の高度成長が日本社会を基本的に先進資本主義国と同列の大衆国家とした客観条件だけでなく、警職法から六〇年安保にかけての抵抗運動を通じて在来と異なる「市民的自発性」に立ったさまざまな運動が展開し、「市民的政治参加」の振幅が増大したこと、このような認識が先に引用した論文冒頭の判断を支えているのである。さらに、松下は「戦う労働者」を基盤とする在来型の革新運動と異なる「自発的市民」の政治参加に期待を寄せつつ、そのどちらにも欠けている日本の喫緊の課題として自治体レベルにおける市民参加の必要を強く訴えている。革新自治体にコミットしつつ、党派性を超えて市民自治の理論を基礎づけていくその後の彼の方向がそこに示されている。

以上、一九五〇年代後半から六〇年代にかけての松下圭一の政治理論の展開をやや詳しく追って、戦後日本の「市民社会論」が「市民政治」の理論を生みだしていく経緯をたどった。もとより、この転生は松下個人の頭脳だけの所産ではなく、警職法から六〇年安保を経て、六〇年代のべ平連をはじめとする反戦運動や種々の市民運動の展開という戦後革新運動の変容という現実が先行していた。したがって、微視的にはこれら種々の運動のあり方を具体的に検討する必要があり、理論上は、知識人による市民運動の基礎づけの論理、久野収の「市民主義」の宣言、丸山眞男の「在家仏教」の比喩、小田実のべ平連の運動論などを個別に評価することも重要である。けれども、そうした詳細に渡ることは本稿の課題からの逸脱を免れない。運動の現場につねに関わりつつ、現代国家の歴史的変容についての巨視的な分析のなかで日本政治の現実を解釈し、その課題を提起する理論家としての松下の仕事のなかに、「市民社会論」から「市民政治」論への展開の論理を検証した所以である。

5　日本経済と市民社会論

経済の高度成長のもたらした社会の構造変化と五五年体制の確立が日本における市民政治の基盤を創出したとするならば、戦後市民社会論の元来の問題関心、日本の経済社会の遅れや歪みを照射する鏡としての市民社会の概念は六〇年代以後意味を失ったのであろうか。たしかに、経済大国日本の現実を封建遺制や前近代の残存という言葉で批判することは不可能になった。しかしながら、企業別組合、年功序列と終身雇用、系列化など、日本経済ないし日本的経営が欧米の資本主義と異なる特殊性を有するという認識は必ずしも消えたわけではない。日本的経営や日本固有の雇用慣行などは、それこそが日本経済の成功の秘訣として積極的に評価されることもあれば、「グローバル・スタンダード」の障害として批判される場合もある。いずれにせよ、日本の経済構造や企業行動が型として特殊だという認識が残り、公害問題の深刻化や政財界の癒着スキャンダルの頻出がこれに結び付けられれば、企業社会の論理を制約する市民社会の不在という見方が出てくる理由はある。こうした方向で市民社会論の立場から日本の経済社会の問題性に迫った代表的業績は、内田義彦の『日本資本主義の思想像』である(12)が、それ以上に注目すべきは、八〇年代のアメリカ発のいわゆる日本異質論のなかで、講座派的な市民社会不在論が日本批判の論点として再生したことであろう（ウォルフレン『権力の謎』）。

もっとも、「新自由主義」イデオロギーの主導する経済のグローバライゼーションが進行する今日、市民社会はグローバル・スタンダードからずれた特殊な経済構造に対立するものというより、市場経済の論理それ自体への対抗原理として期待されている。そのためには、経済の世界化に見合って、市民社会もまた一国単位を離れて構想されねばならないであろう。明らかに「一国市民社会論」の枠内にとどまった戦後日本の市民社会論が今日の市民社会論と異なるのはまさにその点である。ただし、商品流通が世界市場を要求するのは必然であるのに対して、「地球市民社会」が現実的基盤をもちうるかはなお疑問なしとしない。

なお、戦後日本の市民社会論にはもう一つ重要な主題として市民社会と社会主義という問題がある。ソ連・東欧の社会主義体制の崩壊という現実を前提にあらためて再考すべきこの重要な論点についても、われわれは平田清明『市民社会と社会主義』という先駆的業績をもっているのであるが、残念ながら、本稿ではこの問題を取り上げる余裕がない。他日を期したい。

3 丸山眞男における政治と市民

［戦後思想の転換点］

1 まえがき

二〇世紀日本の政治思想史を概観すると、「市民」という言葉が用いられ、その観念に新たな内容が盛り込まれたときが三度あった。少し数字合わせ的に言えば、一九三〇年代、六〇年代、そして、九〇年代の各時期である。これらの時代には実は共通点があった。革命思想としてのマルクス主義がその都度退潮を示したのである。もちろん退潮と言っても、そのあり方にはそれぞれで違いがあった。一九三〇年代のマルクス主義の後退は天皇制国家による思想弾圧のためであり、マルクス主義の側では国家権力の攻撃を避けるために、「ブルジョワ革命」「ブルジョワ社会」に代えて、「市民革命」「市民社会」の用語を用いた。たとえば平野義太郎の「ブルジョワ民主主義運動史」では「ブルジョワ社会」と「市民社会」は同じ意味で用いられている(1)が、その後は清水幾太郎も指摘する(2)ように、もっぱら「市民社会」の語が遣われることになる。それらの言葉遣いは必ずしも思想的カモフラージュのためだけではなく、「ブルジョワ」は改めて日本語で「市民」と規定されることによって、普遍的な人権や自由などの諸観念と結び付いた。「市民」にはフィレンツェのような自治都市の構成員という意味があることもこの時期に想起された(3)。そもそも幕末・維新期に、アクティブな政治的市民を意味するシトワイアンやシティズンの語は先人たちにより正しく「国人」(4)とか「士」(5)と訳されたけれども、昭和戦前期のわが国において「市民」という言葉は、改めてシトワイアンからブルジョワまでの広範な意味を獲得したのである。

一九三〇年代の日本におけるマルクス主義の退潮は、繰り返して言えば国家権力による思想弾圧の所産であった。転向が生じたにしても、権力による強制の契機が前面に出ていた。この時代の日本にソビエト共産党に深刻な疑問を抱いて『カタロニア讃歌』を著したジョージ・オーウェルのような人が現れたわけではない。思想弾圧を受けて、マルクス主義の思想そのものは沈潜して命脈を保ち、やがて敗戦を契機に復活することになった。

戦後約一〇年間のわが国において強い思想的影響力を発揮したマルクス主義に陰りが見えたのは、一九五〇年代後半であった。スターリン批判やハンガリー事件が画期的な出来事である。一方で日本経済の高度成長はすでに始まっていた。六〇年代に入れば、わが国でも「豊かな社会」の実感が次第に多くの人びとに共有されるようになる。この時期に、日本の民主化を支えた戦後の革新運動に大きな変化が求められたのは、当然と言わなければならなかった。元来敗戦直後の短い時期を除けば、戦後日本の革新運動はあくまでも革新運動であり、むしろ平和運動であって、革命運動ではなかった。そこでは、社会主義政党や労働組合のような左翼勢力が、国民主権や基本的人権の尊重や平和主義を掲げる日本国憲法擁護の姿勢を示していた。「市民的自由」の担い手は、「市民」であるよりは「労働者」だったのである。経済的社会的変化に伴って、そのような政治的主体の表象の仕方に変化がもたらされたのは一九五〇年代末から六〇年代始めのことであり、政治的出来事で言えば警察官職務執行法改正問題や六〇年安保の経験を通じてのことであった。

本稿は、戦後日本の知識人を代表する一人である丸山眞男が、まさにこの時期に前述のような時代状況の一大変化を認識して、わが国の民主主義の確立のためにいかなる論陣を張ったかを考察するものである。その過程は、時代状況の側においてのみならず、丸山においても、それまで彼が持っていた歴史観や政治学の概念装置に重大な変更を迫るものであった。この文章は、その間の経緯を明らかにすることによって、二〇世紀の日本では二度目に、そして戦後においては初めて本格的に、「市民」という象徴が政治の舞台に登場した思想史的背景を分析する。

ちなみに、ベルリンの壁が崩壊し、冷戦が終焉した一九八九年以降、改めて新しい市民社会論が内外に台頭して来たことは周知の事実に属する。わが国の「市民」思想史において三度目に重要なこの出来事は、今度は社会主義国家を標榜した旧ソビエト連邦の解体消滅という劇的変化を伴っていた。そのために、この時期の新しい市民社会論は、ラディカル・デモクラシー論のように、それ以前のどの時代にもまして、マルクス主義からバトンを渡された既成体制批判の役割を鋭く自覚するものであったように思われる。今日において丸山眞男を読み直そうとする多くの人びとがこの見地に立つのもゆえなしとしない(6)。しかしながら、本稿は、先に述べたわが国の「市民」思想史の第二の局面に固有の問題に照明を当てるものである。そしてその作業を通じて、まさに第三の局面に当たる今日的な問題状況の意味が背後から浮かび上がれば、筆者の幸い、これに過ぎるものはない。

2　決定論への懐疑と政治の論理

ここに一つの謎がある。なぜ丸山眞男は、一九五九年発表の「開国」論文において、カール・ポパーの「開いた社会」という概念装置を導入したのであろうか。いかにも言葉のうえからは「開国」は「開いた社会」を要請するように見える。しかしポパーの言う「開いた社会」とは、要するにプラトンやヘーゲルやマルクスのいない社会、換言すれば歴史法則主義的な思考から自由な社会のことなのである。歴史法則主義とは、世界史の発展を唯一の真理の自己実現の過程と見るような考え方のことで、いわゆる発展段階論的歴史観の別名である。ポパーはそのような思考様式を彼に独特の用語で「歴史主義」(historicism)と呼び、それを厳しく批判した。これに対してポパー自身は「部分工学」と「試行錯誤」の観点を強調する(7)。彼はプラトンのイデア論にも「歴史主義」の弊害を見出す。

こうしたポパーの「開いた社会」の要請は、そもそも封建社会が近代国家に変貌しようとするときに直面する課題と何ら関係を持たない。むしろポパーも指摘するように、近代国家の建設過程は彼の言う「開いた社会」の敵が育つ温床である(8)。近代国家はその「離陸」にあたり、自明とされる国家目標の設定とそれを達成する強力なリーダーシップを求めるからである。その意味では丸山が「開国」論文の冒頭でポパーとともに紹介したベルグソンの見解の方が、「開国」から近代国家の建設へと向かうプロセスが抱える問題の考察には即していると思われる。すなわち、ベルグソンによれば、国家は人類一般に比べればどう頑張っても「閉じた社会」たらざるをえない(9)。それが国家的独立ということの意味である。そこには第一次世界大戦での独仏相互の憎悪の応酬を見せつけられたベルグソンの経験が生きている。これに対してポパーの認識がその後のナチズムの台頭と第二次世界大戦の経験にもとづいていることは言うまでもない。

このように、それぞれの文脈をあえて無視して、丸山は「開国」がいわゆる「開いた社会」をもたらす所以を説いた。諸外国との交流は人、物、情報の相互浸透を盛んにして、社会を流動化させる。それについては、戦国時代も幕末・維新期も敗戦直後も、そして今日も、事情は変わらない。しかし今日まさに問題になっているように、開きっぱなしでは困るのであって、国家的独立と国民的統一のためにはそれをいずれにせよどこかで閉じる必要が生ずる。これがベルグソンのモチーフである。丸山の論文にもこのモチーフは見え隠れしていて、それを深く読み込めば、最近のカルチュラル・スタディーズの諸研究が描くような「国民主義者」丸山の像が浮かび上がる(10)。丸山が執筆にあたっておそらくは意識したであろう和辻哲郎の大著『鎖国』の大部分が実は戦国時代の「開国」の話であるのとは対照的に、丸山の「開国」はいったんは流動化した社会をその底辺から頂点に向けて統合する必要を呼び覚まさずにはいない。これは自由と統合の背理である。

丸山が日常用語としてではなく明確にポパーに由来する概念として「開いた社会」という言葉を用いたことは、同時代的にはいかに読まれたのであろうか。ポパーはアンチ・マルクスの思想家であるとともに反ナチの思想家であり、亡命者であったから、彼の作品は言うまでもなく権力に対する抵抗の証しであった。たとえば、一九六一年にポパーの『歴史主義の貧困』を翻訳した久野収と市井三郎は、ポパーが一面で（特に制度分析の領域で）マルクスを高く評価している事実に注意を促している(11)。当時の日本でのポパー理解には、やはり亡命者で、左右の全体主義に対する批判を展開したハンナ・アレントに対するそれと似たものがあったと思われる。マルクス主義の影響が強かった時代にはもちろん今日のようなアレント・ブームは考えられなかった。ちなみに、丸山眞男が一九七六年に刊行した『戦中と戦後の間』（みすず書房）の「あとがき」でアレントを「尊敬する思想家」と書いたことも、アレントがフランスやソ連に比べて高く評価した他ならぬアメリカにおけるマッカーシズムの犠牲者ハーバート・ノーマンを悼む文章のすぐ後にそれが来るだけに、ある種の意外性を伴ったと思われる。それはともかく、『日本政治思想史研究』に見られるように青年期にあれほど深くヘーゲルの影響を受け、敗戦直後においてもバートランド・ラッセルのヘーゲル理解を鋭く批判した丸山であってみれば、ポパーのヘーゲル批判に何か一言あってもよかったのではないだろうか。

ところで、丸山にポパーの書物を教えたのは、戦前から丸山と交際があり、『日本における近代国家の成立』の著者のかのノーマンであった。ノーマンはポパーの特にプラトン批判を興味深く読んだ感想を病気療養中の丸山に書き送っている(12)。プラトンの理想国家ならばソクラテスに弁明の機会はそもそも与えられなかったであろうというポパーの皮肉たっぷりの指摘は、大いにノーマンを喜ばせたに違いない。青年期におけるマルクス主義への傾倒のゆえに、そして政治犯の釈放などの局面で占領初期に日本の民主化に寄与した役割のために、ノーマンに対するマッカーシズムの攻撃が次第に強まろうとしていたちょうどその時期に、彼がポパーの書物を学問的に高く評価する手紙を残しているのは胸を打つ。

いささか大胆な推測をすれば、一九五〇年代後半の丸山には、ポパーの「歴史主義」批判に耳を傾ける下地がすでにできていたのではなかろうか。それはすなわち歴史の決定論的な見方、もしくは普遍的な発展段階論のモデルで歴史を認識する方法に対して、深刻な疑問が丸山のなかに育っていたことを意味する。おそらく一つの契機は一九五六年のハンガリー事件であったと思われる。当時のソビエトが反革命の弾圧を名目にハンガリーに干渉するのを見た丸山は、「革命か反革命かを基本的に決定するものは、その国内の人民なんだ」と考えた。そうした判断のさらに奥には、共産党の独裁を二〇世紀の「哲人政治」の一形態と彼がみなして、そこに明らかな政治における「真理の支配」という大前提について、深い疑いを抱くようになったという事情も存在した(13)。

観念論であれ唯物論であれ、真理が歴史の進路を一義的に決定するという見方への丸山の批判は、一九五七年に有名な「日本の思想」と前後して発表された「反動の概念」という論文のなかで、より周到に展開されている。そこで彼は「反動を第一義的に革命的状況にたいするものとして規定することの意味はやはりもう一度考慮されねばならぬ」(14)と述べている。これはすなわち何が革命であり何が反動であるのかは決して先験的に決まるものではなく、そうした方向性自体が状況のなかで流動的であり、また多義的でもあるということを意味する。この見方が一九六〇年の「忠誠と反逆」における西郷隆盛の再評価につながり、さらにその西郷に「日本国民抵抗の精神」を見出した福沢諭吉への共感に通じていることは言うまでもない(15)。

ここで見逃しえないのは、丸山におけるこうした決定論的な歴史観からの離脱が、同時に政治に固有の論理の認識となって現れることである。換言すれば、歴史の進路が一義的には決定されないからこそ、人間の選択と決断の契機が重要になるのであり、それがまさしく政治の働く余地であって、自由と責任の原理が機能する領域なのである。

丸山自身が繰り返し述べているように(16)、「日本の思想」や「開国」や「忠誠と反逆」などを執筆した一九五〇年代後半という時期は、彼にとって『現代政治の思想と行動』に結実したような問題関心が改めて日本政治思想史の研究へと向けられた時期に当たっていた。これ以後は、同時代の日本の政治に対する狭義の意味での政治学的分析よりも、思想史研究の比重が再び高まるということである。しかし重要なのは、狭義の政治学関連の論文は確かに減るけれども、実はそのようなジャンルの違いを超えて、この時期の丸山の作品には右に述べたような意味での政治に固有の論理の指摘が目立つという点である。一九五六年の「『スターリン批判』における政治の論理」がそのうちの最大のものであるが、その他にも同年の「戦争責任論の盲点」や一九五九年の「近代日本の思想と文学」などのなかに、このテーマに関するまとまった叙述が見られる。

たとえば「戦争責任論の盲点」では、明治憲法体制のもとにおける元首としての天皇の戦争責任が追及されるとともに、結果責任という観点から日本共産党のファシズムに敗北した責任が問われる。非転向の事実はいわば心情倫理の次元の問題であって、責任倫理の基準に照らして高い評価を受けるものではないというのである(17)。共産党に限らず、戦後の日本の左翼が一方で社会主義という客観的真理の実現を信じて疑わず、他方で自らの政治指導を受け入れない人びとに対してはもっぱらモラリズムで迫るという傾向に対しては、この頃の丸山は一貫して鋭い批判を投げかけている(18)。それは「進歩派」を貶めるためではなくて、彼らの「政治感覚」の欠如を憂えたゆえであった。つまり社会主義を標榜する国家においても個々の社会主義者においても、歴史の進む方向を知る根拠をもっぱら科学に求めることは、もともと左右両翼を問わずに交渉や説得の場面において発揮されるはずの政治的技術というものを、それ自体として認識し鍛練する機会を見失わせるという批判である。これが政治における予測不可能な非合理的要素の存在を告げる指摘であり、そこにこそ政治的主体の決断の契機が働くことの強調であった(19)。

さて元来、丸山眞男の政治認識の特徴は、政治を政治として、すなわち他の宗教や道徳や経済などの要因に還元されることのない人間の独自の営みとして理解しようとするところにあった。そうした問題意識は、さかのぼれば戦時中の「近世儒教の発展における徂徠学の特質並にその国学との関連」において、「政治の発見」の功労者として徂徠をマキアヴェリに匹敵せしめたときにすでに存在していた。「政治の発見」は歴史を作る「人間の発見」であり、他ならない秩序の作為という政治的営みを自覚的に行う試みが、丸山において「近代的思惟」として把握されたのであった。そのように政治そのものの本質に迫る丸山のアプローチは、敗戦直後においてもたとえば「人間と政治」などのなかできわめてダイナミックな形で示されていた。従って、政治に固有の論理の指摘は決して一九五〇年代後半になって突如として出て来たものではない。しかしすでに述べたように、普遍的な発展段階論のモデルで歴史を見るという認識の枠組みが丸山において弱まったために、逆にそれだけ政治的決断の契機が従来よりもクローズ・アップされることになったのである。

けれども、そうは言っても、丸山の認識する「政治」は、それ自体が文化の創造に匹敵するような高い価値を有する人間の肯定的な営みではなかった。すでに敗戦直後の「人間と政治」においても、マックス・ウェーバーにならって政治の悪魔的性格を承認する記述があった。リアルな政治認識はしばしば性悪説的な人間観の上にこそ成立する(20)。政治には毒をもって毒を制するような性質がある。『スターリン批判』における政治の論理」において丸山は政治を福沢諭吉の言葉によって『悪さ加減』の選択」とみなすのである(21)。

丸山の政治認識は従って、ものごとの全体のうち三分を捨てて七分を取る(「泥棒にも三分の理」)(22)ような政治的行為の本質にどこまでも迫ろうとするものであるけれども、それはいわば政治を外側から、換言すれば政治以外の領域から囲い込むような試みであって、政治はあくまでも人間の多様な営みの一部でしかないのである。このような考え方は、ハンナ・アレントのように政治を人間にとって最高の価値を持つ「活動」として位置付ける政治観と、まったく異なる規定の仕方と言わざるをえない。二〇世紀の思想家として同じようにファシズムの経験をくぐりぬけるなかで、丸山とアレントとはあたかも対極的な政治観を形成したと言ってよい。アレントにおいてはファシズムは逆説的にも政治ではないのである。

要するに丸山においては、人間にとり必要悪としての政治の性格を徹底して究めようとする学問的態度とともに、現実の世界においては自らは学問や文化のような非政治の領域にどこまでも止まろうとする確固とした決意が同時に存在する。それではそうした彼によって、すべての人びとがなにほどか政治に参加する民主主義のもとでの政治の担い手は、どのように構想されたのであろうか。これが六〇年安保前後の日本の状況において、丸山だけではないにしても彼が有力な発信者の一人となって提出された「市民」という観念の政治思想史的な意義にほかならない。

3　精神的貴族主義と民主主義

丸山眞男の思想と学問において、「市民」という観念は決して初期の頃から一貫して重視されたものではない。トータルに考えて、丸山の築いた政治学を「市民の政治学」と呼ぶことは必ずしもまちがいではないけれども、それは彼が終生この観念を追い続けたということを意味しない。

たとえば処女論文とも言うべき「政治学に於ける国家の概念」で、丸山が「市民社会の制約」(23)について論じているのは有名な事実である。学生時代のこの論文において、彼は「市民社会」をまさにヘーゲルの言う「欲望の体系」の意味で用いている。その意味での「市民社会」は、経済における資本主義や思想における合理主義の確立に見られるように、中世的な社会からの決定的断絶をもたらしたが、そうした土台の上に築かれた「個人主義的国家観」もしくは「市民的国家観」はやがて変貌を余儀なくされた(24)。土台の変化とは独占資本と帝国主義の時代への突入である。それに見合って、また階級対立の進展とともに、市民層の間に強力な国家を待望する意識や自民族中心主義のような非合理主義が広まる。「市民層が市民社会の最近の段階に於て、中間層イデオロギーを摂取する必要に迫られてファシズム国家観を開化せしめた」(25)というのが研究生活に入ったときの丸山の「所与」の考えであった。

ファシズムの担い手を中間層に求める丸山の見方は、敗戦直後の「日本ファシズムの思想と運動」でも保持されている。すなわち「日本におけるファシズム運動も大ざっぱにいえば、中間層が社会的な担い手になっている」と述べて、それを本来のインテリと「擬似インテリ」の二つに分け、後者を日本ファシズムの積極的な推進者とみなしたのである(26)。後年この論稿を『現代政治の思想と行動』に収めたとき、彼は補註を付けて「両グループの文化的断層はかなり連続するようになった」(27)と述べていて、それは本稿の関心にとってきわめて重要な指摘であるけれども、戦争中から戦後少なくとも一九五〇年代前半までの丸山が中間層もしくは「小ブルジョワ層」の政治的行動に期待と信頼を寄せていなかったのは事実である。

その代わり、たとえば「労働組合こそは現代社会における大衆の原子的解体に抵抗する最も重要な拠点でなければなりません」[28]という信念が語られる。このような丸山の見通しは、戦後の日本では「大衆的規模における自主的人間の確立が、西欧社会と比べて相対的に『左』の集団の推進力を通じて進行する」（傍点原文、以下同様）[29]というプラグマティックな判断にもとづいていた。それに関連して「日本社会のどこに『防衛』するに足るほど生長した民主主義が存在するのか。……それは何も『ソ連型民主主義』のことをいうのじゃなく、まさに西欧の市民的民主主義の意味でいうのだ」[30]という一九五〇年の「ある自由主義者への手紙」の一節は興味深い。ここで言われている「市民的」はこれまで見て来たような丸山の用語法の枠内にあり、ブルジョワ的というのに等しい。けれども、西欧では歴史的にブルジョワジーが獲得してきた自由と平等の諸権利を、第二次世界大戦後の日本を含むアジアの国々ではより左翼的な運動が実現すると見るのが、この時期の丸山の基本的な認識であった。

一九五〇年代前半の丸山が「市民社会」という言葉をいかなる文脈で遣っていたかを示す一例は、一九五二年発表の「福沢諭吉選集第四巻解題」にもある。この年は彼が結核療養後小康を得た時期であるが、『政治の世界』を書き下ろし、戦時中の論文を集めて『日本政治思想史研究』を出すなど、充実した年であった。福沢についてのこの論文はちょうどその間に発表されている。さらに言えば、丸山の福沢論のなかでも、敗戦直後の二論文とも、後年の『「文明論之概略」を読む』とも異なり、福沢の政治論に焦点を当てている点でユニークである。このなかで、福沢は丸山によってもっとも相対化されていると言ってよい。そこでは、福沢の国際政治論における「自然法から国家理由への急激な旋回」[31]が鋭く指摘されている。

丸山は最初にミルやトクヴィルやスペンサーらの福沢への影響を論じているが、特にスペンサーについて「政府と市民社会・およびその各々の内部における機能の分化と精密化を社会進化の基本方向とし、しかも政府から市民社会（産業社会）への価値の移動を説いた」と述べて、その考えがそのまま福沢に受け継がれたと見ている(32)。この「市民社会」の用法もまた基本的にヘーゲルにならったものである。そして福沢が「自主的なブルジョワジーの成長に対する期待」を持っていたことが指摘され、「福沢はティピカルな市民社会の発展を我国にも予測していた」と言われる。しかも「ここにも亦、日本資本主義の性格に関する把握の甘さが窺われる」という批判が続くのである(33)。つまりこのような論述の仕方において、丸山の用いる「市民社会」の概念は自由主義段階の資本主義に固有のものとして理念型化されているとともに、その近代日本での確立に関してはほぼ講座派マルクス主義と同様の見地から不徹底の事実が認識されていると考えてよい。

以上に見たような丸山の「市民社会」ないしは「市民」の用語法に大きな修正が加えられるのは、一九五〇年代後半になってからである。それには、先にも少し触れたように、かつてはファシズムの担い手とされた中間層を構成する二つの類型（インテリと擬似インテリ）の間に相互浸透が進むと同時に、彼らが膨大な新中間層として改めて台頭して来た五〇年代後半の時代状況が注目されなければならない。丸山が詳細な追記や補註を施した『現代政治の思想と行動』の出版が、松下圭一の大衆社会論や加藤秀俊の中間文化論の発表と同時期であったことを念頭に置く必要がある。さらに重要な資料は、丸山の著作のなかでも特に有名な一九五九年の「『である』ことと『する』こと」であるが、それを検討する前に、この時期における丸山の問題関心の変化を示すもう一つの論点に触れなければならない。それはトクヴィルが丸山に与えた影響である。

丸山が「ちかごろはもっぱらトクヴィル一辺倒」(34)と書いたのは一九五六年のことである。最初は福沢の思想との関係を解明するために読んだトクヴィルの著作は、結果として丸山に強い印象を残した。その一つの形跡は、彼が『現代政治の思想と行動』の「後記」(増補版では「旧版への後記」)の前に、トクヴィルの『回想録』から「ひとが必要欠くべからざる制度と呼んでいるものは、しばしば単に習慣化した制度にすぎないこと」云々の言葉を選んでエピグラムとして書き付けていることにも示される。そして、今日丸山論を展開する多くの論者が一様に、トクヴィルの影響下で丸山のいわゆる中間団体の役割に対する評価が一九五〇年代後半に変化したことを指摘しているのは、周知の事柄に属する(35)。この点については、六〇年安保前後の時期に丸山の思想と学問において「市民」という観念が浮上する前提を知るためにも、若干の考察が必要であろう。

中間団体もしくは仲介勢力は、歴史的には教会やギルドのような封建勢力として存在した。だからそれらは封建社会における特権の象徴であり、それらを打破することで市民革命は成立した。そうした事実を丸山はすでに「政治学に於ける国家の概念」で指摘しており、「個人主義的国家観はまさにこの仲介勢力の否定をその核心とする」(36)と述べられていた。敗戦直後のある文章でも、「近代国家は……仲介的勢力(pouvoirs intermédiaires)を一方、唯一最高の国家主権、他方、自由平等な個人といふ両極に解消する過程として現はれる」(37)ことが強調された。そこでは明らかにそういう形での封建社会の打破、すなわち近代社会の成立に肯定的評価が与えられていた。しかし、見方を代えれば、そうした中間団体は絶対主義が果たした権力の集中に対しては有力な抵抗の拠点であった。もし市民革命後の近代国家が絶対主義による権力の集中（主権の成立）の課題を受け継いでいるとすれば、そうした国家の対極に析出された個人の側には抵抗の基盤がないことになる。そして、そのような中央集権国家の成立という観点から、フランス革命以前と以後の政治体制の連続性を指摘したのがトクヴィルであった(38)。

そうであるならば、平等な個人の誕生は逆に権力の集中を強化する。トクヴィルは「平等は、人々をしっかりと結束させる共通の紐帯のないままにして、人々をばらばらに引離すのである。専制政治は、人々の間に障壁を築きあげて、人々を別れ別れに引離すのである。平等は、人々にその同類者たちのことを考えさせないようにする。そして専制政治は、人々のために無関心という一種の公徳をつくる」(39)と言う。あるいはさらに有名な言葉。「いわば、専制は人々を私生活のなかに閉じこめるのである。人間の孤立化の傾向がすでにあって、専制がそれを促進する。人々はすでに相互に冷淡になっていて、専制が人々の心を凍らせる」(40)。

では、どうすればよいか。トクヴィルによれば、「社会状態が民主的である諸国ほどに、政党の独裁や君主の専断を防止するために、団体が必要なところは他にどこにもない」。貴族がいれば、彼らが抵抗の母体となるであろう。いなければ、「諸個人がこの貴族団に似たものを人為的に、そして一時的につくることができないならば、どのような圧制もとても防ぎきれるものではない」(41)。アメリカがなぜそのような専制を免れているのかと言えば、「市民たちに対して、一緒に行動する機会を、そして彼等が相互に依存しあっていることを、彼等に毎日感じさせる機会を限りなくふやす」ことが重要だと考えられているからである。そのためには、「彼等に国の大事を処理する政治に参加させること以上に、地区的な小公務を処理する行政を、彼等に負担させるようにすることが必要である」(42)。こうしてアメリカ人はいたるところにあらゆる種類の集団を作る(43)。

トクヴィルが見たアメリカの集団の原型は、ニュー・イングランドを発祥の地とする人口二、三千人規模のタウンシップであった(44)。果たしてそうした地域の共同体から企業や利益集団や宗教団体までを集団もしくは結社として一括し、それにさらにトクヴィルがフランスで知っていたような貴族や教会やギルドなどを含めて、一律に国家権力の集中に対する抵抗の基盤と考えることにどのような意味があるのだろうか。これは、今日の新しい市民社会論が解答を要求されている問題である。ユルゲン・ハーバーマスによる「もう一つの市民社会論」の立場からは、今日的な市民の団体の、政治のみならず経済からの自立が強調されている(45)。その場合には人びとを連帯させる絆を何に求めるのか。トクヴィルに即して見れば、彼が「アメリカ的法制が特に重視しているのは個人的利益である」点を強調していること、「各人は最もよく自らの私的必要を満足させうる者である」と考えていたことを忘れてはならない(46)。すなわち「信仰の共同体」と「利益の共同体」は、トクヴィルの文脈では別のものではなかったのである(47)。

さて、以上のようなトクヴィルの所論を念頭に置いて、一九五〇年代後半の丸山眞男の中間団体に関する言及を見てみよう。彼は「忠誠と反逆」の中でこう言っている。

近代国家の主権観念が封建的身分・ギルド・自治都市・地方団体など「中間勢力」の自主性と自律性を剝奪することなしには成立しえないのは、どこの国でもそうであって、そうした歴史的形態そのままの「保存」を願ったところで、それは感傷趣味でしかない。けれどもそうした中間勢力の自主性——それはもともと日本の場合弱かったけれども——の伝統が、近代日本においてなぜ自発的集団のなかに新しく生かされなかったのか、さらに日本ではなぜ絶対主義的集中が国家と社会の区別を明確に定着させる——それがまさに絶対主義の重要な思想史的役割であるのに——かわりに、かえって国家を社会に、逆に社会を国家に陥没させる方向に進んだのか、そこに含まれた意味を問うということになると、はじめて問題はたんなる歴史的「過去」の叙述をこえて、社会学的にもまた思考のパターンとしても、まさに現代につながるテーマとなる(48)。

ここで丸山の念頭にあるのは、西郷隆盛に率いられた西南戦争である。福沢はその西郷にこそ「日本国民抵抗の精神」を見出した(49)。土佐の板垣退助が一時この西郷の挙兵に呼応すべきか否か迷ったというエピソードは有名である。歴史の発展は一義的に決まるという見方に従えば、薩摩は「反動」で自由民権運動は「進歩」的になるが、両者は政府の圧制に対する抵抗という観点からは共通の精神を持っていた。「革命」と「反動」の区別が先験的にわかるという考え方に疑念を抱いたこの時期の丸山は、あらゆる集団や結社の政治的機能というものをそのときどきの状況のなかでよりダイナミックに把握しようとしたと言える。「明六社のような非政治的な目的をもった自主的結社が、まさにその立地から政治を含めた時代の重要な課題に対して、不断に批判して行く伝統が根付くところに、はじめて政治主義か文化主義かといった二者択一の思考習慣が打破され、非政治的領域から発する政治的発言という近代市民の日常的なモラルが育って行くことが期待される」(50)という同時期の「開国」論文の言葉にも、政治団体というよりも、むしろさまざまな領域に形成される自発的結社の政治的役割に対する丸山の関心と期待が窺える。

だが、西郷軍や明六社のメンバーをもって「市民」と考えることはいかなる意味を持つのであろうか。ちなみに、川崎修は丸山の描く政治的主体の像を武士のエートスに引き付けて、それをきわめて卓越的な存在とみなしている(51)。西郷は革命家と言ってもよい存在だし、福沢はもちろん森有礼にしても西周にしても第一級の知識人であった。そうした知識人たちのなかに丸山が言うような「近代市民」の要素があるのは確かだとしても、彼らの活動はそのような一般的な規定によって正しく認識されるのであろうか。それよりも明六社の活動は、たとえば大学の自治のような古典的な問題と関連させて考えるべきではないか。ここで議論は丸山が「『である』ことと『する』こと」で述べている主題と出会うことになる。

この有名な講演で丸山は「民主主義はやや逆説的な表現になりますが、非政治的な市民の政治的関心によって、また『政界』以外の領域からの政治的発言と行動によってはじめて支えられるといっても過言ではない」(52)と述べている。ここに登場する「市民」の語はまもなく生起する六〇年安保での運動参加者の行動様式をすでに暗示しているし、「『政界』以外の領域」というのは文字通りさまざまな職業領域をさすわけであるが、すぐ前に見た「開国」論文の内容からすれば、それはやはり典型的には学問や芸術のような文化の領域として考えられているという印象を禁じえない。実際丸山は「どうして学問や芸術といったそれ自体非政治的な動機から発するいわばいやいやながらの政治活動があっていけないのでしょうか」(53)と言うのみならず、政治は「する」価値で評価すべきだが、文化は「である」価値の世界に属する、すなわち「文化的創造にとっては……価値の蓄積ということがなにより大事」(54)と語るのである。彼は安易な「業績主義」には与していない。そして「もし私の申しました趣旨が政治的な事柄から文化の問題に移行すると、にわかに『保守的』になったのを怪しむ方があるならば」と断わって、「現代日本の知的世界に切実に不足し、もっとも要求されるのは、ラディカル（根底的）な精神的貴族主義がラディカルな民主主義と内面的に結びつくことではないか」というあまりにも有名な一節が述べられる(55)。

なるほどこうした丸山の見解は「保守的」であり、しかもそのことが強く自覚されている。進んで知識人の政治参加を呼びかけるというよりも、よほどのことがない限り自らは非政治の領域もしくは文化の世界に止まろうとする姿勢が顕著である。それはもちろん当時の「革新」に対する「保守」ではないし、彼自身が日本国憲法に書き込まれた戦後的価値の新たな創造に携わっていたのは事実だが、大衆社会状況において多数者が示す画一化された行動様式には強い抵抗を感じていたことがわかる。要するに、大衆民主主義に対する丸山の評価はあくまでも両義的であり、そのような民主主義を補強するために、少数者の思想としての精神的貴族主義があえて持ちだされたのではないかと思われる。事情は精神的貴族主義にとっても同じであって、それだけでは政治と文化の対抗関係は生まれても、いずれもエリート主義であることには変わりはない。

ここで、再びトクヴィルが想起される。丸山が『現代政治の思想と行動』の「後記」の前にトクヴィルの言葉を掲げたことについては、すでに触れた。この言葉は丸山がさまざまな機会に述べているように(56)、制度の物神化を防ぎ、制度そのものよりも制度を作る精神、制度を運用する精神の重要性を指摘するものである。ただし、もともとのトクヴィルの『回想録』では、それは社会主義の将来における可能性を論じた部分にある。トクヴィルは社会主義の核心を所有権に対する攻撃に見出している。彼によれば所有権はフランス革命が獲得した最初の人権ではなくて、むしろ旧体制から続く最後の特権である。けれども、そのような所有権を廃棄して人間の平等を貫徹する社会主義の実現可能性については、トクヴィルは低く見ていた。にもかかわらず、従来の制度の枠組みのなかでも、「可能な領域というものは、各社会のなかで生きている人間がそれを想像するよりもはるかに広大なものなのだ」と言うのである(57)。社会主義者ではない、自由主義者トクヴィルにしてこの言葉ありきというところが重要である。

丸山は「トクヴィル一辺倒」と書いた文章のなかで、「思想家の党派性と思想や認識自体のなかに含まれる普遍的な要素とを見分ける眼だけは持ちたい」と述べている。それが現実に対して「detached(距離をおいた)な観察と分析のできる人」の精神である(58)。そのことを示す一例をあげよう。たとえば

「フランス第一革命は国民のブルジョワ的統一をつくりだすために地方、領地、都市、州の分立権力をうちくだく任務をもっていたが、それは絶対王政が着手したことをさらに発展させないわけにはゆかなかった」としたうえで、ナポレオン三世の第二帝政が「フランス社会のもっとも数の多い階級、分割地農民（Parzellenbauer）を代表している」ことを見抜き、「分割地農民は、ぼう大な大衆をなし、その成員はおなじ情況のなかでくらしているが、それでいてたがいに何重もの関係でむすばれるということがない。かれらの生産方法は、かれらをたがいにむすびつけるかわりに、たがいに孤立させる」と述べたのはトクヴィルではなくて、『ルイ・ボナパルトのブリュメール十八日』を著したマルクスであった(59)。まことに立場は違っても、共通の同時代認識がもたらされることはあるものである。

トクヴィル自身は「私はおろかにも、自分の著書で成功したのと同じように、議会でも成功するだろうと思っていたのだ」と述べる率直な人で、政治家としては「私は尊敬をかちうるほどには勇気が足りず、またあまりに誠実で、その時すぐに成果を得るために必要とされた細かな実際的な処置のすべてに身を屈して従うことができなかった」のを欠点として認めていた(60)。しかしながら、パリの議会に群衆が押し寄せた二月革命のさなかにあって、「権力は私がこれまで敵対していた党派の手から落ちたが、今度はまた私とは敵対的な点ではほとんど変わることのないもう一つの党派の手に、間もなく握られることになろうと予測」する目を持っていた(61)。そして「革命というもの は民衆の激情によって実現するもので、あらかじめ計画されるものであるというより、むしろ渇望されるもの」であること、さらに「それぞれの人は自分の目撃した偶発的な出来事を、これこそ革命の事態だと受け取る」ことまでも冷静に認識できる知性の人であった(62)。

六〇年安保はもちろん革命ではなかった。しかしそれは今日までの日本の戦後史において最大の政治的事件であった。激動のピークは岸内閣による衆議院での強行採決の後に来た。それが運動の指導者たちの想像をも超える規模で起こったこと、誰も事態の全体を見渡せるような位置にはいなかったこと、要するにすぐ前にトクヴィルの『回想録』から引いたような言葉はまた、一人の知識人としてこの出来事の渦中にいた丸山眞男のものでもあった(63)。そのなかで彼はいかに状況を規定し、出来事に意味を与えたのか。丸山は運動がピークに達しつつある時点ですでにマルクスの言葉を借りて「有頂点の革命的精神のあとには長い宿酔が来る」という覚めた見通しを示していた(64)。これは『ブリュメール十八日』にある言葉である(65)。果たしてその後の事態はどのように展開したのか。その過程で丸山によっていかなる政治の認識の仕方と制御の方法が語られ、またそれらを身に引き受ける担い手としての「市民」の像が描かれたのか。これらを簡潔に論ずることが本稿の残された課題である。

4　政治における言葉と経験

「市民」という言葉はいつ頃どのような経緯で戦後日本の政治史に登場して来たのか。すでに見たように、丸山の一九五九年の「『である』ことと『する』こと」には、「非政治的な市民の政治的関心」という形で民主主義のあり方を説明するキーワードとして現れていた。もちろん辞書に登録された言葉としての「市民」は以前から存在していたが、それにある種の時代の動きや政治の雰囲気を込めたシンボルとしては、一九五〇年代末に至るまで使用されてはいなかったのである。その意味で画期的だったのは、五八年一〇月の警察官職務執行法の改正問題であった。

警察官の職務権限の強化をねらった岸内閣の企図は、国会内では野党の社会党の、院外では総評などが結成した警職法改悪反対国民会議の強い抵抗に会い、結果的には挫折を余儀なくされた。このとき作られた国民会議の呼びかけは、「市民の皆さん、立上って下さい」という言葉で始まっている(66)。それが必ずしも当時の定型ではなかったことは、五九年三月に結成された安保条約改定阻止国民会議の呼びかけでは、「国民」や「労働者」の語はあっても「市民」は見当たらないことでもわかる(67)。前者の場合は総評とともに全労が加わっており、後者の場合はその全労が抜けて共産党がオブザーバーとして入っていることがそうした相違の一つの要因と考えられるが、ともかく警職法改正問題は革新勢力において従来にない運動の組み方をもたらしたのであった。その点は「デートを邪魔する警職法」というキャッチ・フレーズの浸透にも現れていた。

論壇ではやはり「中間文化論」を著した加藤秀俊が、増大する社会的中間層を「あたらしい市民層」と呼んだのが画期的である(68)。それは岸内閣が成立した一九五七年のことである。加藤の認識は週刊誌やテレビの普及、あるいは教育水準の一般的な上昇などの事実にもとづいていた。松下圭一の大衆社会論の発表も同時期であるが、松下はこの新中間層の拡大という現象を労働者の「大衆」化とか労働者の「国民」への編入と呼んでいて、この時期はまだ「市民」という言葉は用いていない。これは彼がいわゆる「近代一段階論」を排して、大衆社会の現代性を強調したためであった。松下が改めて『市民』的人間型の現代的可能性」を論ずるのは一九六六年になってからのことである(69)。

しかしながら、その松下においても、ちょうど警職法改正が争点に浮上した時期に、「現段階では、抵抗の思想は直接社会主義革命へと結合されるよりも、自由・民主主義擁護へと結合されて、はじめて政治的現実性をもつ」(70)と認識されていたことは注目に値する。このような課題の提示の仕方は当然に政治の担い手の性格規定の問題へと連動するからである。いずれにしても、当時もっとも若い世代に属した加藤や松下らが、自己認識を踏まえて一九五〇年代後半の日本社会の状況変化を鋭く洞察していたことは忘れられてはならない。

さて、丸山が安保改定問題について発言したのは、一九六〇年五月三日の憲法問題研究会の講演においてであった。それまでにも彼は雑誌『世界』に拠った国際問題談話会の二度の改定反対の声明などに加わっていたけれども、この問題に関する独自の論説を著していたわけではなかった。その点は終始改定反対の先頭に立っていた清水幾太郎と異なるところである。そして丸山はいまここで見る講演でも、直接安保問題に触れるというよりも、問題の本質を民主主義のあり方という点に求めているように思われる。丸山らの「市民派」は強行採決の後に「民主主義擁護」のスローガンを出して安保問題から大衆の目をそらしたというのが清水らの批判だが、丸山のアプローチはむしろ一貫していた。民主主義が対決すべき相手はファシズムである。

丸山はこの講演で、署名運動が思想調査の一面を持つこと、現代においては人びとは日常的に思想調査を受ける環境に置かれながら、それを嫌って意見を表明しないことも不作為として一定の方向へのコミットになること、従ってその責任を負うべきことを指摘している。不作為は相対的には現状の承認となる。彼はこの講演でも「非職業政治家の政治活動」がデモクラシーを支えると言っている(71)。これは繰り返して言えば「『である』ことと『する』こと」における「非政治的な市民の政治的関心」というのと同じである。逆説的表現のレトリックがもたらす魅力は感じられるが、一読(一聴)しただけではわかりにくいことも同様である。それが強行採決直後の「選択のとき」になるとトーンが変わる。

丸山はそこで必ずしも「市民」に対する直接的な呼びかけを行っているわけではない。またこの講演が活字になったのは後のことで、繰り返し吟味しながら読まれる文章として状況のなかを流通したのでもない。けれども、強行採決後の政治状況の明快な定義として、そして、短いなかにも肝心な論点が何度も反復されることによって、このスピーチはその場の聴衆を媒介にして大きな組織化の効果を発揮したと思われる。彼が言うのは、強行採決という暴挙によって「すべての局面は……一変した」ということである。「そうして問題はいちじるしく単純化され」た。この強行採決を認めるか認めないかの二つに一つである。それは権力が万能なのを認めるのか民主主義を認めるのかの間の選択である。裸の権力と民主主義の理念との対決が基本状況である。「未曽有の重大な危機はまた、未曽有の好機」とさえ丸山は言った。ここにこれまでの戦後の歴史が凝集されているのだ(72)。

「選択のとき」でも、安保問題そのものよりも戦後日本の民主主義の運命が強く案じられているのは明らかである。そうしたアプローチは、いま目の前で起こっているこの運動を歴史のなかでいかに位置付けるかという丸山の問題関心と無関係ではなかった。それがすぐ後の「復初の説」につながるのである。彼の状況規定が大きな影響力を持ったのは事実だとしても、岸政府に対する抗議行動それ自体は自然発生的に増大しており、そのことにいかなる意味を与えるかが重要な問題になったと言える。その点では、そうした意味付与を重視した丸山と、抗議行動の実力そのものに期待した清水とは異なる。

清水らに対する丸山たちの立場がなぜ「市民派」と呼ばれるようになったのかについては、実ははっきりした経緯はわからない。運動の二重構造の問題は当初からあったとしても、そのような類型化は激動の五月、六月のなかでよりもその後の「総括の季節」においてこそ行われたものかもしれない。逆に言えば、それほどに持続する対立点だったことにもなる。「市民としての抵抗」の名のもとにいちはやく緊急特集を組んだのは、『思想の科学』の一九六〇年七月号であった。鶴見俊輔、久野収らが中心であり、当時の二〇名の評議員には竹内好は入っているが、丸山の名前はない。久野によれば「〝市民〟とは、〝職業〟を通じて生活をたてている〝人間〟」であり、しかも重要なのは「職業と生活との分離」である(73)。この意味では、それを「市民主義」と呼ぶかどうかはともかく、確かに丸山にも共通する見方であった。東京大学の全学教官集会で、彼は「考えるべきことは、大学教授としてどうするかだけでなく、市民として行動する面もなければならぬ。私たちは大学教授という一つの役割に全人格を吸収されることはない」と述べているからである(74)。

丸山の「市民」像は、一九六一年に佐藤昇と行われた対談でもっとも詳しく述べられている。それは総論的には「民主主義の担い手としての市民と私がいった場合には、いろいろな民主的決定過程に参加してゆくシトワイアン的側面と、公権力その他上からの横からのあらゆる社会的圧力に抵抗してシヴィル・リバティーズを守ってゆく側面と両方を含めている」(75)と規定される。これでは十分過ぎてかえって特徴が出て来ない。彼はこの二つの側面のうち、どちらに重点を置いていたのであろうか。丸山によれば「思想的にはこの二つは別の系譜から来ているので、たとえばギリシャの直接民主制における『市民権』には前の契機はあったけれど、後の契機はなかった」(76)のである。この文脈でより重要なのは、「今までの社会主義革命運動には完全市民の想定があったんじゃないか」という指摘があることであり、「前衛としてのプロレタリアートというのは、ジャコバンの完全シトワイアンの現代版で、私利と公益が完全に合致している」と言われている点である(77)。要するに、丸山の「市民」は「公民」ではないのである。「圧倒的多数の人間は、私生活を持ち、その中で日常要求を持ちながら、同時にパブリックな関心を持ち、パブリックなことに参加している」のであって、それを受動的とみなして完全市民の能動性を賛美するのは、左右両翼の政治運動のいずれもにおいて個人の抵抗の契機を見失わせるというのが、彼の基本的な考え方である(78)。そこではあくまでも私生活に根拠地を持つことが、「市民」の政治参加のあり方として想定されている。そして組織労働者以外はすべて「マス」として否定的に見るのではなくて、「マス」の多面的存在形態を見るべきである。「市民的というと、あちこちで、叱られたり、おこられたりしたけど、市民とは街頭市民とかなんとかいう実体的なんじゃなくて、日本じゃ組織労働者が他の国民と共有している民主主義の担い手という側面をいう」(79)というのが、丸山による「市民」の概念規定であった。

すなわち、大衆社会化によって膨らんだ新中間層の生活様式の多様性に注目しつつ、その共通項に連帯の基盤を求めて行くという思想である。そのような共通項を組織労働者やアクティブな活動家の線にまで高めて行くというのではない。総評も圧力団体なのである(80)。こうした丸山の認識は明らかに松下圭一や加藤秀俊らのそれと共通するものを持っていた。丸山の「市民」像はどこまでも理念的性格を帯びていたけれども、それをあまりに規範的なものと理解することは適当でない。そしてそのような「市民」像がただ大衆社会状況の認識からもたらされたのではなくて、やはり六〇年安保の経験をくぐるなかで形成されたことを忘れてはならない。その意味で、なるほど言葉は経験の冠である。

興味深いことに、丸山は六〇年安保のピークの直前に行われた高畠通敏との対談で、「現代はポリス的状況をちょうど裏返した状況ともいえる」(81)と述べている。古代ギリシアのポリスにおいては「公民としての人間しかない」状態であったのが、中世から近代にかけて統治機構(国家)と社会とが区別されて来た。ところが、現代はこの区別が再び曖昧になったと丸山は言うのである。それは政治が生活に浸透したという意味では「政治化の時代」の所産であるが、逆に政治的無関心を含めて国民の世論やムードが政治に大きな影響を及ぼすようになったという意味では「非政治化の時代」の特徴である(82)。公私の境界が存在しないという点で、古代と現代の政治生活は一致する。ただしそのあり方は反対で、前者が公優先であるのに対して、後者はまさしく私生活が公的領域を飲み尽くそうとしている。もちろん丸山はそうした私生活主義を礼讃しているのではない。あくまでも各自の私的領域もしくは職業生活に根拠を持ちつつ、そこから公的領域にパート・タイム的に参加するというのが彼の民主主義の担い手たるべき「市民」の姿であった。この高畠との対談では、「市民の立場から状況を操作する技術としての政治学」の構築が課題としてあげられている(83)。六〇年安保の経験は戦後日本の歴史のなかで初めてそのような「市民」のイメージを確立させた出来事であったと言える。しかしながら、すでに述べたように、丸山自身はその後も引き続きそのような「市民の政治学」の構築に取り組んだわけでは必ずしもなかった。彼の学問的関心は、六〇年安保のエピソードをはさんで、再び一九五〇年代後半以来の日本政治思想史の研究へと向けられて行ったからである。丸山からバトンを受け継いで「市民の政治学」の確立に力を注いだのは、むしろこの対談の相手を務めた高畠通敏であった。

一九六〇年代以後の日本において、「市民」という言葉はますます多様な意味の広がりを獲得した。それを追うのは本稿の課題ではないが、「市民」概念の内包と外延を示すために一、二の例に触れてみたい。一つは言うまでもなく一九六五年のアメリカによる北ベトナム爆撃に対する抗議として始まったべ平連の運動である。この運動は六〇年安保のなかで生まれた「声なき声の会」のリーダーの一人であった前述の高畠の発案に由来するという意味では、明らかに六〇年安保の延長上にあった(84)。しかしまもなくべ平連の象徴的人物となった作家の小田実は六〇年当時は『何でも見てやろう』(85)の旅から帰国したばかりで安保を経験していないという点で、新しい発想にも裏付けられていた。小田たちは「ベトナムに平和を！」の最初の呼びかけで「私たちは、ふつうの市民です」と名乗り、「ふつうの市民ということは、会社員がいて、小学校の先生がいて、大工さんがいて、おかみさんがいて、新聞記者がいて、花屋さんがいて、小説を書く男がいて、英語を勉強している少年がいて、／つまり、このパンフレットを読むあなた自身がいて」というように規定している(86)。文字通り多種多様な人びとが「ベトナムに平和を！」という要求において連帯しようと言うのである。小田によれば、「私のいう戦後の、あるいは、戦後的な運動には、まず『私』があって、それに結びついたかたちで『公』の大義名分が存在する」(87)。こうした小田の思想はやはり六〇年安保の総括を彼なりに踏まえて出て来たものであろう。高畠が言うように、次第にベ平連には小田たちの個性が滲み出るようになり、また市民運動そのものも職業や地域にもとづくものから生き方や自己表現の問題へと移って行った(88)けれども、ここにいったん「市民」概念の外延は極限にまで広められたと言える。

「市民」概念の定着を見るのにもう一つの興味深い事例は、一九七二年に発表された丸谷才一の小説『たった一人の反乱』が展開した主題である。この作品の主人公は「戦中派」の元高級官僚で、防衛庁への出向を断わって民間へ天下った男である。その主人公に彼の友人が「なあ、馬淵、今の日本で市民というと、つまり何だろう？」(89)と問うことから話は始まる。そもそも主人公の曽祖父は自由民権運動の時代に「初期資本主義の精神」をもって士族に抗した実業家だったという設定である。曽祖父自身が資産家なのだが、そうした条件をもとにして明治の日本にも自由を求める「市民社会」の萌芽が存在したとされる。主人公にしても元高級官僚であり、家には昔からの家政婦がいて家事万端の面倒を見てくれるのだが、そのうえで「ぼくは革新でも反体制でもないんだから。もちろん保守党の政治家になる気もないけれど。ただ、市民社会の大前提としての自由を、自分のときはどんなことがあっても守りたい、他人のときはなるべく守りたい」(90)と考えるような人間である。全編を貫いて、「市民社会」が奴隷制や近代国家や帝国主義などの影の部分と結び付きながら、それでも「たった一人」でも自分の自由な判断にもとづいて困難な状況を切り開いて行くような人間像がユーモラスに共感を持って描かれている。この「市民社会」を外側から脅かすのが一方で犯罪者であり他方で警察であるのは象徴的である。要するに丸谷は、常にその成長が危ぶまれながらもわが国においても「市民社会」の伝統が存在し、それは結局一人ひとりの人間が自ら直面する生活の問題を何とか自力でくぐり抜ける努力を通じてしか保たれないことを雄弁に小説化したと言うことができる。

ベ平連の運動と『たった一人の反乱』の主題との距離は、一見したほど遠くないのではあるまいか。そして一九六〇年代から七〇年代にかけての時期に残されたこの二つの思想史的足跡は、さかのぼれば丸山眞男が意味を与えた六〇年安保の運動に、また下っては冷戦の終焉以降のわれわれの時代の「市民社会」論に、はるかに内面的に呼応するもののように思われる。

日本の市民政治

4 統治のなかにも自治、自治のなかにも統治

——「近代史の経験を通して」

1　はじめに——ある光景と共に

たとえば『仮釈放』(一九八八年)(1)で作家吉村昭が描いているような、人が止み難い自己正当化の念から殺人を二度繰り返してしまう時、当該の人物は国家によって二度とも拘束されることになるのだが、その行為自体は国家に対する感情から出たものではなく、人と人との間の相互関係から生まれたもの、つまり社会のなかの行為であった。現行の国家への不満としてなされる政治犯罪ではなかった。

犯罪者に対しては政治犯であろうとなかろうと、国家はその人を拘束し刑罰を課すので、われわれは犯罪において国家と社会の区別を意識することが少ないのかも知れない。たしかに、殺人は公共の秩序を乱す行為として国家が問題にすることはわれわれ自身当然のこととして受け留めているが、しかし人

と人との関係のなかで起っているのだから、その次元において、すなわち社会のなかでの加害者の更生保護また被害者救済という問題解決の道を探すという側面があることは、これもまた当然のことだろう。小説『仮釈放』では不幸にして仮釈放中の男が二回目の殺人を犯してしまうストーリーなのだが、その結末を別にすれば仮釈放による更生保護という、刑務所（国家）の外側での一定の人と人との相互関係（社会）のなかで問題解決のあり方が模索されるさまが描かれているわけである。

今われわれは一なる生きているわれわれに相次いで作用する国家と社会という二つの動きを識別しているわけだが、本稿ではこの〈国家と社会〉に加えて、もう一つの問題関心〈統治と自治〉を関連づけて考察を進めたいと思う。

まず最初に、この考察の始点であり、また帰着する所とも言える、一つの光景を紹介することにする。これは最近筆者自身が関係した出来事なのだが、ラッシュアワーになる少し前の夕刻の電車の床に誰かが飲み終えてカラになった小さなペットボトルが倒れていた。私は乗車してすぐ座ることが出来たが、そのペットボトルは電車の揺れで車内を移動し始めた。私の前に座った小学校の一、二年生の二人連れの女の子の足元にちょうど転がって行った時、そのうちの一人が校庭でボールでも蹴るように勢いよくそのペットボトルを蹴った。音を立ててそれは向い側に座わる私の手の届く所まで転がり、私は手を伸ばしてそれを拾い、降りる時に持って降りるべく自分の足元の奥の方に立て、転がらないようにした。二人の笑い声が止った。

このペットボトルを仕末する責任のある、飲料水を飲んだ人物はすでにそこにはいない。したがって、本来は責任のない誰かが駅のホームの回収箱の前まで足を運んで仕末しない限り、そのものは車内の床をいつまでも転がり続ける。責任を負うことが予め決まっていたわけではない者が、その場を構成する一人として、つまり社会のメンバーとして本来の責任ある者と同等の行為を担うということが、現代における自治なのではないか。この意味の自治が現代における問題解決に資する行為ではないのか。だが不幸にもと言うべきだろうが、この自治意識は育っていない。自分の足元に転がってきたペットボトルは蹴飛ばして、自分から遠ざけるだけでよいのである。自治意識が育たない方向がわれわれの近代国家では予め定められているからである。

というのは、われわれの近代国家は政府という、自治ではなく統治に関する専門家集団を主体として世界史上に登場した存在だからである(2)。政府（統治機構）と国民とから成り立つ近代国民国家では、政府によって国民は作りだされるのであって、その国民形成という目的遂行のために国民はあたかも国家の主人公、すなわち責任を負う自治の主体のごとく扱われる。国民が国家の主人公であることを保証するとされる国会議員選挙とは、一方において、たしかに国民の代表の選出という点で国民の満足を醸しだすが、他方において、その選出された人びととは政府（統治機構）の一部分たる議会を担うべく補充される人びとであり、国民はこの補充の際に必要な貯蔵庫であった。国民形成とは満足を以て政府（統治機構）の諸要求に応ずる人びとを作りだす作業と言える。

このような政府と国民とから成る近代国民国家においては、作る側の政府と作られる側の国民とに分けられているのであり、作るのは政府である以上、作ることに係わる責任は専ら政府にあり、国民にはない。選出された議員は国会に集合して、選出した国民からは切れて、自分たちの間で国民についての決定を下すが、この国会での議決という、国民の側からすれば自分たちに責任のない統治の問題状況を目の前にして、次の二者択一があると言えよう。すなわち国民は、一つはこれまでの国民国家のあり方通りに、統治に責任のあるのは政府なのだから、政府が責任をもって問題解決に当るのを待つという方向であり、もう一つはいかに自分たちに責任はなくとも、統治の問題状況を目の前にして、いやその問題状況の真只中にあるのは自分たち国民なのだから、つまり問題とは生きているわれわれの問題なのだから、自分たちで自分たちの問題解決に動くという、国民による国民の統治すなわち自治——そのことは今までは自分たちの責任ではなかったが故に未経験の事柄——に身を乗りだすという方向である。先のペットボトルの例では後者の方向が示唆されていたわけである。

ところで今私は国民国家における自治は国民にとって未経験の事柄と記したが、これは不正確な言い方であった。国民が自分たちの運命を自分たちで形作るという自治の経験は、近代日本史上の制度として確認できる。それはジョン・ロックの政治思想がわが国の現行憲法の前文が言うところの「人類普遍の原理」として、現行憲法のなかに採用された時点の出来事である(3)。ジョン・ロックの『統治論』(一六九〇年)のなかの次の一節は、もしこれが否認されれば、現行憲法が死文化することは疑う余地がない。ロックは言う。

ある目的を達成するために信託を寄せて与えられた権力は、すべて、その目的によって制約されているので、その目的が明らかに無視されたり、または妨害されたりすれば、いつでもその信託は必然的に失われ、権力はそれを与えた人々の手にもどらなければならない……。そしてその人々は、その権力を彼らの安全と保障に最もふさわしいと思われるところへ改めて委ねることができるのである(4)。

この文章のなかの、権力にまさにその権力を「与えた人々」のことを、与えられた権力の下にある国民と区別して市民と呼ぶ時、その意味の市民が〈政府と国民〉を作りだすとするロックの考え方は一七七六年のアメリカ一三州の独立宣言のなかに明文化され、かつ今日でもアメリカ合衆国の指導者は国民に対して「共に市民である仲間」(5)と呼び掛け、政府と国民とに分かれる以前の、共に市民である状態を前提視している。これに対して、わが国の指導者は「国民の皆様の声に耳を傾け、国民の皆様と共にこの国をつくっていきたい」(6)と語り、「共にある」のは政府と国民としてであり、政府と国民とに分かれる以前の「共にある」姿は想像だにされていない。

結論的に言えば、まず第一に近代国家はその歴史的展開過程のなかで、一七世紀のロックの思想を得ることで、それまでの歴史の意味替えが可能になったということである。つまり、統治の専門家集団たる政府が作りだしてきたその同じ国家を、今度は自治の専門家集団たる市民が作りだすものと理解することが可能になったのである。そして第二にその可能なことが現実化し、制度化するに至った時、当該の意味替えが共有意識化される場合とされない場合とがあったということである。ロックの思想を市民革命として実現した場合と、同じ思想を憲法制度のなかで受容した場合の差は歴然としていた。そして第三に意味替えが行われても、統治の専門家集団による国民形成はなお行われ続けるということである。したがって、歴史の意味替えないし市民革命を経てさえいれば、問題はすべて解消するということではない。ロック以後の状況のなかで、〈統治と自治〉の観点からの議論は引き続き展開されるべきだと考える。

以下の本論においては、市民の概念は受け入れ難かったにせよ、文明の概念は受容していた明治期のわが国の行政官僚、とりわけ小河滋次郎（一八六四〜一九二五）(7)に着目し、ある一定の見識を持った人間が統治を担う時、その人の内面においてどんなことが起っていたのかを垣間見たいと思う。統治する側においていかに人間の尊厳が保たれていたか、つまり統治する側が実は自治を欲するという逆説をまず初めに考察したいと思う。そして次に、これに対して、統治される側が欲する自治のなかで、自治にはあらざる統治の傾向が立ち現われるという、もう一つの逆説を指摘したいと思う。統治のなかの自治と自治のなかの統治という、二つの逆説的状況を日本の近代史のなかで確認したいと思う。

2　明治二、三〇年代の監獄行政官僚たち
――とりわけ小河滋次郎――をめぐって

本節では明治二〇年代から三〇年代にかけてのわが国の監獄行政上のいくつかの出来事を紹介し、そ

こで目撃される〈統治と自治〉の局面を考察していきたいと思う。
まず明治二二年五月の大日本監獄協会の発会式での演説として、同協会雑誌に掲載されている同会特別会員で、当時わが国の監獄行政を主管する内務省警保局の局長であった清浦奎吾の言葉のなかの次のような一節を紹介したい。すなわち、

古の刑を執行するや罪の重きは斬絞遠流其軽きは笞杖と云ふか如き執行方なれは何の造作もなく誠に簡易簡略にして監獄を建築するの計画もいらす司獄官吏を設置するにも及はす役法教誨なと云ふ面働なる世話もなく為めに費用支出上国庫費負担地方税支出なとゝ云ふ八ヶ間敷議論もなく国家の経済上に於ては至極結構な様なる者なれとも左様な執行法は人文の開明に赴くに従ひ世界の空気否道理か決して之を許さぬ云々(8)。

また同じ清浦奎吾は『警察監獄学会雑誌』に掲載された監獄官練習所における講演において、

我監獄事務ハ国会開設ノ為メニ如何ナル影響ヲ受クヘキヤ其景況如何ハ数年ノ後ヲ期セサレハ今日ニ於テ予シメ測定シ難シト雖モ必ラス改良進歩ノ運ニ向フヘシ何トナレハ国会ハ善良ナルモノニシテ其議員タルモノハ常ニ眼ヲ外国ニ注クヘシ国ノ体面ヲ保ツコトヲ顧ミルヘシ夫レ其国ノ文明ナルカ野蛮ナルカヲ知ラント欲セハ先ツ刑法及監獄ヲ観ヨト云フ如キモノナレハ監獄ヲ度外視シテ論

スルカ如キコトハ万アル筈ナケレハナリ(9)

と述べていた。

以上二つの雑誌に掲載された当時の監獄行政の最高責任者の発言から、われわれは当時の政府の至上命題としての不平等条約改正のための国内監獄制度の整備すなわち監獄改良の必要性認識と、その認識を共有せぬ、開設したばかりの議会への懸念の二つを感じ取ることが出来る。不平等条約改正は結局明治二七年七月にまず日英通商航海条約の調印、そして五年後の明治三二年七月の条約実施という運びとなり、実際に明治三二年七月一七日に「米国人謀殺犯」に「令状」が発せられ、「外囚拘禁」が初めて可能となり、「我法権の下に支配する是を始めとなす」(10)と喜ぶに至るのだったが、この治外法権撤廃の日を迎えることで監獄行政全体の雰囲気が一変するように思われる。監獄改良の必要性認識が失われてゆくということである。

それは、近代国民国家としての制度整備を進めていた日本がいわばそのイニシエーションを遂げた途端に、一転して当該のイニシエーションに到達するまでの、日本を「野蛮」から「文明」に引き上げるための作業において主導的役割を果たしてきた勢力への冷遇——野蛮から文明へ、そして再び野蛮へ——が始まるということである。本稿ではその冷遇され始める勢力として、つまりそれまで「世界の空気否道理」を懸命に吸おうとして来た人間として、明治二八年（一八九五年）の第五回万国監獄会議に出席以来、五年ごとの同会議に明治三三年、三八年と政府代表として毎回派遣され続けた小河滋次郎を扱いたいと思う。

小河の行政官僚としての経歴は明治一九年に二二歳で内務省に入省したことに始まり、以後一貫して監獄行政に携わり、明治四三年にその職を辞した。二四年間の官僚生活であったが、明治三三年に監獄行政が内務省から司法省に移轄されたので、最後は司法省監獄事務官として司法省を退省した。明治三〇年に内務省内に監獄局が設置されるに際して、監獄局長の下で監獄事務を指揮する監獄事務官（奏任）に任ぜられていたが、監獄局長（奏任）(11)に進むことは結局なかった。この小河への冷遇については後にさらに詳しく説明する。

ところで清浦の言葉のなかにあった監獄行政の「費用支出上国庫負担地方税支出」の問題とは、次のような事情から生まれたものであった。すなわち、「監獄及び監獄建築修繕費は以前は全部国庫の負担に帰属していたのであるが明治一三年一一月五日の布告第四八号を以て集治監（中央政府直轄の監獄）を除く各府県監獄のそれは特に地方税の負担に移されたのである。それは西南戦争後における財政上の都合に因るもので言はば一時の便法に過ぎなかつたのだが、爾後年を経るにつれて恰もそれが当然のことである如くに一般に考へられていた」(12)。

この明治一〇年の西南戦争の財政逼迫から採られた方針を廃止するとの合意は、明治三二年末にようやく成立するのだったが、このように長引いた原因はこの問題が先の清浦の言及のなかにあった明治二三年の議会開設に伴ない、議会による内閣（狭義の政府）攻撃の恰好の材料と化したことにあった。この点を小河はどう受け留めていたのだろうか。明治二五年一二月号の『大日本監獄雑誌』に掲載された

大日本監獄協会第五回定期総会における、当時内務省警保局監獄課長たる小河は、

殊に政治家が甚たしく此事業（監獄改良のこと―引用者）に対して冷淡なる証拠は彼の帝国議会に出したる監獄費国庫支弁案は如何なる結末を見ましたか、哀れにも衆議院は之れに向つて反対を表しまして遂に此法案は通過せしめなかつたではござりませぬか、此法案の如きは監獄事業に対して最も必要である、其必要なる法案を通過させないと云ふのは政治家が此事業に対して冷淡なるのみならず改良事業を妨げるものであると云つて宜からうと思ひます(13)。

と述べていた。

監獄改良事業を地方に委ねておくとなぜ同事業にとって妨げになるのかに関して小河が指摘していたのは、地方議会における節減主義(14)という誤った政策のためであった。一時の節約が結局大きな出費を招く愚かさを指摘していたわけだが、しかし明治二〇年代は、そして基本的に現行憲法が成立するまではわが国は立憲主義ではあっても議院内閣制を採用していなかったのだから、地方中央を問わず議会と政府（狭義）とはその成立において独立であって、それぞれの時点での争点をめぐって統治の主導権獲得をめざして権力闘争を繰り返すのを常態としていたのであり、議会を拠り所とする政治家たちが監獄改良に反対したとしても、そのことを以て監獄改良それ自体に対して冷淡であり、反対していたと見るべきではないだろう。

そうした関係のなかで監獄改良事業に対して議会側からの賛成の声を得る道は、内閣側がその他の争点で議会側に譲歩する、つまり政策としての優先順位を監獄改良に関してはより下位に、他のものをより上位に置くとの妥協を企ることだったはずである。具体的には当時の新聞が言うところの「地租軽減の如き……断して内閣の同意せさる所」(15)を同意して、「地価修正の如き」(16)ことに着手することであった。そして実際、明治二五年一〇月第二次伊藤内閣は衆議院に地価を低減する「田畑地価修正法案」(17)を提出していたのである。この法案は結果的には実ることがなかったが、このやりとりが統治のあり方をめぐって展開される政治過程のはずである。政治家の冷淡さを指摘する小河滋次郎の発言からは、小河に政治のリアリズムを踏まえた政治的人間を見ることが出来ない。

次に明治二五年九月に発行された『監獄学雑誌』に載った小河の論文「監獄ハ内務省ニ属スヘキヤ将タ司法省ニ属スヘ（キ）ヤノ問題ニ就テ」を紹介したいと思う。監獄行政を従来通り内務省の業務として行うべきか、それとも司法省に移管すべきかという問題は、監獄改良事業を遂行する際の「管理権ノ統一ヲ期スルノ必要」(18)から議論となり、決着は小河の意向とは反する形で明治三三年七月に着くことになるのだったが、小河の主張とは「監獄ハ理論上及実際上内務省ノ最上監督権ノ下ニ属セシムルヲ以テ当然且便利ナリ」(19)であった。監獄改良のためには「改良前世紀ノ紀念物トシテ保存セラルヽモノ」たる「彼ノ司法監督権ノ下ニ監獄ヲ管理スルノ制度」(20)は導入されてはならないものであった。

「近世国法学ノ定論ニ拠リ行政事務ト司法事務ト」(21)を截然と区別する小河からすれば、それらを分けていなかった明治三年の刑部省、明治四年の司法省に比して、明治九年に創設された内務省に監獄行政を属せしめた明治一四年発布の監獄則は「英断ノ措置」(22)であった。

これに対して「刑ノ宣告者ト刑ノ執行者ト同一ノ意ヲ体シテ事ヲ取ラサル可カラス」(23)とし、「監獄ヲ内務省ヨリ分離シ司法省ニ属セシメサル可カラサル」(24)との主張を展開したものに法学士石渡敏一「監獄論」があった。この論文は石渡個人の見解というよりも司法省のそれであり、石渡は司法省のスポークスマン的役割を担っていたと言うべきだろうが、現行制度の不備としてとくに挙げ示していた具体例は、現行制度では「特赦上奏ノ権ハ実ニ司法大臣ニ属ス」(25)とされているにも拘わらず、内務省に監獄の監督権があるために司法省の「検事ハ平常監獄ノ事務ニ与カラサレハ監獄内ノ事情ニ通暁セス」(26)という点であった。

実は論文が公表された順序としては石渡の方が先で、それへの反論として小河の論文は執筆され、特赦上奏の件も反駁がなされているが、小河は監獄行政が司法省に移されると起こる支障として、石渡論文がまったく考慮に入れていなかった次のような論点をも指摘していたのである。すなわち、

且夫レ監獄ノ目的即チ犯罪予防撲滅ノ事ハ独監獄其レ自身ノミノ作用ヲ以テ能ク貫徹シ得ヘキニ非ス他ノ行政事務即チ救貧、感化、慈善、警察等ノ事項ト共ニ同統一系ノ関係ヲ以テ相並行セサルヘカラサルモノナルカ故ニ実際上、監獄事務ハ此ノ関係諸般ノ事項ヲ統括スル所ノ内務大臣管掌ノ下ニ属セシムルニアラサレハ到底其ノ目的ヲ達スルニ適切ナル措置ヲ施シ他ノ関係事項ト支梧セスシテ常ニ同統一系ノ連鎖ヲ保全シ得ヘキニアラサルナリ是ヲ以テ観ルモ監獄ノ内務所属タラサルヘ

カラサルコト火ヲ観ルヨリ尚明カナリト謂フヘシ(27)。

小河が言わんとしていたのは「救貧、感化、慈善、警察等ノ事項」と「監獄事務」との「同統一系」性であった。つまり犯罪が起こるのはその背景に貧困、教育の欠如その他の諸事情があるのだから、内務省が管轄する監獄行政はそれらの点に配慮し、救貧、感化、慈善といった同じく内務省が管轄する問題解決への努力と連絡を取り合って進めるべきだとの主張であった。この救貧、感化、慈善といった活動を小河は明治三〇年に行った講演「犯罪と教育」のなかでは社会事業と呼び、その社会事業との協力によって監獄行政は行われるべきだと語っていた。すなわち、「犯罪と社会的諸般の事相との間に密切、相連結する所の関係ありて犯罪の起因、波及、及び増加を為すものあることを経験するに従ひ単に所謂刑罰なるものは世の犯罪を防遏し若くは減少するが為めに其効力の甚だ薄弱なる否寧ろ場合に由りては反つて之を増殖助長するの逆効あることを認め犯罪を防滅若くは減少して社会及び各個人の福祉安寧を保全する所以の道は刑罰の外、尚ほ他の諸般社会事業の協力に由て始めて其目的を貫徹し得べきことを確信するに至り」(28)と。

そしてその社会事業のなかで教育事業はとくに犯罪の消長と関係が深いと述べ、次のような指摘を行っていた。すなわち、「若し彼れ多数の犯罪人に対し其幼時即ち初めて犯罪の嫩芽を発するの時若くは既に発せんとするの時に於て家庭若くは学校教育の能く之を収養陶冶するものありとせば社会犯罪の多数を未発に防遏し能ふべきは盖し理の最も覩易すき所なるに非らずや」(29)と。ということはしかし同一人に対して刑罰と教育の両方を行え、という意味ではなかった。小河においては「刑罰は健全なる自由意思を有する所の者即ち是非弁別の知覚（所謂犯罪能力）ある犯罪者に対して之を課すべ」(30)しと考えられていて、その「自由意思」または「是非弁別の知覚」を欠いた人間に対しては刑罰ではなく、「宜しく教育の力に由て以て之を開発育成せしむるに至らずんばあるべからず」(31)なのである。つまり幼年犯罪者に対して教育がなされるというのは、本人が学びたい、教育を受けたいが故ではなく——そうした「自由意思」は欠如している——、その人物には刑罰ではなく教育が必要だと、監獄行政担当者が判断するからであった。それは幼年犯罪者に対する「処遇法」(32)であった。

このように小河は一方において監獄行政は内務省が主導する統治との確固たる認識を持ち、もう一方でその監獄行政を推進するために、すなわち「世の犯罪を防遏し若くは減少するが為めに」救貧、感化、慈善などの社会事業に携わる人びととの協働が考えられていた。換言すれば、小河には国家のなかの出来事と社会のなかの出来事の幸福なる共存を想定することが、明治二〇年代から三〇年代初めにかけては出来ていたのだと言えよう(33)。

なお監獄行政がどちらに属すべきかをめぐっては「少くも『監獄協会雑誌』に現れた当時の監獄官たちの意向から見るとこの司法省説は内務省説に比し何れかといへば余り人気のある方ではなかつた」(34)ようだが、明治三三年七月に監獄行政は内務省から司法省に移管されるに至った。制度面でどんなことが実際に起っていたかと言うと、明治三三年まで監獄局が内務省の一部局であった当時には、その業務については「一、監獄ニ関スル事項／二、仮出獄及監視仮免ニ関スル事項」(35)であったのに対し、司法省監獄局では「一、監獄ニ関スル事項／二、恩赦、復権、仮出獄、免幽閉、監視仮免、出獄人保護及死刑執行ニ関スル事項」(36)と記されるに至っていた。

ここに記された業務内容の違いには単に量的変化だけではなく、質的変化ないし一定の政策意図が紛れもない。二、の事項の筆頭に恩赦が新らたに挙げられた点は先に言及した石渡論文を思い出させるし、また死刑執行が同じく新らたに挙げられている点は次に議論する死刑廃止論者小河滋次郎のことがすぐに頭に浮かぶ。

石渡敏一は明治二三年に司法省参事官（奏任）で、「監獄論」執筆の明治二四年一一月には東京控訴院検事であったのに対し、小河は明治二四年に内務省警保局監獄課長に就任していたが、身分は警保局属（判任）であり、反論執筆の明治二五年の時点でもこの点に変りはなかった。判任官が奏任官に論戦を挑んでいたわけだが、その小河が明治三〇年八月の官制改正で内務省に監獄局が設置されるに伴なう「内務省ニ専任監獄事務官一人ヲ置ク／監獄事務官ハ奏任トス監獄局ニ属シ其ノ事務ヲ掌ル」(37)の、その監獄事務官に登用され、そして明治三三年の所轄移動では司法省監獄事務官と単に名称が変更されただけのように見えるが、実際にはそれだけではなかった。司法省官制では「司法省ニ専任監獄事務官二人ヲ置キ」(38)とされ、内務省では小河一人だった監獄事務官が司法省では複数置かれることになった。

また偶然と言えば偶然だが、この新しい司法省官制がスタートする年の明治三三年四月に小河はブリュッセルで開催される第六回万国監獄会議に出席するためにアメリカ経由で渡欧し、同年一二月末に帰国した(39)。新体制の下、監獄行政は小河抜きで支障なく遂行し得ることをまず最初に証明したようなものであった。しかしこの小河抜きでの監獄事務が失うものは、先の明治二五年の小河論文の内容であったことは明治三三年の時点でどれほど理解されていたであろうか。

次に死刑執行をその掌るべき事務の一つとする監獄事務官が実は死刑廃止論者であったという点に議論を進めたいと思う。明治期の死刑廃止論に関する研究業績に辻本義男編著『史料 日本の死刑廃止論』(成文堂、一九八三年)があり、小河の名こそ出ていないものの、明治四〇年二月発行の『監獄協会雑誌』(第二〇巻第二号)を取り上げ、多くの監獄行政担当者の死刑廃止への声を紹介している。同誌を当時編集していたのが小河であり、この二月号では編集者として小河は黒子に徹していたが、小河が明治三五年に公刊した著書『刑法改正案ノ二眼目――死刑及刑ノ執行猶予――』について、『史料 日本の死刑廃止論』に何の言及もない点は残念であった。小河はこの著書のなかで「今や我が欧米文明の諸国にあつては啻だに死刑に換ふべき一層、完全有効なる刑罰の存在するのみならず国家の基礎法制の組織も亦た益々健全且つ円満に発達進歩しつゝあるに非らずや」(40)と、「学理又は時勢の趨勢」(41)を語り、これを無視して死刑を存続させようとする勢力への怒りを、隠そうとはしていない。同じ明治三五年に行った講演「死刑廃止論」から引けば、「苟も法律の命する所であるならば実際の必要如何と云ふ事は顧みるの遑が無く、犯罪があつて其犯罪が死刑に相当なるものであるならば、直に死刑の言渡しを為す」(42)裁判官への怒りである。

「学理又は時勢の趨勢」言い換えれば文明を無視する司法省の同僚たちに向けて、小河は『刑法改正案ノ二眼目』のなかでさらに次のように言う。その発言の要旨を二点に限定すれば、その第一が「絞殺を廃し斬殺とすべし」(43)であり、その第二が「死刑の執行は裁判官をして自身に之れに当らしむることを要す、裁判官にして若し不便の事情ありとならば検察官をして之を執行せしむるも亦た不可とせず」(44)であった。これを私自身かつてこう解釈したことがある。すなわち、「死刑という判決を下した当の裁判官ないし死刑を求刑じた当の検察官がその手に刀を握り、今自分が死刑を言い渡したり、死刑を求めたその人間の首を自分で刎ね、自分自身の視覚、触覚、聴覚のすべてにおいてその死刑という刑罰を受け留めることを小河は求めたのである」(45)。この小河の発言は死刑の執行方法の変更を求めるものであり、死刑制度を廃止せよとの表現はないが、これは死刑廃止の逆説的表現すなわち死刑廃止論以外の何ものでもない。「死刑執行ニ関スル事項」の事務を掌る責任者小河の著書であった。

小河の考えていたのは、ロックが『統治論』の他に『寛容についての書簡』を公刊して主張しようとしていたこと、すなわち人びとの意思した契約にもとづく統治であっても、その統治は一人ひとりの人間の「魂への配慮」(46)(the care of souls)には係わり得ないのではないかと、統治に当る者たちに問いかけたのと同様の事柄だったのではないか。

統治とはたしかにそれを担うのは一人ひとりの人間であるが、その遂行された統治をもって人間の行為だとは誰れも呼ばない。死刑執行の場合も勿論そうである。小河は、まさに一人ひとりの人間は単に統治を担っているだけの存在だからこそ、その人びとに問いかけようとしたのだと思われる。つまり小河が同僚たる司法省の司法官、行政官に期待したのは、国家の官職という荷を肩から一度下ろして、社会のなかで人と共に生きる者として返答をしてもらうこと、すなわち〈そもそも人が人を殺すということをどう思うか〉との問いに、〈そもそもということならばそれはあってはならないことだ〉と答えてもらうことだったのではないか。

ある一人の人物が自らのなかの複数のアイデンティティに苦悩した末に、社会のなかで人と共に生きる者としての声――それは人を統治する者の統治の声ではなく、自らを統治する者の自治の声――を口にすることを求めたということだろう。この自治の声なくして、「魂への配慮」には係らぬという統治のあり方は成り立ち得ぬことなのである。つまり統治される側だけではなく、統治する側も自治の声を持つという逆説が理解されるところで初めて開かれる地平がロックの政治世界すなわちリベラリズムだったのであり、そこではまず統治する側の「魂への配慮」が守られ、そしてその自らの「魂への配慮」が守られている統治する側が統治される側の「魂への配慮」を守ろうとするのである。このように統治に係わって「魂への配慮」すなわち〈人間の尊厳〉を守ろうとするところに、ロックは寛容という態度が生まれると考えていたのだと思う(47)。

小河の場合には、自分の手に刀を握り、自分が死刑と判決したり求刑したりした人間の首を刎ねるという、想像するだけでも凄惨な光景をわれわれに突き付けてくるのだが、これはそうでもしなければ〈そもそも人が人を殺すということはあってはならないことだ〉との自治の声、ないし〈人間の尊厳〉を求める声を自分の同僚の統治する側の人間たちから引き出せないとの切羽詰った思いがあった、ということだろう。小河はあえて自らが「野蛮」を帯びることで、「文明」を換起させようとしたのだと解釈できよう(48)。

ここにはかつて明治二〇年代から三〇年代初めにかけての小河に見て取れた、〈国家のなかの出来事〉と〈社会のなかの出来事〉との間の幸福なる共存は、もはや想定できなくなっている小河を見る。ロックが言う「魂への配慮」には係らぬ態度と同様に、小河の死刑廃止の主張は人の内面に〈統治と自治〉、〈国家と社会〉の緊張、葛藤を生み出さざるを得ぬものだったのであり、そのような状況が明治三〇年代から司法省を退く四〇年代にかけての小河の上に覆い被さっていたわけである(49)。

司法省監獄事務官としての二年間の清国政府からの招聘生活が終了して明治四三年五月に帰国した小河は、慌しくも同年八月には今度はアメリカに向けて出発し、ワシントンでの第八回万国監獄会議に出席しているが、その間の事情を「予が帰朝後欧米に漫遊するの真意は日本に帰るも予に適当なる地位なきに由る」(50)と、自ら書き記していた。「世界の空気否道理」を吸い続けてきた人間への冷遇ここに極まれりという感じであるが、日本の近代史全体の幅のなかで観察すれば、明治末はまだ文明という空気を吸うこと自体は禁じられていたわけではないことはわかる。

ただもう一言付け加えれば、小河は自分への冷遇に対して政治的に反応することがなかったということであろう。先に記したように政治のリアリズムに疎かったためか、あるいは政治的には動かないという自己規制が働いていたためと言えよう。もし自己の思想ないし信念にあくまでも誠実であって、怒りを言論の人(51)として形にしていたならば、冷遇とは別の形の対処が彼に対してなされていたであろうことは十分に想像される。彼が司法省を去る時期は、大逆事件という「野蛮」の真只中でもあったのだから。

3　おわりに――もう一つの逆説

P・F・ドラッカーは『非営利組織の経営』のなかで「非営利機関は、たんにサービスを提供するだけではない。その最終利用者が、たんなる利用者ではなく、行為者となることを期待する。非営利機関は、人間に変化をもたらすためにサービスを使う」(52)と述べているが、この主張は自治ということからすると何を意味することになるのか。非営利機関を以下NPOと呼ぶことにするが、たとえばリサイクルのNPOであれば、そのNPOに所属して回収に巡回して来る人に不用品を渡したり、バザーの当日に会場に足を運んで気に入ったものを買う人、こういう人たちはドラッカーの言うNPOの「たんなる利用者」ということになろう。

そうした「たんなる利用者」がわれわれの大部分であって、その限りでわれわれの大部分は動員される側であり、これに対してドラッカーの言うNPOの「行為者」とは動員する側であり、ドラッカーは動員される人が動員する人に、つまり「たんなる利用者」が「行為者」の側に身を移し替えることを期待していた。

これに対して本稿では「たんなる利用者」が「たんなる利用者」であり続けて、すなわち動員される側に居続けて、自治を担うということはあり得ないのかと問いたい。つまり学校のバザーならばPTAの運営委員会が挙げた収益がどのように配分されるのかが、品物を出したり買ったりする「たんなる利用者」にもわかるような工夫をすることで可能となる自治は考えられないかということである。

ところでNPOとは利益獲得をめざさない団体のことではない。ただその獲得した利益をその団体の出資者に利子配当として戻すことをせず、「公共の利益」(53)実現のために用いてゆく、そうしたやり方で運営される団体のことである。このNPOに出資したり、その運営に携わっている人たち、つまり「行為者」にとって、上げた収益金とは自分たちが有意義と考える一定の「公共の利益」実現の手段であろうが、「たんなる利用者」にとってはNPOに参加した経験なのではないか。

自分たちが提供した品物が当日会場で買われたり、当日自分が会場に出掛けて買ったりした、その結果としての金銭が集計され、そしてその何パーセントが何のために使われるのかが「たんなる利用者」にも知らされることによって、「たんなる利用者」は「行為者」に変革されずして、「共通に参加しているという感覚」(54)を抱くということ、そして当該の「公共の福祉」という全体のなかのどの部分を自分が担っているかを知るということである。この自治の経験が千人の人によってなされていれば、自治は千人の千種の思い出から千人によって共有される一つの公的な出来事へと「変革」されてゆくのではないか(55)。

たしかに寄本勝美が説明するように、市民のうち一パーセントがリーダーの役割を引き受ければ、また一パーセントの熱心に引っ張っていく人を作れば自治体は動く、現実は変わるとの認識(56)はそれ自体貴重な知恵だと思うが、しかし自治の組織であるためには、その組織がアクティブになればなるほど、もう一つの知恵が必要となるのではないか。というのは自治の組織ではあっても、「行為者」が「たんなる利用者」を動員の対象としてしか見ず、「たんなる利用者」の自治への参加の経験それ自体が重要視されなくなれば、自治という名の統治がはびこる危険、自治のなかの統治という克服されねばならぬ逆説が生ずる恐れがあろう。

自治の要素が絶えることのないNPOであるために必要とされる知恵に、一度参加したNPOから自らの意思で参加を取り止める自由が明言されているということがないだろうか。言い換えれば、参加者から責任の概念を奪わないことである。責任とは、かつて小河滋次郎も使っていた言葉である「自由意思」によってなされる事柄であるが故に問われるものであることは言うまでもない。人びとがその自由意思によって「たんなる利用者」になっているとは、さきに指摘したように、収益金のうちどれほどが何に使われているかが示されていることで、自分が全体のなかのどの部分を担っているか、つまりその分担の責任を自覚することが出来るような工夫がされていて、人がその単なる利用にやりがいを感じて、自ら参加している状態のことである(57)。逆に言えば、全体のなかの自分の位置を見出すことが出来なくなり、やりがいを感じられなくなった時には、もはや自ら責任を取れなくなっている以上、参加を止めることが出来るような制度になっていることが、自治が確保されるためには必要だと思われる(58)。

以上のようなNPOの内部での自治の貫徹は、それ自体ではNPOの外部での統治の状況に何ら影響を及ぼすものではないが、NPOの内部での自治の経験の積み重ねこそ、社会の厚みを作りだすうえでの重要な一歩ではないか。自治の模索が社会の厚みを作りだし、その厚みが〈政府と国民〉を作りだす市民、すなわち「政府と国民とに分かれる以前の、共に市民である状態」を現実のものとする。それは

「一、はじめに」の個所で指摘した、「責任を負うことが予め決まっていたわけではない者が、その場を構成する一人として、つまり社会のメンバーとして本来の責任ある者と同等の行為を担う」市民の現存ということでもある。

こうした本来責任のない事柄に市民が責任を自覚して取り組むことも逆説的なことと言えようが、その市民そして市民が構成する市民社会の現実性が増してゆく時でも、なお市民社会それ自体がわれわれの目的ではない。目的ということで言えば、それは生きているわれわれに起こる問題の解決である。勿論その起っている問題が何であるかという特定は本稿ではなされていないのだが、生きているわれわれに起こる問題の解決を主題に置こうとする議論であるならば、本稿はそうした議論の比較の対象になるはずだと考えている(59)。

5 自分をひらき、世界をひらく

――「日本の女性の政治参加」

1　はじめに

女性の政治参加は二〇世紀の大きなテーマであった。ニュージーランド（一八九三年）を除いた世界中の国々で女性参政権獲得は二〇世紀の「事件」であった。日本では一八九〇年以来女性の政治活動が禁止されていたが(1)、一九四五年一〇月一三日「治安維持法」が廃止されたことで、ようやく結社権が法律で保障された。それより早く八月二五日には、婦人参政権の要求と婦人の政治教育を目的に「戦後対策婦人委員会」が設立されたり、政党は婦人部を綱領に掲げるようになり、職能団体、自主的組織や戦争未亡人の組織である「戦争犠牲者遺族同盟」などが「民主化」を推進するためにつぎつぎと設立された(2)。この時期は戦後の日本の利益集団の第一回の噴出期にあたる(3)。その後の日本の女性の政治活動は「地域のグループ活動」から消費者運動へ、そして環境運動へと発展していった（ボールディング、一九九五、八―九）。高畠通敏は八〇年代を「政治復権の時代」と予測し、その「政治」は「民衆の広い政治参加の上に作られる充実したデモクラシーとしての〈政治〉である」と「政治参加」を新しい時代の政治の条件にした（高畠、一九八七、四二）。女性の「政治参加」に焦点をあてて観察すると、八〇年に入る頃に新しい動きが生まれている。本稿では、女性の政治活動を定義し、明らかな転換点である一九七五年以降の女性の政治活動を概観する。そして、その時期以降に設立された女性の政治活動の特徴と分析視点について述べ、さらに、四つの女性の政治活動を紹介し、女性の政治参加の意義を考察する。

日本の女性の政治参加については、これまであまり語られてこなかった。その理由は、語り手である研究者に占める女性の割合が非常に低かったこと、女性の政治参加が政治的にはあまり影響力が大きくないと見られてきたこと、女性が取り組んできた生活に密着した訴えは政治課題とはみなされなかったことなどがあげられる。それらは、政治や政治学におけるジェンダー・バイアスであるが、このテーマについては稿を改めたい。

2　女性の政治活動

1　女性の政治活動とは

本稿では、政治参加を以下のように定義する。政治参加とは、政府（中央・地方）の政策決定に何らかの影響を与えることを意図した活動を人びとが自由に展開することで、①投票、②運動、③選挙に立候補したり、選挙活動を支援したりする三つのレベルがあるといわれてきた（ヴァーバほか、一九八一）。そのほかに騒擾や革命などの暴力行為も政治参加に含まれるという議論もあるが、本稿では政治参加とみなさない。また、コンウェイが行ったように、伝統的・法的に容認された政治参加と自然発生的・法的に容認されない政治参加との二つに分類することもしない。なぜなら、女性が参加している活動は、自然発生的で、小さな活動が少なくない。とはいえ、活動のはじまりが自然発生的であっても騒擾、あるいは革命などの法的に容認されていない活動ではなく、自由な発想にもとづく生活と密着した活動と見ることができる（Conway, 2000）。本稿では、②の運動のレベルについて検討していく。運動の形態の大小、運営の方法、たとえば、フォーマルな組織であるか、インフォーマルな組織なのか、費用、事務所、リーダーなどに加え、単発的な活動であるか、永続的な活動であるかは深く問わない(4)。

また、本稿で検討する政治参加はフォーマルな活動を必ずしも意味しないのは、女性の活動が「生活密着型」の活動としてスタートし、それが活動の発展とともに、「政治的意図」をもつ活動に変容していくことが観察されるからである。たとえば、どこの地域にも見られるリサイクル活動はしばしば「生活密着型」のインフォーマルな活動としてはじまるが、何かの際に行政との対立や協力が生まれ、政治的な活動に変容すると同時に、行政のリサイクル政策に少なくない影響を与えている。このような経過を経るリサイクル活動は政治活動であり、参加者は政治参加をしているととらえられる。

本稿で考える政治参加の対象である政治とは、人びとの暮らしの安全や満足を保障するもので、「利益の分配」システムではない。日常の生活は男性にも女性にも老人にも若い人にもある。また、一人で暮らしている人もいるし、何人かで一緒に住んでいる人もいるというように、その形態、様式は多様であるが、誰もが生きている限り担う暮らしが日常の生活で、その日常の生活がとどこおりなく、かつ人びとが望む方向、すなわち、安全で自分らしく生きる幸せを実現するために支援するのが政治でなければならない。さらに女性の場合には「自分らしさ」のなかには「性別による差別を受けない」という意味も含まれる。ところが、これまでの「政治」は「利益」と結びつき、日本では「土建政治」とか「圧力団体政治」と表現され、男性政治家・官僚・企業が日常生活とは切り離されたところで行うものであったといえよう。しかし、女性が主張してきたように、食品の安全の保証は政府の責任であるし、ゴミの処理も政府の責任というように日常生活と政治は切っても切れない関係にある。そのような政治のあり方は、あまりにも身近であり、しばしば政治とはみなされてこなかったのであるが、これまでの「政治」から排除されてきた女性たちは「日常の政治」こそ「政治」であると主張している。

2　女性の政治活動の転換点

一九七五年頃から女性の政治活動は大きく変わった。その契機を三つあげ、転換点として詳らかにしたい。

女性の政治活動の転換点と考えられる第一は、国際連合（以下「国連」と略記）主導あるいは国連中心で世界の女性ネットワークが構築されたことである。一九七五年六月一九日から七月二日まで、メキシコ・シティで国連の「国際婦人年世界会議」が開かれた。それを期に世界の女性は、女性であることによって受ける差別の撤廃を政治課題として取り組むことを宣言し、各国政府も民間の女性たちも共にそのために努力することを誓った。日本においても政府・民間の女性の組織が女性の平等に向けて施策や活動に取り組み始めた。九月には総理大臣を本部長とする婦人問題企画推進本部が設置され（このような政府機関をナショナル・マシナリーという）、政府主導の「女性政策の取り組み」が明確にされた(5)。その後、国連の女性に関する会議（会議の名称は多様）は、一九八〇年コペンハーゲン、一九八五年カイロ、一九九〇年ナイロビ、一九九五年北京と世界各地で開かれ、女性の差別をなくすための行動計画が採択されるなど、各国政府と参加者の女性による具体的な政策が提示されるようになった。日本政府は国際社会の「ガイアツ」と女性の運動に対応しながら、「女子差別撤廃条約」に署名、国内法を整備し、体面を保つよう調整した。日本の女性の組織はそれぞれの女性会議に向けて、世界の女性と情報を交換しながら、日本政府の取り組みの遅れを指摘し、国内行動計画の策定や実施について、また、地方自治体の「女性政策」の推進に意見を表明するようになった。

女性の政治活動の第二の転換点は、リブ運動と女性学の発展である。日本の女性解放運動は一九七〇年にはじまったが、その運動は「ウーマンリブ」あるいは「リブ運動」とよばれ、日本各地で小グループが、日常の生活のなかに見過ごされてきた女性への差別や、運動の男性仲間にも見られた性差別を告発し表現した。告発の方法や表現が当時としては非常に過激に受け止められ、メディアは揶揄に満ちた取り上げ方をした(6)。そのため、リブ運動の担い手、その活動は周囲から奇異の目でみられ、一部の

「跳ね返った」女たちの運動であると受け止められた。確かに、リブ運動の主張は当時一般の女性にすんなり受け入れられたわけではない。しかし、リブ運動が明らかにした「女と男」の関係が日本ではあまりにも歪んだものであることに気づき、共感をもった女性も少なくなかった。

日本の「女性学」は一九七八年の国際女性学会がそのはじまりで、その後数少ない女性研究者によって根を下ろし始めた。一九七〇年代の女性の活動を俯瞰してみると、リブ運動が先行し、官が一九七五年に「女性政策」に取り組み始め、学問的な理論づけが最後にやってきたという図になる。その頃は「運動者と研究者はほとんど交流がない状況」(江原、一九九〇、一一)であった。しかし徐々に、女性学の研究者はオピニオン・リーダーとして講演やマス・メディアに登場し、政策提言をするようになった。とはいっても、「リブ運動」の主張が多くの女性の生き方に影響を与えるようになったり、女性学の研究者が政府の審議会に参加したりさまざまな活動への関与が展開され、「政府の方針や施策に反対するだけでなく、専門的知識と経験に基づいて具体的なオルタナティブを考え、提案」(原、一九九五、二三四—二二五)をするようになる自主組織ができるまでにはまだ一〇年ほどの時間が必要であった。

女性の政治参加の転換点の第三は、主婦の大量創出である。一九七八年に第一回国際女性学会が開かれ、つぎつぎと女性の運動の理論的位置づけが行われるようになった。そのときの国際女性学会のテーマは「主婦」で、日本で女性の問題を語ろうとする時には「主婦」がスタートにあったことを物語っている(国際女性学会編、一九八〇)。経済の高度成長は農業人口の減少、三世代家族の減少と核家族の増加、雇用者世帯の増加を急速にすすめ、「〈総サラリーマン化〉した男性と〈総専業主婦化〉した女性の組み合わせが一般的なものとな」(木本、一九九五、一二六)った。それは「企業中心」社会が、男性を長時間労働で生産労働に従事させ、年功序列や終身雇用というシステムと企業組合によって基幹労働者とみなす一方で、女性を労働市場から排除するとともに、男性のために再生産労働を一手に引き受けさせる仕組みであった。しかし、専業主婦になった女性は時間という資源を手に入れたことを利用して、さまざまな活動に参加するようになった。特に大都市周辺で主婦が大量に創出され、主婦は市民運動、住民運動の担い手になった。とはいえ、働く場を求める専業主婦もオイルショック後の一九七五年から増加し、一九八二年には主婦の五〇%が労働市場に参加している(篠塚、一九九五)。

3　女性の政治活動の分類と分析視点

女性の政治参加を分類しようと試みるとき、その形態、政治スタイル、思想、どのような資源を持っているかなどが基準として考えられる(7)。たとえば、組織のサイズを大きくするために他の組織と連帯するのか、組織は小さくしておき参加者個人が積極的に活動する小回りのきくものにするのか、マスコミに訴えたり、女性の意識を高める啓蒙的活動を行い、政治過程に間接的に影響力をつくっていくのか、議員や審議会のメンバーとなって政策決定過程に直接関わるようにするのか、主婦や母親などの伝統的な性役割意識によって政治参加をするのか、あらゆる場における性による差別の認識から個人としての尊厳の確立をめざして政治参加するのか、などが分類を可能にする基準線として見えている。女性の政治参加はいくらでも細かく分類できる。一方、どの活動組織にも共通する項目は「女性」であることに加え、生活に根ざした課題の解決のために政治に参加していることである。政治活動に参加した女性は生活のなかに潜む課題を政治的に解決するなかで自分を自覚的にみつめ直し、活動の発展過程で国内や世界の女性との連帯をつくりだしているという共通項が見出せる。彼女たちが訴える日常生活の課題は、生活の量的な部分を満たすためのものと、生活の質的な部分を満たすためのものとの両面がある。生活の質的な課題には、性差別による課題も含まれている。いずれの場合においても、日常の生活のなかで気づいた課題を解決するために学習し、課題を共有する仲間をつくり、政治的解決をめざすようになっていく。政治的解決をめざすにあたっては、政策決定への影響をどのように作っていくかなどの戦略を仲間で検討しながら活動を発展させていく。その過程で参加者はリーダーシップや組織能力などの政治的技術を磨き、政治活動を自分らしく生きる表現の場、あるいは自分らしく生きるために必要なものと位置づけるようになる。つまり、自分が望む生活を実現するために政治参加をすることが、女性自らのエンパワーメント(8)となって、自分の可能性をひらいて行くのである。

では、なぜ一部の女性は政治参加をして、生活の課題を解決しようとするのか。女性は政治活動に参加した結果、社会的な人間として開かれ、自分らしさを発揮できる機会をえたという満足感、充足感をえている。そのように自分の生活を見直す意識が彼女たちの活動を促すのであって、必ずしも資源を豊富に持っていたり(たとえば、フリーマン、一八九八)、政治的なチャンスがあるから(たとえば、Costain, 1994 : Gelb, 1989)政治参加をしているのではないのである。したがって、社会運動の理論としての資源動員論や政治的機会論は、彼女たちの活動の理論として一定の力はあるが、十分ではない(9)。また、彼女たちが生活に根ざす課題に取り組むのは、女性が女性であることで受ける差別は女性の政治活動の基底にあるとはいうものの、アメリカの研究者が明らかにしたように必ずしもフェミニスト意識(10)がきっかけとして強く作用しているわけでもない。

女性の政治活動への参加の目的や態度を明らかにするには、資源動員論による女性が活用できる資源や利用できるネットワークの分析、政治的機会論による社会あるいは政治過程との関連性から説明することに加え、具体的な生活に根ざした課題を政治的に解決しようとする女性の意識の分析が必要で、そこにはジェンダーの視点が求められる。ジェンダーとは「社会構築的性別概念」(舘、一九九九、四四)と定義され、性別は生物学的に作られるのではなく社会的に作られたもので、むしろ、生物的性別も社会的に作られたものであるとする。そして、ジェンダーの社会構築性は国家権力の表象であるとともに、性別規範の内面化が権力作用として働く。これまでの研究でジェンダーは、「男女の二項化、分別化、固定化、対象化、価値(優劣)化、序列化、異性愛化、秩序化などとして示される」(舘、一九九九、四八)。したがって、なぜ、女性が活動に参加するのかについて分析する時には、彼女たちの意識のなかに権力として作用するジェンダーを視点に加えなければならない。

3　女性の政治活動の事例から

以下に、二組四つの組織を紹介し、女性が生活課題を解決するために政治参加をし、自分らしく生きる表現を可能にしていることを明らかにする。一組目は結婚制度への対応をその分類基準として、東京・生活者ネットワークとしんぐるまざーずふぉーらむを紹介する。二組目は行政とのかかわり方を分類基準におき、北九州女性交流・研究フォーラムとアジア女性資料センターを紹介する(11)。

1　東京・生活者ネットワークとしんぐるまざーずふぉーらむ

▼「主婦だから政治活動を――東京・生活者ネットワーク」……ここで取り上げる東京・生活者ネットワーク(以下「生活者ネット」と略記)は、一九七八年に設立されたメンバーの大部分が専業主婦である政治団体である。生活者ネットの活動は安全な食品を安く手に入れたり、次世代の子どもたちのためによい環境を残す目的で設立された生活クラブ生活協同組合(以下「生活クラブ」と略記)活動を基盤にしている。この運動の特徴は政策決定に影響を与えるために、専業主婦である仲間を選挙によって地方議会議員に選出し、課題の解決を図ろうと試みていることである。政治資源の少ない専業主婦が、選挙という大量の資源を必要とする政治活動を二つの工夫によって可能にしているのが特色である。その第一は議員の歳費を組織が管理して、日常の活動費と次の選挙資金にあてる「歳費管理」である。第二は、「ローテーション」で、議員職の交代制である。生活者ネットの議員は三期までと決められており、四期目には必ず交代する。そのような工夫をして、八〇年代にはいると、四年毎の統一地方選挙のたびに、地方議会に仲間である専業主婦の議員をふやし続け、二〇〇一年一〇月末には、全国で一五一人(日本の全女性地方議会議員の約四%)、東京では六一人になっている。

生活者ネットのメンバーは「食の安全」、「ゴミ」「飲み水」など、生活のなかの課題に気づいた人たちで、課題を共有する仲間はすでに生活クラブの活動を通してはぐくまれてきた。生活クラブの組合員は、資本主義の原則によって、農作物にも効率が求められる市場の食品への不安を解決するために、生産者と話し合い、農薬を一切使わない作物は生産可能なのか、使うとすれば、いつ、どの時点で使うのかなどを話し合っていく。安全を追求するためには生産者に要求するだけでなく、自分たちが子どもと一緒に田の草取りを農家といっしょにやってみたり、生産されたものは全部引き取るという契約を生産者と交し消費者としての責任を引き受けている。また、組合員のなかで安全な飲み水がほしいと思う組合員は、ペットボトルの水を買ったり、浄水器を備えるのではなく、水に分解する石けんを洗濯や食器洗いに使うことで水道源である川の水を浄化しようとよびかける運動を組み立てて広げるのである。しかし、石けん運動は生活クラブの組合員だけが使っても、水の浄化に即効的・直接的に役立つわけではない。一つの生協組合員の活動だけでは解決できない。そこで、次には水の浄化という課題の共有を「石けん運動」によって地域の住民に訴える。この段階の活動は地域活動である。さらに、課題の解決には一層の人びとの協力が必要であり政治課題に掲げて、行政の施策として解決できることが有効であると、議論されるようになった。政策決定過程に自分たちの課題である石けん利用を提案しようと、陳情や請願などを行ったが、思うように行かず、自分たちで議員を作ろうと、政治団体、生活者ネットが設立されたのである。

素性のわかる安全な食物を手に入れる目的で生活クラブ生協に加入した主婦は、積極的に活動に参加することで、受身の消費者ではなく、自分の生活を自分の願う仕組みに替えていく生活者としての自覚を持つようになる。その結果、活動との相互作用で彼女たちの意識は家族中心から地域中心へ、さらには社会のためと広がっていったが、議員として立候補をしなければならない局面では、決断に時間がかかった。生活者ネットにはそのときに使われる二つの言葉がある。一つは「政治は生活の道具」という運動のスローガンと、もう一つは「代理人」という考え方である。

政治が生活の道具であるなら、生活者である専業主婦は生活のプロとして、道具である政治を使いこなすことができる。むしろ使いこなさなければならない。議員になる専業主婦は議会では政治のアマであるが、自分の慣れ親しんだ「食の安全」「ゴミ」「水」などの政策についてはプロである。しかもそのような課題はそれまで地方公共団体の政治課題としては認識されてこなかったために、どうしても新規参入が必要となる。「政治は生活の道具」という言葉は候補者となる人にとっても、選挙活動を担う専業主婦においても、政治活動参入への心理的バリアを低くすると同時に、生活の課題を見捨ててきた政治への不信を自分達の手で作り変えることをめざす合言葉になった。もう一つの「代理人」という言葉は、生活者ネットが送り込んだ議員は「市民」の代理であるという考え方である。ここでいう「市民」とは生活者のネットのメンバーとその基盤である生活クラブの組合員、そして地域の住民で生活者ネットや生活クラブの活動に協力している人びとだけではなく、自分の生活のなかで見出した課題を政治的に解決しようと試みるすべての人びとである。だから、議員は「代表」ではなく、もっと関係性の濃い「代理を受け請う人」で、有権者は「代理を依頼する人」である。この二者は、いっしょに政策を作り、議会への提案を行うと考えるのである。したがって、代理人にはだれもがなれるし、いつでも交代できるのであるから、三期で「ローテーション」するのである。「代理人」は選挙制度に適合するために、固有名詞で立候補はするが、生活のなかの課題を抱えて、その解決を政治に求めて政策提案のために議会に発言者がほしい人の「代理人」である。だから、特別な人でなくていいし、専業主婦だってなれるのである。この「代理人」という考え方は政治へのアクセスをふつうの人が手に入れる手段であり、政治無関心層を掘り起こす力をもっていた。

生活者ネットの議員は次世代の子どもたちに安全な食を提供しようとか、いい環境を残そうというような主婦意識から議員になっている。そのなかには、議員としての公的な役割を獲得したことで、家事の負担や、経済的な自立の問題から、これまで自分が置かれてきた主婦という社会的位置づけの矛盾に直面し、自分が個人としての生き方を「主婦」と規定されてきたことに気づき、自分を差別された女性として受け止めるようになった。その意識の変化が社会に存在する女性への差別を支援する政策に取り組むきっかけとなった。役割意識の変化が、政策課題の変化をもたらしているのである(大海、二〇〇〇)。生活者ネットのメンバーはリブ運動やフェミニストから「夫という他人の労働に寄食」(上野編、一九八二、二六九)する妻と批判され、フェミニズムから遠くにいた専業主婦であった。彼女たちは自分の生活を充実させるために政治参加し、議員になったことによって自分が女性であるために差別を受けてきたことに気づいた。生活者ネットのなかに主婦意識へのこだわりを捨て、「遅れてきたフェミニスト」とよべる人が確実に増えてきている。そのようなメンバーは、生活のなかの課題として、女性への暴力、男女がともに働き、ともに家事・育児を分担することなどを認識し、調査や提案を行うようになってきている。生活者ネットの議員やメンバーは活動のなかで専業主婦から「フェミニスト」へと意識に変化がおき、生活のなかの課題には女性の生き方にかかわることすべてが含まれるというあらたなまなざしを獲得した。そして、政策課題も環境・福祉・教育から「女性政策」に拡がっている。

▼［主婦でないから政治活動を――しんぐるまざあず・ふぉーらむ］……しんぐるまざあず・ふぉーらむは、政府が子どもと両親の関係性によって児童手当を支給・制限、切り捨てをするのは子どもの権利の侵害であると主張する女性によって、一九八〇年に発足した(12)。参加者は子どもをもっているが必ずしも結婚という法律による制度を利用しない女性に対する政治的・社会的差別の解消を仲間とともにめざしている。会員は、シングル・マザーという現状は同じでも、死別、離別、非婚、未婚とその理由によって、子どもとその母親に対する社会的な保護がちがっている（しんぐるまざあず・ふぉーらむ編、一九九四）。日本社会では、男女が法律に従った制度的婚姻を成立させれば、その世帯は政治的に保護され、夫は妻を扶養し、妻は税制・社会保障制度によって優遇される。しかし、いったん婚姻が継続できなくなったとき、死別以外は法律の保護が非常に薄い。あるいは制度的婚姻をしないで子どもを持ったとき、法律は保護しないのである。それは日本社会がさまざまな制度を世帯単位で築いてきたからで、事実婚が継続されていても戸籍上の婚姻届けを出さなければ子どもは婚外子として、身分の保証や相続の差別をうけるばかりか、社会的にも差別される。まして、さまざまな理由で非婚を選択した場合には、受け

る資格がある社会保障制度を受給するにもいくつかの条件を乗り越えなければならない。

一九九九年には東京都は児童育成手当ての削減と一人親家庭の医療費補助の「見直し」を打ちだした。政府は景気の後退とともに児童手当の支給にあたって、経済力の弱い家庭にとって大事な収入である児童手当を削減したり、所得制限を低くしたりして子どもを母親の立場で差別している。「福祉政策の見直し」という弱者切り捨てである。シングル・マザーのなかには、生活が苦しい人、無理な労働で健康障害を起こしている人が少なくなく、児童手当の削減は経済的に大きな打撃である。生活を揺るがす児童扶養手当の削減に対して怒ったシングル・マザーたちは、署名活動、ハガキ、手紙、ファックスなどによる陳情を所轄官庁や審議会に送った。しかし、彼女たちが知ったのは政策決定の場に弱者の声はとおりにくく、審議会のメンバーはシングル・マザーの実態を知らないという現実であった。しんぐるまざーず・ふぉーらむのメンバーは仕事のかたわら熱心に署名を集めて請願を都議会にだした。そのときの紹介議員は都議会議員一二七名中一〇名、男性はわずか二名（無所属と社民党）、自民党は女性が一名、生活者ネットは三名全員が紹介議員となった。彼女たちは請願をだす手続き、議会の日程と審議状況、政党へのアプローチなど生活者ネットがそれまでに培ってきた政治的技術や人的関係を使って具体的な支援を行った。議会を傍聴したしんぐるまざーず・ふぉーらむの事務局長は「議員を通しての働きかけ」の重要性を認識し、生活者ネットを活動のパートナーとして信頼するようになった。

▼「結婚制度によって分けられた女性たちの政治活動」……生活者ネットの地方議会議員になった専業主

婦が遅れてきたフェミニストであったのは、彼女たちが法律的に庇護された結婚制度を受け入れたからである。彼女たちは、法律婚とパートナーの地位によって厚い保護を受ける被扶養者であったために、活動時間を持つことができ、時間という資源を注いで運動にかかわり、地方議会議員になった。シングル・マザーたちは、日々の忙しい暮らしのなかで、政治活動は自分たちの生活を維持するためのものだとは、児童扶養手当削減をつきつけられるまでなかなか理解できなかった。そのうえ、生活者ネットのようなまったくちがう立場の女性と連帯するのは好むところではなかった。しんぐるまざーず・ふぉーらむも生活者ネットも結婚制度がによって分断されていたために別の種類の女性という認識で、それぞれの活動は別の女性に向けて働きかけて発展してきた。都議会への請願とその議会の対応という政治的経験をしたしんぐるまざーず・ふぉーらむのメンバーは、政治的影響力を獲得するには新たな連帯が必要であることを見出した。その連帯の相手が政党ではなく、ほとんどのメンバーが女性で議員も全員女性である政治団体の生活者ネットであったのは、生活者ネットが自分たちの生活のなかの課題を政策として、政治の仕組みを変えようとしていることが理解できたからである。シングル・マザーたちの生活のなかの課題は生活者ネットのメンバーの課題とは違うように見えたが、「生活のなかの課題」という共通点であった。しんぐるまざーず・ふぉーらむの参加者が結婚制度に保護されている生活者ネットのメンバーへの信頼を見出すまでには、時間がかかった。一方、生活者ネットは、女性であることだけで受ける差別を共有できるまでに時間がかかった。お互いの立場を超えて、性による差別は女性の生活の課題であるから政治的に解決するという一致点が見出せたとき、つまり、結婚制度によって分断されてきた女性たちが、実は結婚制度そのものが抑圧の装置であることを理解した時に互いを認めることができたのである。

生活者ネットとしんぐるまざーず・ふぉーらむは、結婚制度を否定するか肯定するか、政治的資源の多寡において対極にある組織であるが、結婚制度が女性の生き方を規定するという認識によって、そしてその抑圧が女性の生活の課題であり、政治化が必要であるという点でたがいに開きあう場を見出した。

2　北九州女性交流・研究フォーラムとアジア女性資料センター

▼[行政と歩む女性の政治参加――北九州女性交流・研究フォーラム（Kyushu Forum on Asian Women)]

……北九州女性交流・研究フォーラム（以下「KFAW」と略記）の設立の経緯と現状には、政府からの活動支援が大きい。KFAWの目的はアジア地域の女性の地位向上と連帯・発展で、一九九〇年一〇月に北九州市で設立され、一九九三年に労働省認可の財団法人となっている。

KFAWは一九八八年に総理大臣竹下登の提案した「ふるさと創生事業」である。北九州市では、全職員に「より多くの市民が関われることをめざす事業であること」などを条件に、「ふるさと創生事業企画」を公募した。北九州市では、一九八八年に女性プランを打ちだし、「労働・福祉・国際交流」を柱にしていたが、国際交流は具体的な展望を欠いていた。というものの、北九州市は、その地理的な条件から韓国に近く、また市人口の一割に近い韓国人が住んでいるという状況から、国際交流は「アジアと女性」がキーワードであることは北九州市の行政担当者には認識されていた。当時の民生福祉局婦人対策課の職員が、アジアの女性たちとホーム・ステイとホーム・ビジットの双方的な交流を中心にした計画を作り、「ふるさと創生事業」に応募した。そして、この企画に応募した一〇一の提案から、アジアの女性と交流・研究が選ばれたのは、「国際交流」が主たる目的であったこと、「女性のネットワーク」が提案者に全面的な協力を行ったために、企画が具体的に提示できたこと、事業がちょうど一億円でスタートできるものであったこと、提案者が熱意をもっていたことなどが理由としてあげられる。

ここでいう、「女性のネットワーク」とは北九州市出身の元労働省女性官僚高橋久子（一九九四年〜一九九九年まで女性初の最高裁判事に就任）に意見を聞いたところから立ち上がった労働省につながる女性上級官僚、研究者らの協力体制をさす(13)。「女性のネットワーク」の問題意識は、国際社会において大国と認められ始めている日本ではあるが、外国から見たとき、日本の女性の存在が見えないことであった。世界で活躍してきた数少ない日本の女性官僚や国際的な活動をしている女性研究者にとって、経済大国、日本の女性のリーダーシップが問われていること、アジアの女性と日本の次世代の女性へのエンパワーメントが生活の課題であった。日本の女性が中心になって、アジアと日本の女性のリーダーシップを高めるためにアジアの国々との共同研究が企画され、アジアの女性との「交流」と「研究」をこの事業の柱とした。

ＫＦＡＷは広い意味で行政の組織であるため、他の女性の政治活動には見られない特徴をもつ。その第一は財政で、市や労働省などから予算が獲得できる立場で、市民運動と違って運営費に困ることはない。第二はそのスタートから日本の女性研究者がリーダーとして研究活動に関わってきたが、その努力がアジアの女性研究者との連帯を可能にしている。環境問題や人口問題に女性としての共同研究によって、日本政府と開発国の双方に開発計画への提言を行うようになっている。第三に行政の機関である女性センターや国際協力事業団（JICA）などとの連携事業が可能で、かつ市民の参加の方法として、既存の組織への呼びかけが広い範囲でできることがあげられる。KFAWは総理大臣の人気取りと批判された「ふるさと創生事業」としてはじまったのであるが、女性がその機会を活用し、発展させている。

▼［行政に対抗する女性の政治参加――アジア女性資料センター（Asia-Japan Resource Center）］……アジア女性資料センターは、一九七〇年代から、研究者、ジャーナリスト、翻訳家などが運営していた「アジアの女たちの会」を一九九五年の北京の世界女性会議を期に、発展的に解消して一五〇人の会員で設立された。二〇〇一年には、会員は一〇〇〇人以上になっているが、その財政は会費が中心では専従スタッフ、都心の事務所とライブラリのスペースの費用を十分まかなえるはずもなく、フェミニスト・ジャーナリストの代表、松井やよりの個人出資に頼っている。アジア女性資料センターの活動は、アジアの女性を「支援」するのではなく、アジアの女性の運動を知って学ぶという姿勢で、アジアの草の根の女性の運動と直接的に交流したり、スタディー・ツアーを行っている。アジアの女性の性被害、人権侵害を訴える立場をとることから、日本の企業のアジア進出批判、政府開発援助（ODA）の供与のあり方への批判、慰安婦問題や戦争責任追求など活動の大きな柱で、行政からの支援を拒否している。

この運動は、アジアを知ることで、日本の女性が自らの立場を自覚して、戦争責任、企業の責任、男性のセックスツアーに対しての責任を分かち合い、自らの生き方を問い、個人として生きていくためにエンパワーメントされていく、という過程を大事にしている。もう一つの特徴は、NGOと政府のパートナーシップはありえないという考え方で、あくまでも告発と提案は運動の両輪であり、運動が政府とパートナーを組めば、告発ができなくなる危険があると強く警告をしている。この姿勢を貫こうとすれば、企業や政府からの財政的支援は受けにくく運営は苦しい。そして、参加者の独立性と主体性が問われるので、広く多くの人の参加が難しくなる。

日本とアジアの関係は深いが、その多くは日本が経済的に有利な立場にたって、木材、エビやバナナの輸入にはじまり、安い労働力を利用した衣料品や電化製品の製造等々によりアジアの国々とつながっている。日本人の生活はアジアの人びとの働きがなければ成立しないほどであるが、お互いの人権を配慮した関係であるかどうかが問われる。アジア女性資料センターの活動は、アジアの女性の日常生活に思いをよせ、アジアの女性との共生の道を探っている。

▼［ステーツ・フェミニズムと行政とのパートナーシップ、そして抵抗］……動機は国連という「ガイアツ」にあったのかも知れないが、日本政府は「女性政策」に取り組み、一九九九年には男女共同参画社会基本法が施行された。アメリカやヨーロッパなどの場合、女性の運動が政府を動かし、政府の政策を変えていくという過程を経て女性政策が推進されてきた。そのような政府と女性の運動の関係はステート・フェミニズムとよばれる（Stetson & Mazur, 1995）。日本では、各地方公共団体が女性施設をつくっ

たり、男女平等のための行動計画を作ったりして、むしろ行政が先導する形で女性の活動が活発になっている地域が少なくない。そのような状況に見られる政府あるいは地方公共団体と女性の運動のあり方は、日本とアメリカ・ヨーロッパなどの場合は政治参加のスタイル、展開に大きな違いが見られるとはいえ、ステート・フェミニズムとよんでも構わないであろう。

しかし、ステート・フェミニズムの提唱する政府とのパートナーシップのあり方は「政府の下請け」を意味したり、政府批判を許さない動きに移行しやすい。アジアの女性との交流をめざすKFAWはステート・フェミニズムの例であるし、アジア女性資料センターは行政を批判する立場にたっている。この二つの活動組織は行政との関わり方において対極にある。とはいえ、活動のスタイルがこの二つの組織の資源量を規定しているが、アジアの女性と自分たちの生活の課題の解決をめざしていること、活動が日本の女性とアジアの女性のエンパワーメントを可能にしていることで共通している。

3　エンパワーメントの過程——新しい女性の政治活動

一九九五年の国際婦人年北京会議には日本の女性が五、七〇〇人も参加した(14)。もちろん、観光目的の人もいなかったわけではなかったが、多くの地方公共団体やNGOの女性は国際婦人年に高い関心をもって参加し、影響をうけて帰国した。北京会議以降日本の女性は積極的な政治活動を展開すると同時に、アジアをはじめとする開発途上国への関心を高め、アジアにおける日本の位置づけを意識したNGOが増加した。前述した活動以外にもたとえば、日本国内一四の団体をネットワークした北京JAC

(Beijing Japan Accountability Caucus) は、その後も毎年全国大会を開き、北京で採択された行動綱領にそって日本政府が政策を実行するように調査・監視を行っている。また、国連の会議に向けてNGOレポートを作成する会が結成され、二〇〇〇年のニューヨークの女性会議に向けて五〇以上の団体、一〇〇人以上の個人が意見をだしあった。また、開発国のNGOと直接連帯する日本の女性のグループも出てきている。そのような流れのなかで、もっとも注目されるのは、二〇〇〇年一二月七―一二日に開かれた「女性国際戦犯法廷」であろう。日本政府は放置しているが、戦争責任は時効がないという国際社会の認識にそって、一九三一―一九四五年のアジア太平洋戦争中における日本軍性奴隷制度など女性に対する戦争犯罪、人道への罪などを軍人や個人の刑事責任と国会の責任を裁いた「女性法廷」である。国際法学者を各国から招いた専門性と政治性が高い活動である。日本の女性たちがこのような運動に取り組んだことは、日本女性のリーダーシップの発揮、日本政府への強い告発になった。しかし、日本のメディアがほとんど取り上げなかったり、取り上げてもゆがんだ報道を行っていることで、残された課題は大きい(15)。

一九九〇年代の後半からの女性の政治参加の特徴の第一は、フェミニズムの影響である。一九七〇年に生まれたリブ運動が主張し始めた「女性への差別」は、一九九〇年代になる頃には、日本社会のどこにでも存在していることとして、多くの女性に共有されるようになってきた。しかし、「女性への差別」撤廃への道は遠く長い。一九九九年六月、男女共同参画社会基本法が施行された。法律ができるときには常に妥協があり、名称に対しても議論がわいた法律であった。しかし、この法律を「女性への差別」

撤廃への味方とするように、使いこなすことが女性の政治参加の今後の大きなテーマとなる。

九〇年代後半の女性の政治活動の特徴の第二は、ステート・フェミニズムあるいは体制内フェミニストの増加である。ステート・フェミニズムとは、政府が女性の地位向上に努力するように女性の運動が圧力をかけ、それに応えるような活動が展開されることをいうのであるが、ここまで述べてきたように、日本では一九七五年の国連の婦人年からナショナル・マシナリーが設営され、中央政府だけでなく、地方政府にもその影響が及んでいて、政府が女性政策を主導する形で女性の組織とのパートナーシップが形成されている。

九〇年代後半の女性の政治活動の特徴の第三は、エリート女性の参加である。女性の政治活動組織に研究者、ジャーナリストなどのエリート女性が一人のメンバーとして組織に参加して、一般会員とともに活動し、一般会員の能力を引きだしている。専門家の専門性と会員の普遍性によって作り上げた政策は政策提言として有効に政府に取り入れられるようになってきた。たとえば、ODAの企画段階から相手国の女性のエンパワーメントに有効な方法を案出したり、実行可能なプランを提供できることが政府組織にNGOへの評価・信頼を生むようになり、政策決定に影響を与えている。専門性と可能性を備えた政策提案はステート・フェミニズムの典型で、政策決定過程へのアクセスを容易にしているし、政府に採用されやすく、その影響も大きい。特に、政府機能が手薄な途上国の女性を援助するプログラムには力を発揮している。また、同じ組織のなかで熟達の研究者などから、経験の浅い若い女性が学ぶことで政治技術を向上させている。個人の資源が移転されて、女性の政治資源として蓄積されているといえよう。

また、フェミニストの専門家が政府の審議会等のメンバーとしてその情報を女性の組織などに提供したり(16)、政府と女性の組織の双方的な回路を設置するなどは、専門家と関心のある女性が課題を共有するという新たな政治手法が創出された。特に、男女共同参画社会基本法ができる過程で、試案が「論点整理」として公開され、多くの個人・組織が意見を行政に送り届け、その意見を反映させるように双方的回路を作ることができたのはフェミニスト女性専門委員の努力があった。

九〇年代後半の女性の政治活動の特徴の第四は、政策決定の場に女性が少ないことの認識を共有し、その克服を試みていることである。女性の議員比率の低いことが、明確に女性の地位の低さを表していると理解されるようになり、国会議員、地方議会議員、官僚（特に政策決定に関わる上級職）、審議会メンバーなどの女性比率を上げることが女性の活動の共通認識となった。その意味で、生活者ネットの活動は「普通の主婦」が地方議会議員になるためのモデルいえよう(17)。このような流れのなかで地方自治体の議員になろうと決心する人は、日常の生活の課題を女性の視点から解決しようと決意し、政治参加によって自分の生活を充実させ、地域を豊かにすることを目的としている。彼女たちが直接的な政治参加に挑んだのは、男性の担ってきた利益政治への不信から生まれているのが日本の特徴である。

4 終わりに――自分をひらき、世界をひらく女性たち

今や、日本女性の政治参加の事例をまとめて紹介するのは不可能なくらい増加し、多様化して積極的に活動している。彼女たちの活動をいくつかに分類することすら不可能になりつつある。とはいえ、本稿で検討したように、分類基準の対極にある活動においても女性の政治参加に共通するのは、日常の生活にもとづいた実践的な体験から出発していることである。自分の生活のなかで見出した課題を、あるいは女性として差別されていることを課題として、その課題を共有する仲間を作り、戦略的に政治的解決をめざす。その過程で自分の組織能力、リーダーシップを磨く機会を獲得したり、共有しながら、自分の目標を政治参加によって達成することに努力している。自分の生活の質を高めようとしたり、女性への差別をする社会を許せないという信念をもっていたり、生きがいとして参加している女性たちが積極的に活動しているのである。そのような活動への参加者は、必ずしも、運動に投入できる資源を十分持っていない女性もいるが、彼女たちは政治活動を展開することで、自分らしく生きる機会をつかんでいる。つまり、女性が生活を営むにあたって、生活のなかに潜む課題を政治的に解決するなかで自分を開き、活動の発展過程で世界の女性とつながりながら世界の連帯が生みだされている。政治活動が参加した女性の生活を発展させている。なぜ、今女性が自ら政治参加して、生活に根ざした課題の解決をめざすのか。

「既成の政治」はこれまであまりにも多くの人びとを排除して成り立ってきたために、自分たちの利益が代表されていないと感じる人たちは政党を支持しなくなり、政治に無関心になっていった。それは自分たちの日々の暮らしと政治の結びつきがみえなかったり、政治には自分の問題の解決をする力がないと思われるからである。しかし、これまで述べたように女性はどうしても自分の生活の課題を自ら解決するために政治参加が必要だと認識するようになっている。そのことは「既成の政治」の閉塞状況にほんの少し希望をもたらせている。

女性が性による差別を克服し、自分らしく生きるためには、まだまだ政治の支援は少なく、政策の充実が求められる。そのためには、政治参加が女性の生活にとって必要であり、かつ政治活動が生活を充実させることを知っている女性が増えてきている。もし、そのような女性に「政治」が応えて行かないならば、彼女たちも無関心層に転化する惧れがある。実は少子高齢社会の到来によって、女性は重要な政治アクターになっているが、それでもなお女性を「政治」から排除するのであれば、彼女たちはますます子どもを産まなくなるし、介護は放棄されるであろう。日本の女性の政治活動は、国連の動きに影響をうけながら、自分の生活を発展させ、アジアの女性と連帯するところにたどり着いた。自分の生活を豊かにするためであった政治参加、それは同時にアジアの女性や途上国の女性をも豊かにできることを認識しつつある。二一世紀の幕開けにおける日本女性の政治活動のこのような到達点を「規制の政治」はどのように受け止めるのであろうか。

6 直接民主主義の新しい波＝住民投票

●――［巻町の例を中心に］

はじめに――直接民主主義の試みの登場

一九九〇年代後半に本格的に実行されはじめた住民投票は、日本政治の風景を変えるようなインパクトを与えた。一九九六年八月四日に原子力発電所建設の是非をめぐって行われた新潟県巻町での住民投票を嚆矢として、二〇〇二年三月三一日に自治体の合併問題をめぐる滋賀県米原町の住民投票まで、これまでに一四の、条例にもとづく住民投票が行われた。そのほとんどの場合、住民投票によって問われた内容が原発や米軍基地、産業廃棄物処理場の建設といった重要な課題であり、またこれまでは「国策」の名の下に住民の反対があってもそれを押切って強行された政策であった。そのために、その帰趨は当該一地域にとどまらず、全国的な注目を集め、また全国的な影響を及ぼした。また、住民投票という直接民主主義的な手段に訴えたことも、現在の日本の政治状況にとって強烈な問題提起となった。同じころ、住民投票は日本だけではなく、長い歴史を持つ米国の他にも、ドイツやスイスのようなヨーロッパ諸国においても数多く実行され、注目されている。なぜ現在、住民投票が注目されるのか。本論では住民投票を実行した人びとが、そもそもなぜ住民投票という方法に注目したのか、その発想に至るまで、彼（彼女）らはどのような経験と思考のプロセスをたどったのか、彼らはどのような社会的な性格をもつグループであるのか、また彼らに触発された地域社会はどのように考えて住民投票を受け入れ、またその前後において変容をとげたのか、さらにまた住民投票の実行とその結果にたいして、地域の社会と政治、自治体の行政、中央政府などはどのように反応したのかを分析する。

一九九〇年代後半の日本政治に住民投票が次々に実現したことについては、いくつかの背景が考えられる。第一の背景として、日本社会における意識の変化が考えられる。すなわち、住民投票によって住民が阻止しようとしたような、産業を優先し物質的な利益の獲得をめざす政策よりも、生活を優先し自然保護をふくめて精神的価値を重視する方向が選択されるようになったのである。脱工業化社会の表われとも言えるこのような意識の変化は一九七〇年前後から徐々に広がり、八〇年代を通して浸透していったと思われる。たとえば原子力発電所や産業廃棄物処理場の建設はかつては地域に少なからざる補助金をもたらし、過疎地に雇用の機会をもたらすとして受け入れられてきた。しかし、多くの原発建設地域の実情や事故の危険性を認識するにつれて、地域住民ははっきりと地域の生活や自然を保護することを選択するようになったのである。

第二の背景として、グローバリゼーションの影響が考えられる。経済のグローバル化や冷戦の終焉は近代国家の権威を弱めた。そのために、これまで「国策」の名の下に国家の権威をもって立地予定の地域に押し付けられてきた政策に対しても、地域の住民は自分たちの判断をはっきりと表明し、国家の方針に対しても「ノー」と言うようになったのである。言い換えるならば、近代国家の権威の後退を認識した地域社会の人びとは、国家に代わって自分たちの判断で自分たちの地域を守るべきだと考えるようになったのである。他の国々の地域においても住民が、同様な態度にもとづいて原発や軍事基地を拒否していることや、そうした地域が実際に連絡を取り合い課題を共有していることが、日本各地における住民投票運動のメンバーの心の支えになっている。

第三の背景として、戦後民主主義の深化あるいは具体化がある。日本の民主主義や地方自治はしばしば「与えられた民主主義」とか「三割自治」と言われてきたが、しかし五〇年の経験は民主主義や自治を建前や形だけのものに止めなかったと言える。日本の地域社会の住民は、一九七〇年前後の住民運動や八〇年代以後の環境運動や福祉運動、情報公開運動を経験するにつれて、主権者としての意識や意欲を強めて行った。住民投票をめざす運動がその実現に至る過程でしばしばリコールなどの直接民主主義を行使していることは、その表われである。とりわけ、米国やドイツのように住民投票についての法律の規定を欠く日本においては、主権者であるという意識や直接民主主義の運動が重要な役割を果たしている。

ここで巻町の例をとりあげるのは、第一に巻町が最初に条例にもとづく住民投票を行ったことから、巻町の住民投票に何らかの影響をうけた他の例よりも、前記のような諸点についてより明確に分析できると思われるからである。第二に、巻町の場合は住民投票にいたるまでに「自主管理住民投票」や町長のリコール運動、町議会選挙など、さまざまな局面を経験しており、日本政治における住民投票について、より立体的に理解することが可能であると思われるからである。

1 「住民投票」運動の旗揚げ

一九九四年一〇月一九日、朝刊を開いた新潟県西蒲原郡巻町の町民は、そこに折り込まれていたビラの内容に驚いた。「巻原発・住民投票を実行する会」によって発行されたビラには、東北電力が巻町に建設を計画していた原子力発電所の是非を住民投票によって決めようと呼びかけられていた。同会は、「原発建設は、巻町にとって百年に一度の大事業。原発を建設するか、しないかは、民主主義の原点に戻り、住民の意向を聞いてから決めるべきだ」と主張した。具体的には、町当局に対し原発建設の是非に関する住民投票の実施を求める。町当局がこれを実施しない場合には、同会が中心となって町民の自主管理による巻原発住民投票を実行する、というものであった(1)。

「実行する会」の旗揚げ時のメンバーは三六人で、前述のビラには全員の氏名と職業が明記されている。人口約三万人、新潟県の米作地帯の中心にある商業の町である巻町は、もともと保守的な性格が強い町である。そうした町で、実名を名乗って町長や町議会の大多数が主張する方針に事実上異議を唱えることが容易ではないことは、想像に難くない。とくに、メンバーの多くが父祖の代からの自営業者であることを考えると、そうした人びとがこのように声をあげることには相当の覚悟が必要だっただろう。

また、ビラを読んだ町民を驚かせたのは、「実行する会」の中心メンバーが、それまで地域の政治的構図のなかでは「保守」陣営に属すると考えられてきた人びとであったことだった。革新陣営の人びとのなかには、これは原発建設をあと押しするための「陰謀」だと思った人びとさえいた。巻町の原発建設をめぐっては、「保守」＝賛成派、「革新」＝反対派という構図が常識的であったが、「実行する会」はいわば、原発建設の動きにたいして「保守」のなかからはじめてあがった「批判」の声だった。また中心メンバーの何人かが酒造業者など、地域の伝統的な名家の出身であったことも町民の注目を集めた。

「実行する会」は一一月二日、巻町役場で佐藤莞爾町長に住民投票を実施することを申し入れた。これにたいして佐藤町長は九日、町には住民投票の条例がないので実施できないことと、自主管理住民投票のために「実行する会」から求められていた立会人の派遣や投票所の提供にも協力できないという全面拒否の回答を行った。これにたいし「実行する会」の笹口孝明代表は、「予想した通りの内容だった。（住民投票は）自分たちの手で行う。そのための準備はできている」と自主管理住民投票へ向けて動きだした(2)。

「実行する会」は一一日、自主管理住民投票を九五年一月二二日から八日間にわたって実施することと、その具体的な方法を発表した。すなわち、①全有権者に事前に投票所入場券をはがきで配布する、②投票所は町内に複数設置し（周辺集落には五カ所程度「移動投票所」を設ける）、投票時間は午前七時から午後九時までとする、③巻原発建設に賛成する者は賛成欄に丸印を、反対する者は反対欄に丸印を記入する、④開票は最終投票日の一月二九日の夜とする、などであった。同会はまた、この運動のために約一〇〇〇万円の経費が必要であるとしてカンパを募った。

「実行する会」が旗揚げすると、「巻原発設置反対会議」が、これまで同会議が「一貫して主張してきた方針と一致する」として支持を表明した。その他にも、「巻原発反対共有地主会」「原発のない住みよい巻町をつくる会」「巻原発反対町民会議」「青い海と緑の会」「折りづる・反対署名呼び掛けグループ」などの原発建設に反対する五団体・グループ、それに町外からも柏崎原発反対地元三団体など反原発六団体が参加して、一一月二七日に「住民投票で巻原発をとめる連絡会」が発足した。巻町の原発反対グループが大同団結したのは、これが初めてだった。各団体は、「実行する会」が提案した住民投票を原発建設阻止運動の「天王山」とみなして「連絡会」に合流したのだった(3)。

2　原発計画と地域の政治構造

ここで、巻原発建設計画とそれにたいする反対運動の歴史と、「連絡会」に結集した団体・グループ、およびそれらを構成する人びとの顔触れを見ておこう。東北電力が巻町に原発建設を計画していることを明るみに引きだしたのは、一九六九年六月三日の『新潟日報』のスクープ記事だった。その時にはすでに東北電力の意を受けた不動産業者が、計画地である巻町郊外の角見浜で買収を進めていた。この計画に反対する社会党・総評系のメンバーは急遽、「巻原発設置反対会議」を結成した。同じころ、共産党系の「巻原発阻止（のちに反対と改称）町民会議」も結成された。

東北電力は六九年一一月に巻町に協力を要請し、一九七一年五月には新潟県当局に原発建設計画を示して正式に協力を申し入れた。計画は、四基四〇〇万KW、一九七八年着工、八二年運転開始、一号機は出力八二万五千KW、沸騰水型軽水炉というものであった。町内には原発建設に賛成する「巻原発推進連絡協議会」が結成されて、町議会に原発推進の請願を行い、町議会はこの請願を採択した。反対派も建設反対の請願を町長、議会に提出して対立し、七七年一二月に議会は機動隊に守られながら原発誘致決議を強行採決した。八一年八月の第一次公開ヒアリングに際しては、約八千人のデモ隊と約三千人の機動隊が町内で対峙し、町は騒然となった。このころ一坪地主による「巻原発反対共有地主会」が発足している。

東北電力は、海水への影響を理由に最初は反対していた漁業協同組合を補償金を積むことによって説得し、一九八〇年には君健夫県知事が仲介して三九億六〇〇〇万円で妥結した。同社はまた漁協にたいして、一九八〇年から八三年度にかけて総額三〇億円余の協力金を支払っている。一方、七八年には原発誘致をめぐる供応事件が発覚し、巻町議ら四人が書類送検されている。副知事時代に早くから計画を知っていた君知事自身も、建設計画が暴露された当時、彼の後援会関係者が土地買収を行っていたことについて県議会で職権利用の疑惑を追及された。

この間、巻原発建設の鍵をにぎる町長の座をめぐって、保守・革新両陣営を巻き込む奇妙な構造が出来上がっていた。巻町を中心とする西蒲原郡は、戦前から政友・民政の両党が激しく競い合い、熾烈な選挙運動をくりひろげていた。巻原発建設が問題化した一九七〇年代以後も、中選挙区制（巻町をふくむ新潟一区は三人区で自民二、社会一がほぼ指定席だった）の下で、自民党勢力を二分した小沢辰男（沢竜会）と近藤元次（元友会）の両代議士に連なる二系列が町長の座を激しく争っていた。そして、拮抗する両陣営が最後に期待しなければならなかったのが、皮肉なことに原発に反対する革新陣営の票だった。そのために、ともに本来は原発推進の両派が、町長の座を奪還せんがために原発建設に「慎重」の姿勢を示すことによって革新票をたぐりよせて勝利し、しかしいったん町長になると「慎重」姿勢をかなぐり捨てて「推進」の本音を表明し、ふたたび選挙を迎えると同じ戦術をとった敵陣営に破れるということが繰り返された。

保守両陣営の背後には土建業界の対立が存在していた。巻町では戦前から水倉組という土建業者が町長や県会議員をつとめるなど、業界だけでなく巻の町政においても圧倒的な影響をもっていた。その水倉組は、前述の二系列のうち沢竜会と強い結びつきをもっていた。一方、公共事業の受注を競い合う反水倉組の土建業者は元友会と結びついていた。当然、原発建設という巨大事業の受注がどちらに転がり込むかは、二つの土建業界グループにとってきわめて強い関心事であった。問題は、原発建設の際にどちらの側の人物が町長の座にあるかということだった。自民党両派の対立は、この側面においても根が深かった。

原発反対派は、七八年に船岡満、八二年に高島民雄をそれぞれ擁立したが、いずれも大敗を喫した

(八一年選挙の際に高島候補を支持する「原発のない住みよい巻町をつくる会」が結成された)。そうした状況のなかで、革新陣営にとっては、前述のような保守分裂の構造につけ込むことによって建設を先延ばしにすることが、ほぼ唯一の選択であった。隣接する新潟市でも巻町と同じような政治構造が現れており、社会党は小沢辰男派と組んで市長の与党になっていた。社会党のこのような駆け引きは、五五年体制における少数党としての同党特有のものだったといえる。社会党だけではなく、原発反対でありながら保守的な社会のなかで声をあげることが難しかった多くの巻町民にとっても、この構造は一種の「幸運」と受け取られ、それを利用して建設を先延ばしするような投票行動がとられていたと思われる。こうして巻町長の座は選挙のたびに自民党両派の間を往復した。また、そのために東北電力は建設をたびたび延期し、また計画を縮小せざるをえなかった。

しかし、こうした構図は一九九〇年に佐藤莞爾が二度目の当選をはたして基盤を固め、さらに九四年に三度目の当選を果たすと崩れてきた。佐藤は三度目の選挙に際して、それまでの原発凍結の公約を解消し、推進を公約していたのである。この背景には、元友会の代議士である近藤元次が一九九四年に病死して、佐藤が後ろ楯としていた沢竜会の代議士、小沢辰男の勢力が強まったという事情があった。原発反対派には、これまでのやり方では、これ以上の先延ばしはもはや不可能であるとの焦燥感が生じた。一方で、原発にたいする警戒感は、七九年のスリーマイル島の原発事故や八六年のチェルノブイリ原発事故によって、さらに広がっていた。他方ではまた、佐藤町長が三選された選挙で、佐藤の得票が投票全体の四五・三六%にとどまり、「慎重」派の村松治夫が三一・四五%、そして明確に原発建設「反対」

を公約に掲げた相坂功が、「反対」派候補としてはこれまでにない二二・〇七％、四三八二票を獲得したことに注目した町民も少なくなかった。「実行する会」のメンバーは、こうした危機感と新たな状況についての認識を共有していたのである。

3　巻住民投票運動のメンバー

「巻原発・住民投票を実行する会」は、巻町の中心から少しはずれた通りに面した田畑酒店の店舗の裏にある事務所で、テーブルを囲み茶を飲みながら話をしていた常連たちの話し合いから生まれた。佐藤三選の選挙では原発反対あるいは推進批判の票が過半数あったにもかかわらず、原発建設は実現しそうな勢いになっている。彼らはそうした状況についての思いを語り合い、このまま「何もやらないで原発を作られるのはくやしい」という気持ちに駆られた。そのうちに「自分たちで住民投票をやってみようか」という話になった。住民投票は、それまでも革新系の原発反対派によって主張されてきたし、佐藤が三選された選挙では保守系の対立候補で「慎重」を唱えた村松治夫によっても提案されており、機は熟しつつあった。

田畑酒店の店主、田畑護人は仲間の間で住民投票を自分たちでやろうという話がでたとき、「すぐ反応的に、それは面白いなという感じ、住民投票っていいなあ、自分たちでやれたらやってみたいなという感じ」をもった。その場に居合わせた人びとは、住民投票をやってみようというアイデアにすぐに引き込まれ、ビジネスの世界に生きている人間らしく「どれくらい（金が）掛かるか」という具体的な話になり、発起人一〇人で一〇〇〇万円ということになった。「原発（の問題）だけを取り出して、ムダであったとしても、一ぺんは町民に対して問うて見るべきだと。それを町がやらないならば、うちらがやればいい。みんなでカネをつなぎ合わせてやればできるんじゃないか」という気持ちを固めたのである(4)。

田畑と木材業者の大橋四郎が、町でただ一人の弁護士である高島民雄に住民投票実現の可能性を聞きに行った。高島は田畑の義弟で、巻原発計画が明るみにでた彼の学生時代から反対運動の中心的役割を果たしていた。高島は、「住民投票をやれるのか、効果はあるのか」という田畑らの話を聞いて、彼らが反対運動とは無縁と思っていただけに、「頭を殴られたように驚いた」。当時の巻町の雰囲気からすれば、原発「反対」と言明するのは難しいが、しかし住民投票によって町民の意思を聞こうという声をあげることとならば、かろうじてできる。メンバーを「救う」ために、原発について賛成、反対は決して言わない。「住民投票、それしか言うまい」。「原発は反対だとか賛成だということは、口が裂けても言うなと。それが自分たちを守るんだ」と考え、それは最後まで貫いた。

それにしても、当時の町の大勢に反旗を翻すことに違いはない。高島は七人のオリジナルメンバーと呼びかけ人として名前を連ねた人びとは「ものすごい顔ぶれ」、「ものすごい勇気であり、それにしてもよく立った」と思った。七人は巻町の自営業者でも、いわば名望のある人たちであり、それまで選挙では保守候補を応援してきたこともあって、町民たちは、まさか彼らが住民投票運動に立ち上がるとは思ってもいなかったのである。

「七人の侍」と呼ばれたオリジナルメンバーの中心は戦後生まれで、「実行する会」結成時は四〇代後半であった。彼らは戦後民主主義の真っただなかで教育を受け自己形成を行ってきた世代であった。また、一時的に巻町を離れ、東京などで生活したことがある点でも共通していた。その意味では、原発問題についても巻町の現状に満足できず、より民主主義的な方法で解決されるべきだと考えていた。住民投票という直接民主主義的な方法による決着は、そうした彼らの志向を満足させるものだった。

反面、前述のように、彼らの多くは父祖の代からの自営業者であり、いわば巻町の伝統的なコミュニティーにどっぷりと浸かって商売をし、生活をしてきた人びとだった。町の決定に異を唱えることは、何よりも彼らの商売が危うくなることを意味していた。たとえば田畑は、それまで土建屋や料亭といった、原発がらみで利益を得ている人びとに酒類を売る商売を行ってきた。酒造業者である笹口や上原誠一郎も、自分の会社で醸造する酒はほとんど巻町で販売してきた。木材や銘木を販売している池藤正治や大橋も同様だった。「実行する会」のその他のメンバーも飲食店や写真店など、客商売の人びとであり、並々ならぬ覚悟を必要とした。

田畑は、七人のオリジナルメンバーを、なかなか声をだせない「弱い立場の人間」だという。田畑自身は、これまでの取引や付き合いが無くなったとしても、これまで三〇年も商売をやってきたのだからもう十分ではないか、子供たちも成人して息子も娘も自分で生きていける、いま住民投票をやらなければ悔いを残すことになる、と覚悟を決めた。実際、ダメージは小さくなかった。大手の客はほとんどなくなった。「みんな切れました。いろいろなかたちで切れていきました」「それはもう並みじゃないですよ。飯が食えなくなるぐらいですよ」。

反面、彼ら自営業者は、運動を始めるにあたって労働運動や市民運動とは異なる「常識」にしたがって、彼らの考えを実行に移していった。象徴的な例は、まず最初に五〇人ほどを収容することができるプレハブの建物を町の一角に建てたことである。「これは私たち商人の発想だと思うけれども、七人でやろうという段階で何を一番重んじたかというと、土地を確保して事務所を造ることです。どんなにチラシをまいてもダメだ、どんなに街宣をやってもダメだ、それよりもまず土地を取得して建物を造る。本当にやるんだということをきちんと町民に伝える」ことが必要だと考えたのである。そして「それにはどれくらいカネが要るんだということからの出発」だった。会費も「足らんなったらみんなしてだせばいい。余裕のあるものがだせばいい。会費なんて、そんなみみっちいこと言うな」と集めなかった(5)。

「実行する会」のこうした運動を、既存の原発反対運動グループはどのように見ていたのか。高校教諭の桑原正史は妻の三恵とともに、七七年に原発建設予定地の角見浜の土地を譲ってもらって若い教師やサラリーマンたちと始めた一坪地主運動、「巻原発反対共有地主会」の運動に加わり、その後、高島民雄が町長選に立候補した八二年に高島らとともに「原発のない住みよい巻町をつくる会」を結成した。その後も桑原夫妻は原発問題についてのミニコミ紙の発行や集会、建設予定地へのハイキングの企画など、長期にわたって地道で粘りづよい運動を続けてきた。正史は、巻の町民の間では原発建設そのものだけではなく、むしろそれ以上に町の政治の仕組や方向性にたいして腹を立てている人が多いと感じていた。「実行する会」については、自分たちが「最後まで運動に組み込めなかった人たちで、党派的でないことが保証されていた」という(6)。

桑原三恵は、佐藤が町長三選にむけて原発凍結解除宣言をした九四年三月に、原発反対に名前や顔をだせない人たちの気持ちを折鶴を折ることに託してもらおうという「折り鶴グループ」の代表になった。この匿名の運動は共感を呼び、五カ月で一三万羽の折鶴が集まった。この数は予想以上で、「鶴」の運動は推進派にとって脅威となった。「折り鶴グループ」の運動には折り鶴の届け先が必要で、その届け先の人物は名前を公表しなければならなかった。県立吉田病院の看護婦、坂井恵子は土着の人間でないことから巻町の人間関係から比較的に自由で、この役割を引き受けた。坂井は県職労の組合員で、組合活動を通じて知り合った夫とともに社会党員だった。組合活動として巻原発反対運動にも参加し、「巻原発を考える看護婦のネットワーク」の世話人でもあった。巻町には坂井のように新潟市に近接し手ごろな土地値の巻町に家を建てて住むようになった新住民が少なくない。

坂井のように共働きの夫婦の子供たちをあずかる保育園を経営している相坂功・滋子夫妻も、折り鶴の届け先を引き受けた。その折り鶴に添えられている短い言葉を読み続けていた功は、ある日突然、佐藤らに対抗し、原発反対を正面から掲げて町長選に出馬することを周囲に宣言した。坂井は、未満児・延長保育をやっている相坂夫妻の乳児園に子供を預けることを頼りに巻に移ってきて以来懇意にしている功が立候補するならと、彼の選挙運動を応援した。相坂の後援会として組織されたのが「青い海と緑の会」だった。坂井はその際に、原発問題にとって決定的なその時期におよんでも依然として「慎重派」保守候補に与しようとする、あまりにも政治的なかけひきに走る社会党に見切りをつけて、夫婦ともども離党した。恵子は一九歳から二〇年間、党員だった(7)。

相坂の決起に際しても、「革新」勢力が用いてきた「集会」という言葉がいやだったので「はじめの一歩の集い」とした。その「集い」に集まった相坂支持者は千人をこえる収容数の巻町文化会館を埋めつくした。相坂を応援したのは、相坂夫妻の「風の子保育園」に子供を預けている母親を中心に、無党派で子供を育てている母親たちだった。彼女たちの多くは、坂井がそうだったように、他地域から巻町の郊外に出来た団地などに移り住んで来た新住民だった(8)。彼女たちは、子供のことを考え、ようやく築いた新居のことを考えて、反原発を明確に掲げた相坂を応援した。彼女たちに連れられてきた夫が運動に「はまった」例もあった。また、新住民だけではなく、土着の家の「嫁たち」も、「家長」には逆らえないという雰囲気を振り切って声をだし始めていた。

4　直接民主主義運動と住民投票

佐藤町長三選後、町議会によるフランス原発視察、東北電力による原発建設予定地にあたる町有地買収についての町当局への打診など、原発建設へ向けてのステップは着々と進められていた。こうした状況のなかで住民投票の実現までのプロセスは、けっして平坦ではなかった。「実行する会」を中心とするグループが目標にたどり着くまでには、考えうるほとんどあらゆる直接民主主義的な手段を行使しなければならなかったのである(9)。

佐藤町長は前述のように、「実行する会」の住民投票実行の要求を全面的に拒否し、また同会が自主管理住民投票の投票場に予定していた町営体育館の貸し出しも拒否した(10)。原発推進派の団体、「巻原子力懇談会」は、「住民投票(の結果)が町民の意思となれば、議会も議員も不要になる。条例のない住民投票は混乱を招くだけだ」という趣旨のビラを新聞折り込みや個別訪問によって町の全戸に配布し、自主管理住民投票をボイコットすることを呼びかけた。投票に行ったらクビだと従業員を脅す職場もあった(11)。推進派は「間接民主主義」に代表される既成の秩序にのっとって原発建設を実現しようとしたのである。

新潟県は、先に平山征夫知事が自治体の意思決定は間接民主主義によるものであるとし、自主管理住民投票についても否定的な見解を示していたが、「住民投票の手法は否定しないが、やるのなら条例に基づいて実施すべきだ」「原発について住民投票を実施すれば、どうしても好きか嫌いかで投票が行なわれる。地域にとって原発は必要か、どうやって原発を地域振興に生かすかという議論になりにくい」(鈴木直和商工労働部長)というコメントを発表した。一方、「実行する会」および反原発六団体が組織する「住民投票で巻原発をとめる連絡会」は、町内全戸を回るローラー作戦などで自主管理住民投票への参加を呼びかけた。新潟市など周辺町村の反対派グループも町民に投票を呼びかけるビラを毎日のように新聞に折り込んだ(12)。

巻の住民はすでに住民投票で自分たちの意思を表明したいという気持ちを固めていた。自主管理住民投票が開始される五日前の九五年一月一七日に阪神大震災があり、もし巻の周辺で同じように大規模な地震が起きたら、という不安が町民の背中をさらに押すことになった。九五年一月二二日から二月五日までの一五日間にわたって町内八ヵ所で実施された自主管理住民投票では、有権者二二、八五八人の四五・四〇％にあたる一〇、三七八人が投票を行った。なかには知り合いに見とがめられるのを恐れて、夜陰にまぎれ頬被りをして投票場に現われた老女もいた。そのことが伝えられると、それがまた運動のメンバーや町民をふるいたたせた。開票は二月五日に行われ、原発建設反対が九、八五四票、賛成が四七四票と、圧倒的多数が反対の意思を表明したことが確認された。反対票の数は、佐藤町長が三選目に獲得した九、〇〇六票を超えていた。

「実行する会」の笹口代表は記者会見で、「これだけの人が投票していただいたこの成果に会として大満足している。結果はまさに町民の民意と理解しています」「巻町の将来にとって、重大なことを起こすには、町民のコンセンサスが必要。これだけ反対が多いということは、佐藤町長は合意形成に並々ならぬ努力が必要だ」と述べた(13)。佐藤町長は、一万人以上の町民が自主管理住民投票に参加したことについて率直にも、「意外だった。思ったより多かった」と述べる一方で、全有権者の四割が原発反対の意思を表明したことについては、「今後は町民にも(原発を)勉強してもらい、不安をぬぐいたい」と原発推進の方針には変わりがないことを表明した。平山知事は投票率や反対票の数について「コメントすることは、条例に基づかない住民投票を認知することになるので差し控えたい。巻原発についての県の(推進の)姿勢も、この結果にかかわらず従来通りだ」と述べた(14)。

「実行する会」は二月九日に佐藤町長に投票結果を伝えるとともに、「町長は投票結果を十分尊重するよう強く要望する」ことを求めた。これにたいして佐藤町長は、「すべての事は住民の代表の議会と相談して決めていく。町長選や町議選で町民の民意はでている」と住民投票にたいして否定的な見解を表明し、「行政の立場としては、法的根拠がなければ投票結果に拘束されることはない」と言明した。こうした町長の態度にたいして「実行する会」のメンバーは、「国民主権をどう考えるのか」「町政に住民の声を取り入れるのは、町長の公約だ」と詰め寄った(15)。

翌一〇日、東北電力は巻町当局に町有地売却を申し入れるとともに、県当局にもこのことを報告した。このころ四月の町議会議員選挙目前にせまっていた。東北電力としては自主管理住民投票の結果をうけた選挙の前に、推進派が多数を占める当時の議会での決着を望んだのである。「実行する会」は、自主管理住民投票の結果にもとづいて町有地を売却しないように各町議に申し入れたが、推進派の町議たちはこれを拒否した。社会・共産両党や反原発六団体も売却を阻止するために東北電力や町長、県当局に働きかけた。しかし、町有地売却のための町議会が急遽二〇日に召集されることが決まると、桑原三恵ら「巻原発をとめる連絡会」の有志はこれに抗議してハンガーストライキに入った。二〇日当日、県警機動隊員一〇〇人が取り巻くなか、原発反対派一七〇人余りが議場内へ突入して開会を実力阻止し、流会とした。このとき推進派には機動隊を導入し強行採決を行うという選択がありえた。しかし、自主管理住民投票の結果は、町議の間に動揺を生みだしており、強行採決や機動隊の導入を躊躇させるという影響を及ぼしていたと思われる。町有地売却については、「青い海と緑の会」が「不当処分」であるとして住民監査請求を行った（九五年四月一三日に巻町監査委員は「制度の対象外または請求の理由がない」として請求をしりぞけた）。

自主管理住民投票によって町民の大多数が原発に反対していることを明らかにしたにもかかわらず、町長や町議会はこれを無視する態度にでた。「実行する会」は、「町民の負託にこたえるために」は住民投票条例を制定するほかなく、そのためには現在の町議会では無理だから、同会から町議をだして議会の勢力分野を変えるしかないと考えた。「実行する会」は、四月にせまっていた町議選に候補者を擁立するのは住民投票条例を制定するためであり、原発について賛成、反対のいずれの立場をも取るものではないと再確認して四人（のちに一人辞退して三人となった）の候補者を立てることを決めた。また、会員以外の新人候補者で住民投票に理解を示す人物を推薦し、政策協定を結ぶこととした(16)。

「実行する会」は選挙に先立って、立候補を表明している三二人にたいして「巻原発住民投票条例」制定についての賛否を問うアンケートを行い、その結果を折り込みチラシで町内に公表した。それによると条例制定に賛成と答えたのは一五人（現職四、元職一、新人一〇）、反対が三人（いずれも現職）、賛否以外の回答七人（いずれも現職）、無回答七人（現職四、新人三）であった。選挙は定数二二にたいして立候補者が三三人と大幅に上回る、巻町においては異例の激戦となり、「原発ができれば交付金で地域が活性化、実質電気料金が割り引かれる」「停電したらどうする」と主張する賛成派、「命と暮しはお金で買えない」「原発なしでも福祉や保育の拡充は可能だ」と反論する反対派による激しいチラシ合戦となった(17)。

選挙結果は、推進派の現職五人が落選、そして「実行する会」と原発反対派が擁立した三人の新人女性候補が上位を独占するなど条例制定派が過半数を占め、住民投票派が勝利した。議員の構成は条例派一二、推進派一〇となった。新女性町議たちは「町民の良識が勝った」と勝利宣言した。地縁と血縁をまとめてきたそれまでの選挙とはことなる流れが生まれたことが確認されたのである。住民投票派・原発反対派の候補が獲得した票の合計は一〇、一六一を数え、推進派候補の合計得票数、九、四八三票を上回った(18)。佐藤町長はショックのために、報道陣の質問にたいしてノーコメントだった。平山知事は、「民主的ルールに基づく地元の意向は尊重したい」「国に(地元の)意向を伝えることは必要」であり、それが知事の立場でやれることであると述べた(19)。

住民投票条例を制定することを公約して当選した一二人の町会議員は、条例制定へむけて同一歩調をとることを確認した。しかし、原発推進派は条例派の切り崩しをはかり、梨本国平、坂下志の二町議が条例派から推進派に鞍替えした。坂下は、「実行する会」によるメンバー以外の推薦候補の一人であり、同会は坂下をきびしく批判した。だが、町議会の構成は逆転して、推進派一二、条例派一〇となり、条例の成立は困難になったと思われた。それにもかかわらず、九五年六月二六日に開かれた町議会で住民投票条例案が無記名投票された結果、一一票対一〇票で可決された(事故による怪我のために一名が欠席)。

このハプニングは、推進派の一人が「間違って」投票した結果だと言われた。推進派は住民投票条例案に対抗して、「住民投票を町民の意向調査の形にとどめ、町長が実施時期を決める」という条例案を提出していたが、この案は取り下げられた。また、町長や推進派の間では、町長が拒否権を発動して、町議の三分の二の賛成を必要とする「再議」に持ち込み廃案にすることも考えられたが、推進派のなかにも反対の声が多く、これも見送られた。再議に持ち込めば、町長のリコールに訴えるという条例派の牽制も効を奏したのである。

しかし、推進派による住民投票阻止の試みは止まなかった。推進派は条例を、住民投票は「町長が議会の同意を得て実施」すると改正し、実際には投票を先送りしようとする直接請求の署名活動をはじめ、一、二〇〇人余りの署名をまとめた。この段階にいたって、推進派もまた直接民主主義の手段に訴えはじめたのである。推進派の「巻原子力懇談会」はまた、原発建設の早期着工を求める一四、三八二人の請願署名を集めて町議会議長に提出して改正案を後押しした。地縁、血縁でそうした署名を頼まれれば、町民はそれを断わることはできなかった。それだからこそ、無記名で秘密が守られる住民投票に意味があったのだ。一方、巻町の主婦たちの「住民投票の実施を求める会」は改正案を退け、一〇月中旬までに住民投票を行うべきことを求める七、六八一人の署名を集めた。

九五年九月一九日に開かれた町議会では、条例改正の是非をめぐって激論がたたかわされ、はてには現行条例派と改正派がそれぞれ懲罰動議を繰り返すなど紛糾した。混乱の末に、改正案は可否同数、議長裁決で可決された。改正によって実施時期決定の鍵を握ることになった佐藤町長が住民投票を実施するとは考えられず、事実上住民投票はできなくなったと考えられた。推進派のなかには「次は（条例の）廃止だ」という強行論もささやかれた(20)。一方、「実行する会」の笹口代表は「町民の声が今の議会には届かないことが分かり、憤りを感じる。町民もこんな議会に町政を任しておけないと強く感じたはず」というコメントを発表した。このころ、巻町に住む看護婦らが、原発が地域住民の生活や健康に与える影響を訴えるために「巻原発を考える看護婦ネットワーク」を発足させた。

佐藤町長が原発予定地内の町有地を売却する可能性を示唆する発言を行うと、「実行する会」には町長のリコールを求める手紙やファックスが届けられるようになり、町民の間にしだいに町長リコールの気運が高まっていった。一〇月二七日、「実行する会」は佐藤町長の解職請求（リコール）運動を開始することを宣言した。笹口代表は、「自主管理住民投票や町議選の結果をみても、町民は原発建設（の是非）を自ら決めたいと思っている。しかし住民投票を議会工作で踏みにじろうとしているのは佐藤町長だ」と激しく非難した。推進派のなかには「（リコール成立に必要な）有権者の三分の一の署名を集めるのは困難」という見方がある一方で、「実行する会」は法的な必要数を上回る一万人の署名を集めることに自信を示した。また、推進派からは「リコール成立前に町長が辞職し、町長選で勝利して一気に原発を進めればいい」という強硬論もあった(21)。

リコール成立のためには一カ月以内に七、七〇四人の署名を集めることが必要であった。「実行する会」はリコール宣言の翌日から街宣車で、「町民の意思を踏みにじろうとする佐藤町長に町長の資格はない」とリコールへの協力を呼びかけ、チラシを各戸配布した。リコール運動中の一〇月三一日、「実行する会」が自主管理住民投票の際に町営体育館の貸出を拒否した巻町当局を相手に起こしていた行政訴訟の判決が新潟地裁で下された。判決は、「公の施設の利用が不許可とされるのは、差し迫った危険を防止するのに、必要かつ合理的な場合に限られ、町の不許可処分は地方自治法に反する」と原告の主張を認め、町に慰謝料など三五万円の支払いを命じた(22)。

この判決を受けて、「実行する会」のメンバーでもある高島民雄弁護士は、「住民の権利を守るべき立場の町長が住民の権利を侵害した。責任の取り方は辞職しかない」と佐藤町長の責任を追及した。一方、佐藤町長は、「公共施設の貸し出しだけが裁判の中心になっていて、私たちが主張した民主主義の在り方に踏み込んでいない」と判決にたいする不満を表明するとともに、「この程度のことで辞職するなら、最初から(町長に)就任しないほうがいい」と強気の姿勢を示した(23)。

「実行する会」は一戸一戸住民を訪ねて、リコールのための署名を集めた。一方、町長後援会は原発推進派町議一一人による「巻原子力発電推進議員連盟」のメンバーとともに、「リコール署名を拒否します」と印刷されたステッカーを配布し、各家の玄関に張るように依頼した。同連盟は原発推進団体「巻原発懇談会」とともに、佐藤町長の福祉政策や観光基盤整備の実績をあげて、「活力ある巻町をつくるには佐藤町政でなければなりません」と書かれたチラシを配布してリコール運動に対抗した(24)。しかし、推進派の阻止運動にもかかわらずリコール署名は順調に集まった。推進派町議は街宣車で町内をまわってリコール署名拒否を呼びかけるなど、必死の反リコール運動を行った。リコール署名を行った者の氏名は、町の体育館に張りだされるという脅しを込めた噂も流された。

こうした状況に直面した東北電力は、八島俊章社長が「(リコールの決着前でも)町当局に巻原子力発電所予定地内の町有地を売っていただけるなら買いたい」と発言したり、同社新潟支店の有田浩三支店長が反原発運動やリコール運動にたいして、「地域エゴ以外の何物でもない」「地域にはそれぞれの役割がある」「エネルギー政策の根幹にかかわる問題であることをどこまで考えてやっておられるのか」などと痛烈に非難した。原発反対派は有田発言にたいして、「企業エゴ丸出しの暴言」「住民自治と民主主義を踏みにじり、巻町民と新潟県民を愚弄する発言」であると強く反発したが、有田は「言ったっていいでしょう」と発言撤回と謝罪を拒否した(25)。

一二月八日、「実行する会」の笹口代表は町役場を訪れ一〇、二三一人の署名簿を選挙管理委員会に提出した。このころには巻町全域に自分の名前が多くの人びとの目に触れることも承知のうえで、自分たちの意思を貫こうとしていたのだ。この署名数をもとに町議会で辞職をせまられた佐藤町長は、「今回はまったく理由のないリコールで、理由があったら教えてほしい」と答弁し、なおも強硬な態度をとり続けた。しかし、同一五日、署名簿の審査が行われている段階で、佐藤町長は土田誠町議会議長に辞職願を提出、受理された。辞職の理由として佐藤は「町政の安定」のためであるとし、「住民投票をやらないなんて言っていない。なぜ（リコール運動が）起きたかいまだに理由が分からない」と繰り返した(26)。実際には、佐藤はこれだけ多数の、ついこの間まで自分の支持者だった人びとも含めた町が署名に参加したことに愕然としたであろうことは想像に難くない。

佐藤の辞職を受けて、「実行する会」や投票実施派町議が笹口孝明「実行する会」代表の町長選挙出馬を要請し、また反原発六団体の「住民投票で巻原発をとめる連絡会」もこれを支持する方針を固めた。笹口は「巻原発の是非を問う住民投票の実施」を公約として掲げた。一方、推進派が笹口に対抗する候補として期待し、再出馬を要請した佐藤前町長は立候補を固辞した。推進派は佐藤以外に候補を見出すことができず、ついに候補擁立を断念した。このころ福井県敦賀市の高速増殖炉型原子炉「もんじゅ」でナトリウム漏れ事故が起き、巻の町民の間にあらためて原発にたいする不安が高まっていたことも推進派の候補擁立を難しくしていた。

九六年一月二一日に行われた町長選挙は、笹口が八、五六九票を獲得して当選した。ほとんど支持基盤のない対立候補（九九一票）を相手にしたこの選挙の投票率は、推進派によるボイコットと、選挙結果が分かりきっていたこともあって、四五・八一％にとどまった。笹口新町長は七月七日に住民投票を実施するよう議会に同意を求めたが、推進派が多数を占める議会は「時期尚早」として拒否した。また、笹口町長は議会において原発にたいする自身の賛否を質されたのにたいして、町長の意思表明は「投票行動に影響を及ぼし、町民に先入観を与えるので望ましくない」として明らかにしなかった。また、住民投票で「原発建設賛成が多数を占めた場合、町の基本姿勢は原発推進になる」とも述べた。

町長および住民投票派と原発推進派は住民投票の実施日程をめぐって争ったが、三月一四日に推進派町議の代表が突然、「町民が実施を希望している以上、期待にこたえなければならない」として、町長が提案した期日を一ヵ月延ばして同年八月に住民投票を実施することに同意した(27)。推進派の態度が変化したのは、彼らの支持者も含めた広範な住民が、いまや公然と住民投票の実施を求めるようになったからであった。ある推進派町議は、「支持者に三十分もかけて『住民投票はする必要はない』と言っても『なんでおれたちに決めさせてくれないんだ』と言われる。住民投票はやらざるをえない」と漏らした(28)。期日をめぐる対立と妥協を経て、住民投票は一九九六年八月四日に実施されることになった。原発反対派は住民投票での「圧倒的勝利」をめざした。一方、推進派は原発にたいする不安感をぬぐいさる「決定打がない」と考え、ある同派町議は「負けは覚悟しているが、投票を町長が提案した七月から一ヵ月先延ばしたことで、なんとか小差の勝負に持ち込みたい。そうすれば国もわれわれも原発推進を訴えつづけることが可能になる」と見通しを立てた(29)。

推進派は「明日の巻町を考える会」（会長野崎鉄夫・元西川竹園高等学校校長）を結成して住民投票に臨む体勢を作った。東北電力も、町内全戸の戸別訪問を開始した。東北電力はこの他にもフランス料理のコースを含むツアーに町民を招待したり、町内の料亭で飲食の招待を行うなど、なりふりかまわぬ運動を行った。さらに通産省エネルギー庁は、原発推進論者の講師を招いて、連続七回の講演会を開催した。

これにたいして反対派・住民投票派六団体は、「原発いらんてば！　町民集会」を開催し、各戸訪問も行った。この間も、通産省の担当官僚が「都市ではなく過疎地に原発を建設すべきである」という差別的な発言を行い、町民の憤激をかった。

一九九六年八月四日に実施された住民投票は、原発建設に「反対」票が一二、四七八票で「賛成」の七、九〇四票を大きく上回った。「反対」票はまた、全有権者の五三・七％と過半数をも上回った。投票率は八八・二九％で、推進派が予測した八〇％、反対派・住民投票派が予測した七〇％をともに大きく超えて、町民の意思がどこにあるかを明確に示すに足る数値であった。笹口町長は開票後記者会見し、

「結果を尊重して原発予定地内の町有地は（東北電力に）売却しない。売らないことで原発建設は不可能になる」と原発建設阻止の姿勢を明確にした。また、住民投票の結果については、「（二〇年以上にわたって）十分な情報を得ながら原発問題を考えてきた町民が原発とは共生しない道を選んだ。この結果は世代交代が行われるまで、町長が変わろうが、議会が改選されようが絶対に尊重されなければならない」と、その重みを強調した(30)。

一方、政府は巻町の例がきっかけとなって重要施策の是非を問う住民投票が全国に広がることを心配した。橋本龍太郎首相は「これはやっぱり大事なものと受け止めている。残念ながら、原子力政策全体を通じて十分まだ理解をいただいていないことに尽きると思う」と述べ、梶山静六官房長官は、「『電力はほしい、しかし（原発の）立地はいやだ』というだけで、すべてが解決するものではない」と不満をにじませた。東北電力の八島社長は、結果について「誠に残念」と述べたものの計画撤回は「考えていない」ことを強調した(31)。

結び——住民投票で何が変わったか

巻の住民投票の約一ヵ月後、沖縄県は「日米地位協定の見直しと米軍基地の整理縮小」を問う県民投票を実施した。その後も岐阜県御嵩町（産業廃棄物処理施設建設）、宮崎県小林市（同）、沖縄県名護市（米軍代替ヘリポート基地建設）、岡山県吉永町（産業廃棄物処理施設建設）、宮城県白石市（同）、千葉県海上町（同）、長崎県小長井町（砕石場新設・拡張）、徳島市（吉野川可動堰建設）、新潟県刈羽村（原発プルサーマル計画の是非）、上尾市（合併）、三重県海山町（原子力発電所誘致）、滋賀県米原町と、九〇年代後半以後、今日まで一四の条例にもとづく住民投票が実施された。一方の側が住民投票をボイコットした沖縄県や徳島市の場合をのぞくと、投票率はいずれも七〇％前後から九〇％と高いレベルを示しており、住民投票は「法的拘束力がない」とされながらも、着実に根付きつつある。それらの住民投票において巻町のそれは、しばしば学ぶべき先例としての役割を果たした。

巻町それ自身の住民投票以後の状況はなお、必ずしも平坦ではなかった。住民投票を公約にかかげて当選しながら、その後、推進派、住民投票否定派に鞍替えした町議のリコールは成立した。しかし、原子力エネルギーに依存しないことを象徴的に示そうとした老人ホームへの太陽熱利用のための予算は、議会の多数派である推進派によって否決された。ふたたびめぐってきた町議選で「実行する会」は五人の候補を擁立したものの、推進派は原発を争点にせず地区推薦を基礎に集票する従来型の選挙に訴えたことが効を奏して多数派を維持することに成功した。反対派はまたも少数派にとどまったのである。町長選挙では、その直前に笹口町長が町有地を原発反対派に売却して原発建設を困難にしたこともあって、これも「原発問題は終わった」という、推進派による実質的な争点隠しによって笹口町長は僅差にまで追い上げられた。

ところで、住民投票とそれ以前に行われたいくつかの直接民主主義の運動によって、巻町の住民社会はどのような変容をとげたのか。巻町は前述のように新潟県西蒲原郡の米作地帯の中心都市であり、保守政治が町を支配していた。選挙に際しては、保守政治家同士が激しい戦いを展開する「西蒲選挙」の町として知られていた。たがいに地縁・血縁をたぐり、多額の金品を用いた投票の依頼が常態であった(32)。

そのなかで革新勢力は少数派であり、「革新」あるいは「社会党」や「共産党」であると見なされることは、「世間」の外にあるということを意味していた。町では、さまざまな団体のリーダーや地区の区長などが「原発推進の旗」をふりかざしながら、周りににらみをきかせていた。そうしたなかで、町民の多くは「バラバラにされ」「地域社会や人間関係の安定をみだす『シャバこわし』あるいは『革新系』とみられることを極度に警戒し、原発に対する不安や疑問を表明することをみずから封印して、結果的に原発推進につながる『お祭りのような買収選挙』に巻き込まれていった。町長選挙のたびに、その公約がアテにならないことを知りながら、『慎重推進』を選びつづけてきた巻町民の行為は、いわば、保守二派の『囲い込み』のなかで、かろうじて許された『せめてもの意思表示』であった」(33)。

原発問題はこのような構造のなかで建設推進が方向付けられ、それに異を唱える革新勢力の抵抗は一定の歯止めの役割を果たしてきたものの、それには限界があった。ただ前述のように、保守両派による利益の対立のゆえに執行が先延ばしされてきたといえる。革新勢力の一部では、町民の多くが原発に不安を抱いているはずだと考えて、運動の初期段階から住民投票に訴えることによって状況を打開することが考えられてきた。しかし、住民投票は多数派を構成することなしには成功しえない手段であり、少数派である革新勢力には手が届かないことも事実だった。

「原発のない住みよい巻町をつくる会」のメンバーは運動を行いながら、「とにかく、みんなが気軽に『原発反対』っていえる町にならないと、絶対、勝てないってのは、町長や（東北）電力と交渉するたびにヒシヒシ感じた」。そのためには、「どうしても、原発問題を保守・革新と関係のない『自由な空間』に引っぱりだす必要があった」。そう考えて行くと、「もし、巻原発計画をとめられるとしたら、どうも、最後の主役はわれわれでも労組でもないんじゃないか」という気がしていた。

「実行する会」は、「つくる会」メンバーの期待したようなグループだった。同会のメンバーは「保守」に属すると思われてきた人びとであり、名望家出身者や町で店を開いている人びとなどであることから、住民は安心して彼らに同意できた。また、住民投票の要求は原発に「反対」であることを表明する必要もなかった。ただ、住民の意思を問うことが必要であると主張するためには、住民が本来の主権者であるということを前提としていた。その点に関しては、住民投票が実現できたということは戦後民主主義を建前として押し通すことが可能であったことを意味している。「実行する会」のメンバーの多くが戦後民主主義の教育を受けた世代であることは偶然ではないだろう。

巻町の住民も、世代交代とともに、新潟市などのベッドタウン化によって、地縁・血縁と関係のない住民が多くなっていた。「緑の会」は、そうした新しいタイプの住民によるグループであった。「住民投票で巻原発をとめる連絡会」は、「実行する会」を軸に、新旧のグループがゆるやかな連帯をつくりあげて住民投票を実施まで押し上げていった。その過程で、それまで革新に属していた人びとのなかには、この展開をきっかけにそこから離れていった者も少なくなかった。そのようにして、住民投票はそれまでの保守・革新に替わる新しい多数派を生みだしたのである。

原発建設という危機に直面して、巻町の住民はそれまでの地縁・血縁、利益誘導の網の目から身を引き剝がし、住民投票によって自分たちの意思を表明して事態を逆転することに成功した。そもそも住民投票は、多数票を獲得することによって自分たちの意志を貫こうとする運動である。その意味で、「多数派」の運動である。巻町の住民投票においても、これまで述べてきたように多数派すなわち旧来の「保守」に属する人びとの運動であった。自然を保護したいという主張は、利益誘導に乗る「保守」ではなく、本来の「保守」であるとも言える。巻町でも、その他の住民投票においても環境保護グループが重要な参加メンバーになっていることに注目すべきであろう。

住民投票が課題とする問題を見ると、巻町や刈羽村、海山町がエネルギー問題を問い、沖縄県や名護市が安全保障を問い、徳島市が国の建設計画を問い、そして御嵩町他の自治体が産業廃棄物処理場建設という、これも産業政策の根幹に関わる問題を問うているように、いずれも国家にとって重要な政策である。住民投票は、これまで「国策」と言われてきたような問題に異議申立てをする手段として採用されたと言える。こうした異議申立てが次々に行われていることには、冷戦の崩壊、そして冷戦を背景にしてきた国家の権威の後退という事情を見逃すことはできない。

一九九〇年代の後半、米国やドイツ、スイスなどで住民投票が盛んに採用されたことにも冷戦の崩壊や国家の権威の後退という事情が働いているであろう(34)。しかし、それらの諸国とはことなり、日本においては住民投票の法的な根拠が存在しない。そのために、住民投票を行うためにはまず直接請求を行い、そしてまた住民投票を自己の存在を否定するものとして目の敵にする地方議会の壁を突破しなければならない。多くの場合、この壁はあまりに厚く、その前で住民投票の運動はとどめを刺されて死屍累々たるものがある。巻町の住民投票が成立するまで、八〇余りの不成立例があり、巻町以後にも三〇余りの不成立例がある。この壁をかいくぐったのは、巻町の場合のように結局のところ直接民主主義の運動であった。その基礎になったのが戦後民主主義だったことも否定できないであろう。

7 市民政治のアジェンダ

1 生活政治・アイデンティティ政治・生命政治

市民社会（無署名の市民社会を含む）を舞台に展開される市民主体の自律的な政治を、市民政治と呼ぶことにしよう。市民政治は、公的な政治システムの制度と決定を初期条件としている。市民政治は政治システムの決定に、時には制度そのものに、否を言い、抵抗し、異議申し立てをする。市民政治は、代案を提示し、自律的に政策を構想・提言し、政治システムと連係し、あるいは独自の政治実践を行う。市民政治は絶えざる政治システムと社会的なものの介入にさらされている。同調し、編入され、制度を表象し、自発的服従をハビトゥス化し、また内破する。

人間が生きていくときに、経験的に、あるいは身体知で触知できる生の世界を「生活世界」(life-world)

と呼ぶことにしよう。人間の身体は生きる行為を通して、生活世界に初原の分節を施していく。「行為―存在」の軸と、「普遍性―特殊性」の軸を交差させると、生の四つの象限（適応、遂行、統合、行動様式）が得られる。分節された生をこの四象限に配置すれば、「生計」(livelihood)、「生制作」(life〔re-production)、「生活」(life)、「生き方」（way of life）となる。これらは、萌芽的な経済、政治、社会、文化の機能が胎生する場である。

人間の政治はこうした初原の生活世界から現れる。ホリゾンタルに四つに機能分節される生活世界は、ヴァーティカルには、三つの生の領域ないし地層によって編制されている。それらは、生命の痕跡が書き込まれる場、あらゆる生成と死を受け入れる場としての「生命領域」、他者の現れと生の存在証明の場としての「アイデンティティ領域」、複数の人びとの間に生の形式が始まる「生活領域」である。これら三領域からなる生活世界＝生命圏の基底から、公共圏の創建に関わる人間の政治の「現れ（appearance）の空間」（ハンナ・アレント）が紡ぎだされる。これら三領域を含む生命圏から、親密圏、市場圏、社会圏、公共圏が分岐して現れる。周知の通り、アレントは、市場圏と社会圏の自己増殖が公共圏の衰弱をもたらしたことを指摘する。

私はここでは、私が他者のまなざしに現れ、他者が私のまなざしに現れる、人間の政治の「現れの空間」に分析の焦点を定める。人びとが、国民、市民、住民、ピープル、人間といったアイデンティティをもち、またそれから離脱すること、異なる他者の存在証明を共有すること、共に行動し、共に語る場を作ること、共同で行動することでパワー・ポテンシャル（潜在的能力）を生成すること。すなわち差異化的共生と視界の相互性から萌芽的な公共空間としての「現れの空間」を導くことが、市民（住民、ピープル）の政治の始まりとなる。初原の生活世界＝生命圏の三領域に即して、市民政治の「現れの空間」を定式化してみよう。

市民政治は、生活世界に内在的な生の主題の三領域に即して、生活（livelihood）政治、アイデンティティ政治、生命（bio）政治の交差配列として展開される。生活領域の政治・アイデンティティ領域の政治・生命領域の政治。三つの領域の在庫目録の見本をあげてみよう。

●生活領域——生活、暮し、生計、エコノミー、サブシスタンス（生存経済）。

●アイデンティティ領域——存在証明、私、市民、住民、国民。また、ピープル（アイヌ、沖縄、水俣、ハンセン病者、障害者、難民、外国人労働者など）。ジェンダー。そして文化（市民文化、ピープルの文化、対抗文化、若者文化）。

●生命領域——生命、身体、他者、自然、性、死。その延長上に、セクシャリティ、ケア、受苦、受難、生殖、育児、学び、老病死、健康、環境、共生など。水俣病者なら、生命領域の在庫目録に「魂」を加えるだろう。

三つの領域の内、生命領域が最も基底であり、生命領域の上に生活領域とアイデンティティ領域が浮上する。初原の生活世界に三つの領域の分岐はなく、一つの溶融態があるだけだ。そこから三つの領域が分かれ出てくる。三つの領域は、分裂、節合、重合、葛藤、対立を繰り返して絶えず動いている。

三つの領域の在庫目録のすべての項目に、政治システムと市場圏・社会圏が楔状に嵌入して、植民地を作り、生活世界を回収しようとしている。あるいはこうも言えるかもしれない。それらの項目は生活世界から絶え間なく離床して、表象された領域をつくり、政治システムと市場圏・社会圏に吸収されて、制度化された政治的主題に繰り込まれる。たとえばケア（福祉）、学び（教育）、健康（医療）などの項目にそれは明らかである。

政治システムが、生の諸項目を専門分化したうえで、それらを管理し、造型し、制作しさえする。しかし、現実に人間の生の営みがある限り、生活世界は生の軌跡に沿ってふくらみ、また縮む。政治システムは、生活世界を領有し尽すことはできない。非領有、非支配の場が残されていさえすれば、生活世界は呼吸し、脈動する。

政治システムと市場圏・社会圏による生活世界の領有ということがあってこそ、そこに市民政治の出番もある。生の諸項目の湧出と更新、すなわち生活世界の生成と再生のための条件設定、政治システムとの交渉による分水嶺の設定、さらには政治システムおよび市場圏・社会圏自体の転換ということが、市民政治の中心的課題となるだろう。制度表象を内破して、生の諸項目を生活世界に奪回してくること。生活世界のなかに、それこそが生の根拠、生の歓びの源泉である非支配・非領有の場を確保し、また再生すること。

もとより市民政治を予定調和的に捉えることはできない。現実の市民政治には、複雑な亀裂が走っている。

三つの領域の政治は統合されていない。むしろ分裂している。生活政治と生命政治の対立が、新しいアイデンティティ政治を召喚する。アイデンティティ政治。その内部構成を見れば、その自己カテゴリー化に即して、狭義の市民の政治とピープルの政治の分裂があるだろう。市民社会の周縁へ吹き寄せられて「私は市民ではない」という人びとの自律的な政治がある。市民政治の非同一性という現実。

市民の政治は生活政治に傾きやすく、ピープルの政治はもう一つの生命政治から始まる。市民の政治は、しばしば非領有という状態をもてあまし、恐れてもいるから、非領有からの逃走が始まり、システムへの従属が生まれる。ピープルの政治は、領有の初期条件から出発するから、むしろ非領有の領域を引き寄せ、取り戻そうとする。

ピープルの生活世界、とりわけ生命圏の非領有部分という視座からすれば、市民的公共性に、したがって人権や自己決定権の概念に無数の亀裂が走る。これらの穴、裂け目から溢出してくるものに目をとめるならば、市民政治の諸カテゴリーの再問と再定義は必至である。

私たちは、穴だらけの、修羅場の市民政治から出発するしかない。戦後日本の市民政治の軌跡を素描しながら、ただしクロッキーの線を何度も引き直しながら、市民政治のアジェンダを見出すことにしよう。

2　政治的市民の自己提示

戦後日本の市民政治は、市民による名づけのない、無署名の市民社会を舞台に始まった。日本近代の初期には、早くも福澤諭吉が citizen を「市民」と訳している。徳富蘇峰は「征清の大役と国民教育」（『国民之友』一八九五〔明治二八〕年一月号）という論説で、「武備的教育」と区別した「市民教育」について論じ、「市民」に、自治、公共心、立憲思想の属性を与えている。「市民」の思想的系譜を踏まえた的確な定義と言える。しかし「市民」という言葉を用いたのは、知識人、学者、教育者であり、人びとが自から市民と名乗ったことはなかった。しかも一九一〇年代に「市民」に替って「公民」という言葉が多く用いられるようになる。

戦後の「市民」の使用例として、ガリ版刷りの京都人文学園自治会機関誌『La Vendredo 金曜日』（No.2、一九四八年一二月二四日）が「一般学生及労働者を始め市民諸兄姉の為に」と呼びかけているのが目を惹く。この場合も知識人によって名づけられた市民である。

戦後日本において最初に「市民」を名乗る人びとが現れたのは、一九五八年の警職法反対闘争の時だったと言われる。銀座でデモ行進するとき、沿道の人びとに「市民のデモ」への参加が呼びかけられた。一九六〇年の安保闘争のさなかに「政治的市民の成立」（久野収）が告げられた。安保闘争は、戦後の進歩派勢力、戦争体験をもつ戦中派、民主主義教育・平和教育を受けた戦後派などが合流した革新大衆運動の性格をもつ国民運動だった。

一九六〇年は、高度経済成長の起点の年でもある。戦後復興を受けて、一九五五年から自民党一党支配体制（五五年体制）下に技術革新が進められ、大都市圏に設備投資が行われた。技術革新を助走路に、「もはや戦後ではない」（『経済白書』一九五六年）日本社会は、高度産業社会に向かって離陸していく。

「失うべきもの」を持ち始めた人びとは、私生活肯定の生活実感から、日米安保条約の改定に反対した。人びとにとって、安保闘争は生活を守る闘争、「生活政治」の側面をもっていた。

一九五八年一〇月から安保条約の改定交渉が進むと、相互防衛義務、事前協議、極東の範囲、軍事力の増強などの諸項目をめぐって、戦争にまきこまれるという危機感から安保改定への批判が起った。「ヒロシマ・ナガサキの記憶」「アメリカの戦争にまきこまれるな」というスローガンは、生々しい戦争体験と核戦争への恐怖と戦後漸く獲得した平和の実感を基盤にしていた。安保闘争は、戦争による死から自分と家族の命を守る闘争、「生命政治」の側面をもっていた。

五九年三月、社会党、総評など一三団体が幹事団体となって安保改定阻止国民会議が結成され、連日のように国会周辺でデモが行われた。六〇年五月に、衆院安保特別委員会で政府・自民党が新安保条約批准の強行採決を行うと、「安保反対」に加えて「議会制民主主義の危機」から反対運動に参加する人びとがふえて、連日一〇万人以上のデモが国会を取りまいた。

「安保反対」「民主主義を守れ」と叫ぶデモの渦のなかから、自分を何らかの組織に所属している者としてでなく、「市民」として自己定義する人びとが現れた。革新政党と国民会議の知識人は、安保反対に結集した人びとを、労働者、学生、演劇人集団といった職能別に組織しようとした。茶の間から国会周辺にかけつけた主婦、小企業の未組織労働者、全学連への帰属を拒む若者など雑多な人びとは、特定の職能集団に組み入れられることに違和感をもった。「声なき声の会」に見られるように、上から抽象的な職能によって組織されることを拒んだ人びとの間に、自らが「市民」であるという自己認識が自ずと生まれた。戦後日本最初の、自発的、自律的、能動的な市民の誕生だった。雑多な人びとの間に市民としての連帯の輪が広がった。もとより、原水禁運動、母親大会、「デートもできない警職法」に反対する運動などを通して成長してきた自律的市民性が、安保闘争のさなかに階級や職能との差異化において市民のアイデンティティに結晶したと言える。市民にとって安保闘争は「アイデンティティ政治」の側面をもっていた。

安保闘争のなかから現れた市民運動は、起原の市民政治にふさわしく、暮し、生命、アイデンティティの三つの領域について幸福な統合度をもっていた。

六月一五日、全学連主流派が国会構内への突入をはかって機動隊と衝突し、東大生樺美智子が殺された。新安保条約は六月一九日、自然承認された。岸信介内閣退陣の後を受けた池田勇人内閣の「所得倍増」政策によって、日本は新安保体制下に高度経済成長を遂げていく。

米軍の北ベトナム爆撃が激化すると世界各地で反戦の声があがった。一九六五年、日本でも小田実らの呼びかけでベ平連（「ベトナムに平和を！市民連合」）が発足した。各地で市民が自発的に反戦運動を組織して勝手にベ平連を名乗った。東京のベ平連事務所は単なる連絡事務所だった。『ベ平連ニュース』第一号（一九六五年一〇月二三日発行）の「創刊のことば」は「私たちは、ふつうの市民です」という自己定義から始まる。「ふつうの市民」とは、政党やイデオロギーによって上から組織されるのではなく、生活世界に足を置いて自発的に立ち上る市民を意味した。ベ平連のパンフレットやビラには、「人間として」および「市民として」という呼びかけがほぼ半々で見られる。ベ平連は、デモのほか、ティーチ

・イン、反戦フォークソング集会、脱走兵国外脱出援助などの多彩な活動を行った。この市民運動は、異なる職業を越えて市民として横に連帯する、言いだした者がやる、権力と闘う自分を権力者にしない、そのために事務局をローテーションでやる、といった市民政治のスタイルを生みだした。

小田実はこの時期、市民を「街頭に出てデモに参加する人々」と定義したことがある。後に彼は市民を、「自発的に暮し、働き、楽しみ、やりとりし、闘う人々」と定義し直すけれども。すなわち、初原の市民政治は、無署名の市民が街頭に出て行き、身体を動かして国家と渡り合う反権力のパフォーマティヴィティによって公共空間を現出させ、同時に市民のアイデンティティを自己発見する政治だった。しかしベ平連は、高度経済成長とベトナム特需によって相対的に豊かになった生活を享受しつつ、アジア民衆との連帯を呼びかけるという内部矛盾を不問に付したまま行動するという側面を、市民政治の精神史的課題として残した。豊かさのなかで人びとの生活世界に生活領域と生命領域の分裂が生じていた。生活世界＝生命圏からの離床の感覚のなかで、生の実感の取り戻しと「私は誰？」という問いの解が求められた。ベ平連の市民運動がアイデンティティ政治の側面をもったのはそのためである。

3　住民の公共性――自己統治

一九六〇年代後半から七〇年代にかけて、高度経済成長の急速な進行が、公害、環境破壊、共同体解体などの社会的矛盾を噴出させせた。各地に誕生した革新首長によって、公害協定、日照権などの公的な手当が行われ、「シビル・ミニマム」や「市民参加」の提言も行われた。しかしながら、地域の住民の視座からすれば、開発や産業の発展という「公共性」に伴うやむを得ざる犠牲への補償や手当という問題の立て方は、依然として生産力ナショナリズム（ナショナルな生産力の増強が人びとを豊かにし幸福にするというイデオロギー。生産力至上主義）の論理に捉えられており、結局は住民主体よりは行政に収斂していく解の導き方も、戦後の革新運動の延長上にあった。

上から名づけられた、従属的な「市民」と「市民参加」に吸引力はなかった。豊かな生活を享受する経済人《ホモエコノミクス》としての国民のアイデンティティが支配的になって「一億総中流」意識が広がると、「階級」や「市民」が見えにくくなった。市民運動型の市民運動は、表象された生活政治に傾いた。

地域の生活に根ざした人びとが、生活を守るために立ち上ったとき、自らを「住民」と呼ぶのはごく自然なことであった。それ以前にも、北富士や砂川町などで米軍基地・演習場の拡張に反対した土地の人びとは「住民」闘争を展開していた。細く長く続いてきた住民運動は、一九六〇年代後半から各地に燎原の火のように広がった。一九七二年の時点で、住民運動団体は約三〇〇〇を数えた。一九六四年に三島・沼津・清水の住民のコンビナート反対運動、六六年に三里塚闘争、六九年に水俣病闘争が始まった。六〇年代後半に、四大公害裁判と言われる四日市公害、熊本水俣病、新潟水俣病、イタイイタイ病の訴訟が行われ、七〇年代前半にこれらすべての裁判で被害民の原告が勝訴して、公害病が広く社会に認知されるようになった。

住民運動は、企業や行政などの公的組織による地域住民の生活への介入、侵害、加害に対する、住民自身による自発的な生活防衛闘争である。住民運動は「保守対革新」とか、「体制対反体制」という対立の構図を素通りする。この場合の「生活」とは何か。たとえば浜に火力発電所が建設されることに反対する漁師にとって、守るべき「生活」とは暮しだけではない。漁師であることのアイデンティティも、今居る場所に住みたいから住み続けることや今の風景への愛着も「生活」に含まれている。言い換えれば、住民運動は暮し、アイデンティティ、生命の三領域にわたる生活世界＝生命圏の防衛と侵害への否定の論理の強さによって特徴づけられる。

行政や企業が住民に生活の変更を強要するときは、常に「公共性」や「公共の福祉」に訴える。開発や産業の発展という「公共性」をふりかざして、地域住民の生活防衛の運動を「地域エゴイズム」の名で規定する。しかし住民は、「公共の福祉」なるものが、実は一にぎりの企業や官僚の特権的エゴイズムに過ぎないことを運動の過程で見抜く。自分の生活世界を守ることが仮にエゴイズムだとしても、エゴイズムでなぜ悪い。地域エゴイズムを「のり越えて」政治的革新運動に「高める」のではなく、地域エゴイズムを肯定し、地域エゴイズムを「のり越えないで」、その深部を掘り下げていくとき、生命圏に通底するもう一つの「公共性」が見えてくるのではないか。ハンナ・アレントが立論するのとは逆方向に、つまり生命圏から遠ざかる方向にでなく、生命圏への漸近線に沿って、新しい公共性が現れる。住民運動において、ハーバーマスが言うのとは逆方向に「公共性の構造転換」が生じる。北海道の伊達火力発電所差止め裁判で、現地視察をした裁判官に農民が次のように語った。「北電は、……電気をつくるのは著しい公共性があるというけども、裁判長さん、われわれが一生懸命、うまい野菜をつくったり米つくったりするのは、公共性ないだべか」(宮崎省吾『いま、「公共性」を撃つ――ドキュメント・横浜新貨物反対運動』新泉社、一九七五年)。

近代日本の反公害闘争・住民運動の原点とも言うべき、田中正造と被害民の足尾鉱毒との闘いに、すでに公共性の転換は経験されていた。古河市兵衛が経営を開始していた足尾銅山が、一八七九(明治一二)年に渡良瀬川に大量の鉱毒を流して、沿岸の漁民と農民に壊滅的な打撃を与えた。衆議院議員田中正造は、自発的に闘いに立ち上った被害民に触発されて鉱毒問題と取り組んだが、最終的に谷中村に「入居」した。公権力は谷中村の遊水池化を企て、一九〇七(明治四〇)年、最後まで水中に残った谷中村残留民一六戸の家屋を土地収用法によって強制的に破壊した。しかし残留民は動かなかった。強制破壊の音を耳にしながら、田中正造は書きつける。行政と産業は開発を優先させて、人の命を刻み、自治村を滅ぼしてこれを「公益」と偽わる。しかし人民が自然と共生して美田を養ない、美村を造りだすことこそ社会の「公益」ではないのか、と。荒畑寒村も言う。人民が汗を流した田畑は、単なる物質でなく、「最愛なる恋人」である。一六戸が残留し続けるのは、「この恋人と終始を共にするの大精神」によるのではないか(田中正造「序」、荒畑寒村『谷中村滅亡史』岩波文庫、一九九九年。平民書房、一九〇七年)。

住民政治の「公共性」とは、生活世界、とりわけ生命圏の非領有の部分を守りぬくことである。住民政治という視角からすれば、公論のみならず、決定ということが問われる。単に政治システムの支配を免れていることが問題なのではない。非領有の部分を守るために、自分のことは自分で決める、自分を統治するということがポイントになる。「公けは人民に属す」(田中正造)ということも、横浜新貨物線反対運動の到達点としての「住民が政治の主体であって、行政の方が住民主体の政治に参加すべきだ」(宮崎省吾、前掲書)という主体転換も、住民の「公共性」の核心にある自己統治を指し示している。

4 市民政治の現在

一九七三年の石油ショック以降、日本は低成長に転じる。低成長下に、上からは新保守主義の政治が展開され、下からは生活保守主義を導いた。福祉国家が、層としての市民をサービスの受動的な消費者に馴化していた。一九八〇年代にネオリベラリズムの政治は、福祉国家への反動として、市場原理・競争原理の導入、自助努力と自己責任のすすめ、労組の無力化などによって人びとの経済格差を拡大した。家族、学校、労組などの社会装置にゆらぎが生じ、ミーイズムが広がり、家族や友人の親密性が減退した。また、福祉や教育に見るように、市場化によって公共性の縮減が進んだ。相いつぐ汚職事件を通じて政・官・財の癒着が明らかになると、政党政治への不信が拡大し、無党派層が増大した。

こうした状況に、行政、政党、労組などが無力であるとき、市民活動が呼びだされた。自分の生活のことは自分で構想し、自分で動かしていく市民政治が始まった。一九六八年の転換以降、フェミニズム、ピープルの運動、コミューンなどと共に、たんぽぽの家(一九七一年)、大地を守る会(七五、七八年)といった先駆的な市民活動も現れていたが、七〇年代半ば以降、市民活動が簇生した。

市民活動型の市民政治は、反権力が直接の主題ではなかった。生活世界から切りだした生の諸項目

――環境、人権、福祉、安全、平和など――を公共圏に議題として上程して、市民自らが交渉し、調整し、実践した。市民活動は個人の自由なつながりとしてのネットワーーキングから始まった。

市民政治の具体的な形のなかに、公共性をめぐる課題を検索することにしよう。

大野市の主婦野田佳江さんは、日々の寂しさから、大野市で『婦人の友』を取っている主婦数名を探しだして、おしゃべりをする仲間を作った。会合の時、井戸の水位が下っていることが話題になった。大野市は名水で知られている。主婦たちは日常井戸水を使用していたから、野田さんたちは危機感をもった。口伝えに主婦たちのネットワークが広がり、大野市各地で井戸の水位の定点観測を行った。『主婦の友』付録の羽仁もと子の家計簿を参考に、降雪量と井戸の水位の相関をグラフに表して、降雪量が多い年ほど井戸の水位が下ることを発見した。雪が多いと融雪に用いる井戸水の量もふえるから、水位が下ることも分った。主婦たちは市議会にデータを提出して大野の水を守る条例を迫ったが、男ばかりの市議会は、いずれ上水道を引く既定の方針に従って、女たちの訴えを退けた。怒った主婦たちは野田さんを選挙で当選させ、市議会に送り込んだ。野田さんは議会で水を守ることを訴え、議会でのやりとりをニューズ・レターに書いて支援者たちに逐一報告した。こうして野田さんらは、大野の水を守る条例を制定することに成功した。さらに、ゴミ処理場や水質などの問題が生じると、野田さんらは、市民ネットワークを編成し直し、市民としての学者、専門家の参加を得ながら、地下水をめぐる多様な課題に取り組んできた。

ヴァナキュラーな生活世界を、公共性の次元に結びつけていく回路に注目したい。決定機構は家父長的な男社会、親密圏は家族という閉域に分断されている。この状況を切り裂くように、野田さんらは、主婦たちの新しい親密圏をつくり、それを市民ネットワークに拡大した。市民ネットワークと草の根議員という新しい親密圏が、表象・代理・中間請け負いの政治抜きに、市民に共通のことに市民自身が関わる場として、そこに市議会も含む公共圏を呼び起した。

一九八〇年代後半、市民活動の積み重ねと市民ネットワークの広がりのなかで、自分たち市民が関わる市民政治こそ公共性の次元ではないのかという主張が生まれた。行政的公共性との差異化によって市民的公共性という概念も生まれた。漸く曖昧な輪郭を示し始めている共同社会的なものに「市民社会」の名づけが行われた。「市民社会の創建」ということが市民活動の共通の目標として現場で語られた。しかし同時に、市民活動は顕在化した公共空間のなかでいくつかの壁につき当たってもいた。行政の壁、財政上の壁そして組織やマネジメントの弱さという壁である。それ以上に大きな壁は、市民アイデンティティの不確定性という内部の壁だった。九〇年代初めから各地でほとんど同時多発的にNPO(非営利市民法人)への模索が始まった。ただし、アメリカのNPOからの学習は、マネジメントとプロジェクトに集中した。もとよりNPO法(特定非営利活動促進法)が成立したことの意味は大きい。民法三四条、国の主務官庁監督下の許可制という呪縛が解けて、市民が自由に法人を設立して公共圏で活動する基盤が作られた。

しかし、アメリカのNPOがモデルとされたために、既成の政治システムを補強こそすれ、システムを変えることのない行動原理が、日本のNPOに影を落としている。NPOの主な社会理論は、公共財理論と契約不履行理論である。前者は、政府は一律で画一的なサービスの提供の仕方をするから、政府の公共財が届かない部分にNPOがサービスを届ける、という補完理論。後者は、企業と消費者は対等な立場で取引きするという社会契約があるが、現実には企業が圧倒的に支配的なので、NPOが消費者側に立って契約不履行状態を是正するという補塡理論である。いずれもシステムを補強する理論である。

制度化することで、NPO型の市民政治は自らに限界設定を施したように見える。限界設定の在庫目録は次の通り。資本主義を破壊しないこと。持続的開発を認めること。市場化を受け入れること。多数決原理に従うこと。官僚制とパートナーシップを組むこと。グローバリズムを受け入れること。政治システムに「否」を言わないこと。最後の項目について言えば、臓器移植法、周辺事態法、住民基本台帳法、通信傍受法、国旗・国歌法、憲法調査会設置法、奉仕活動の義務化のすべてについてNPOは沈黙を守った。

5　もう一つの生命政治と多層的な公共圏

市民政治は、福祉の領域に典型的に見られるように、マネジメントと財政の強化、活動の専門化と法制化といった組織のエンパワーメントと双側的に、市民社会のなかに生の諸項目の表象領域を集積し、生活政治に特化してきた。それは、市民官僚、専門エリート、学者、そして集権的なセンターが行う表象（代理）政治であり、代表して語る者としてパワー・ポジションを形成して位置を特権化し、市民社会内に権力システムを構築してきた。既成の政治システムへの参画、その意味での上向過程に関心を傾注してきたから、一方では、はじめて国政や地方行政に直結して決定に影響を与え、「民間委託事業」を獲得し、財源を確保できる回路が開かれた。しかし他方では、表象化と上向過程の斥力が働いて、マジョリティ市民中心に社会的カテゴリーを差別化的に編制したから、無署名の市民社会時代の周縁の差別化と排除に有効に対応できないばかりか、市民社会の差別構造——表立った差別でなく屈折した見えない差別——を現在の問題として拡大再生産している。

たとえば、新潟水俣病の場合、胎児性患者は一人だったと言われる。保健所の通達に従って、毛髪水銀値五〇ppm以上の妊娠していた母親七七人が中絶手術を受けたためである。熊本水俣病に「学んだ」胎児性水俣病患者「発生予防」の「成果」を、行政も医学会も市民支援者も、当時は高く評価した。また、一九五〇年代半ばをピークとする多様な「社会的不適者」への断種を始めとして、永く続いたハンセン病者の強制隔離と断種、また、「終った」ことにされながら、現実には終っていない、いやむしろ新たに生起しつつある水俣病事件などの、不条理な加害と受難に対する人間の尊厳の恢復ということも現在的な課題である。また出生前診断などの発生予防に見られる障害者、受難者の存在そのもののあらかじめの否定ということも、未だ解決に至らない今日の問題である。

水俣病者は、一九五六年から一九八〇年代半ばまで、市民社会から差別と攻撃を受け続けた。チッソとの自主交渉のとき、川本輝夫さんらが「水俣死民」と墨書したゼッケンを胸につけたのは、差別への反語、言い返しである。いま、市民社会の差別と排除はなくなったと言えるか。市民権力は、国家権力や企業権力とは有効に渡り合えるかもしれないが、社会的弱者にはパターナリズムも含めて、抑圧的に働く。

形成途上の市民社会は、内部の権力への表象化、システムのコアプテーション（体制編入）戦略、受難者・ピープルの存在証明の回復と異議申し立て、そして原理主義的な運動からの挑戦と試錬にさらされている。市民社会の存立は、分水嶺の引き直し、自己変容、そして非領有の生命圏の水脈の取り戻しにかかっている。とりわけ、市民政治が、生命操作の政治を内破する非領有の政治の視角を提起しているピープルの政治から何も学ばなければ、市民社会はその存立の倫理的根拠を失うことになる。

水俣病者、アイヌ、沖縄、被差別部落、在日朝鮮人、難民、外国人労働者、従軍慰安婦らは、国家権力からと同時に市民社会からも排除され、生活世界の基底である生命圏自体を根こぎにされてきた。受難者の戻るべき生命圏は、市民社会によって近代的に舗装され終った廃墟であり、荒れ野であり、（ヘドロの）埋立地であるだろう。それは記憶と再生しつつあるものとの二重性をもっている。

ピープルの政治は、生命圏から公共圏を直立させてきた。それは、死の淵に臨んだ「剝き出しの生」から生命の尊厳を救いだす、生存と存在の次元の公共圏である。先住民は受難の底から生命系の根元的豊かさを「環境的正義」の概念に結晶した。ピープルの公共性の核心には、他者の生命への極限的感受性、ヴァルネラビリティ、そしてそこに発する他者への、とりわけ自己決定できない者を支える「内発的な義務」（最首悟『星子が居る』世織書房、一九九八年）、「歓待」への身体の応答可能性がある。

市民政治の第一のアジェンダは、表象された生活政治・アイデンティティ政治・生命政治に裂け目を入れて、もう一つの生命政治を噴出させることである。そのためには、ピープルの非領有の政治の圏内に同行させてもらって、市民政治の自己変容をはかることである。市民的公共圏の概念の意味内容を組み替えること。生活の次元は生存の次元に、自己決定性は他者の生命への感受性に、享受はヴァルネラビリティに、そして人権や私的所有権のシリーズは「内発的な義務」に。市民政治は、公共性の中心に人間の尊厳、「命の共同性」(緒方正人)を置き直さねばならない。西欧政治思想史に伝統的に見られる「乏しい生」を前提とする生命圏から遠ざかるのでなく、「乏しさ」も「豊かさ」も所与のものとしないコーラ(khôra)、すなわちあらゆる生成と死を受け入れる場としての生命圏に限りなく近づこうとする身体の動き、パフォーマティヴィティ、その意味でのもう一つの生命政治によって、はじめて、臓器移植、出生前診断、遺伝子操作等の生命操作の政治と渡り合えるだろう。

市民政治の第二のアジェンダは、生命圏への接近に関心をもつ新しい親密圏を形成して、公共圏をそこから垂直に立ち上げる回路を見出すことである。旧来の親密圏・家族は、市場にとっては消費の単位、権力にとって動員の回路となって、公共圏への水脈を切断している。また、既存の社会圏は、福祉や教育に見るように権力のエコノミーに領有されて、人びとを従属者にするから、公共圏への媒介項にはならない。旧親密圏と社会圏の組み替えが求められる。また、山形県高畠町・有機農業の里の生活世界と行政を直結させる「懇談会」、水俣の本願の会、大野の地下水を守る会、大地を守る会、住民投票をすすめる会のような新しい親密圏の回路が、多元的・多層的に見出される必要がある。

親密圏の存立のためには、車いすに乗る人と押す人のコンビネーションのように、共-身体がエイジェンシー（行為体）として構成されることが求められる。共‐身体の多元的な連鎖が、非領有的な他者を共有する母体となる。

市民政治の第三のアジェンダは、市民的公共性、住民の公共性、ピープルの公共性を、非領有的な他者（命の共同性）を軸に多層的な公共圏に節合することである。メタ公共圏のなかで、既成の諸主体のパワー・ポジションを変容させつつ、受難者、ピープルの声を異交通的に、（すなわち存在と差異を互いに受容する相互交通によって）アゴーンに呼びだすプロジェクトが求められる。地球市場の征覇は、差異の商品化の原則によってナショナルな文化を補強する。しかし、システムの中心域、市民社会の只中にも、市場化とナショナル化を超えた谷戸《やと》が生の現場に生まれる。あるいはこうも言えるだろう。近代市場の価格形成システムのなかに、贈与と祝祭を伴う市庭《いちば》が出現すると。システムの周縁、市民社会から排除された部分もまた市場化とナショナル化を免れない。周縁の市場化が進んだパワー・ポジションは準中心化して、システムの中心域から遠隔操作を受けるエージェント（代行装置）になる一方、周縁の周縁を立ち上げる。周縁の最先端は受難の深い場所だから、しばしば生存と人間の尊厳を賭けた闘いの場になる。中心域の谷戸と周縁のエッジの間に、また周縁のエッジどうしの間に、異交通が生まれ多層的な公共圏が開かれていく。先天性四肢障害児親の会とＨＩＶ患者、干潟保全とアイヌ、水俣と有機農業の里高畠、アメリカ先住民族と沖縄の人びと。市民とピープルの多層的な公共圏を構築するためには、まず市民が痛みを伴うヴァルネラブルな場所に出て行くことが求められる。すなわち旧親密圏・社会圏の内破によって、受難の深い人びとをまなざしのなかに現し、人びとのまなざしのなかに自らを現すこと。次いで、「現れの空間」を、権力のエコノミーの系列に委ねることなく、「歓待の空間」の構想に結びつけることである。

歓待のプロジェクトは、多元共生型の新しい市民社会の創造につながる。しかし、それが市民、住民、ピープルの基本的諸権利の羅列に終らないためには、存在と差異の相互性の彼方に、混成態になることを恐れない相互変容が求められる。

〔『思想二〇〇〇年二月号掲載の論文「市民政治のアジェンダ」を大幅に改稿した。〕

市民政治の再構築

8 なぜ市民社会は少数者を必要とするのか

［出生と移動の再理論化］

1 「市民とは誰か」を決めてきたのは誰か

日本に「市民」は存在するのか。あるいは日本は「市民社会」と言えるのか。こうした問いがつねに議論されつづけてきた。過去の特定の時代に特定の場所で営まれた人びとの生活の総体を市民社会だと実証することは不可能だし、実体として明確に市民だと同定しうる人びとが現在の地球上に存在しているとも主張できない。したがって、前記のような問いに対しては論者独自の市民観、あるいは市民社会観が投影される。そのうえで、われわれは現実の世界を批判する。ある人びとをさして彼らのことを市民ではないと言い、ある社会の実情を批判してこれは市民社会ではないと言う。批判するべき現実を各自の理想とする市民社会と対比し、その距離によって現実を批判する。

こうした議論がなされる限り、市民社会論はどのような政治的立場からも展開されうる。歴代の日本政府がこれまで市民という言葉を用いることがほとんどなかったという事実は別にして、原理的には日本政府が自らの政策を正当化するために市民や市民社会という言葉を用いることも可能である。

市民概念のそうした恣意性は市民革命期にまでさかのぼって指摘しうる。フランス革命期の女性運動家オランプ・ドゥ・グージュが同時代的に批判したように、その革命における市民概念は少数の限定された男性市民だけを意味していた(1)。フランス革命期の人権宣言「人間と市民の権利宣言」は、フランス語で表記すれば「人間」にしても「市民」にしても男性名詞によって指示されており、その市民資格の対象から女性を排除したうえで、男性についてもさらに限定されることが予定されていた。

以上のような市民革命期の人権宣言は、市民に包含される人びとを極度に限定することで憲法規程の対象となる市民資格を明確にし、その限定が市民による権利の獲得を実質的に可能にしてきたということも事実である。しかし市民資格の制限による権利の維持は、そのまま「非市民資格」の明確化も促したと言える。革命期の混乱状態では革命勢力による市民資格のそうした自己限定が反革命勢力の伸張を抑制することもあっただろう。では、その反革命の阻止という名のもとでの市民概念の限定はいつまで必要だったのか。その限定を必要だとする状況は現在において終息しているのか。

現実的には市民革命期以降、多くの政治社会において市民資格が適用される人びとは拡大してきた。かつては除外されていた都市労働者や農業従事者も市民に含まれるようになり、二〇世紀に入ってからは多くの国々で女性にも市民資格は与えられるようになった。人種の差異を根拠とした市民資格制限も徐々にではあるが解除されてきている。

また、国民国家という枠組みが世界規模に拡大し、現時点での市民資格の対象者は一九世紀に比べれば数的にはめざましく拡大している。それらの市民資格が狭義な「国民」資格として限定、変換がなされているものであっても、市民資格対象者の拡大と国民国家という枠組みの拡大は無縁ではない。

しかし、以上のような市民資格の拡大の歴史も、それは他面から見れば市民が非市民を排除するために市民資格の制限に執着してきた歴史である。つまり、市民資格を決定する主体となる者だけが、自らのことを市民として認めてきたのである。市民とは「誰が市民なのか」を決定してきた者のことである。

ただし、どのような時代であれ主権を保持する者は自らの資格を自己規定してきたと指摘可能である。王が自らのことを主権者だと主張する状況を想定してもよい。しかし、この王による政治資格の自己規定と市民による市民資格の自己規定には明確な差異が存在する。それは、主権者が自らを主権者だと規定する場合の自律性である。

王は主権者としての機能を果たす場合には他者による承認を必要とする。たとえば絶対神などの上位概念からの託宣や、封建諸侯からの承認などを必要とする。しかし主権者としての市民はそうした他者からの承認を必要としていない。市民資格の宣言は市民によってのみなされる。そうした自律性は市民資格の特質だと言えるだろう。つまり、他者の存在を考慮することなく「誰が市民なのか」を決定できる者が市民である。この自律性を維持するには、その目的に合致した政治制度の確立が必要となる。そこで近代国民国家においては市民革命以降、さまざまな政治制度が開発され、市民資格決定における自律性を市民は維持してきた。こうして自律的に市民資格を決定する権力を手にした人びとが、自らのことを市民と呼んできた。

しかし、それでもなお彼らは政治社会の全構成員に市民資格を付与しているわけではない。他者を考慮せず、自律的に市民資格を決定できるはずの市民がいまだに特定の人びとを市民として認めてない。その意味において市民資格の歴史はいまだに、持てる者が持たざる者を抑圧、排除してきた歴史でもある。この排除の論理から、市民あるいは市民社会という概念の特異性や問題点を考えることはできないだろうか。

以上の点に関して同時代的に重要なのは、その抑圧、排除の方法が過去との連続のうえにあるのか、それとも特殊現代的なのかという問題である。現代社会においても革命期以降の市民資格の制限は依然として同じ論理で維持されているのか。それともそうした制限の方法自体が現代的変質を経ているのか。その差異を明らかにすることが市民および市民社会概念の現代的意義を再考することになるだろう。そこで本稿の以下の部分では、現代社会における少数者の排除の構造を問うことによって、市民資格の制限の現在性について考えたい。

2 非市民と国民国家

少数者排除の前提となるのは、排除という状況をつくりだす全体の枠である。特定の人びとが排除されるのであれば、その人びとを「特別」だとする上位の母集団が存在する。ところが、その母集団をどのように規定するかは研究者自身の視角にかかわる。地域共同体の存在を前提とし、そこからの排除を問題にする場合もあれば、国民国家を前提とし、その統治機構としての中央政府による法的庇護からの排除を問題とする場合もある。

中央政府の法的庇護からは排除されていても、地縁共同体においては他の構成員と平等に扱われているという事例もあるだろう。また、特定の共同体のみが特定住民を国籍や人種によって排除する事例なども考えられる。この場合には、中央政府によって市民と認められた個人が共同体においては市民と認められない可能性もあるだろう。

つまり、それらの枠の設定によって排除の問題も論じ方が異なってくる。本稿においてはその全体の枠として国民国家を想定して市民社会の排除の問題を論じたい。それは既述したように、国民国家の成立と市民概念の拡大が同時進行的に展開されたために、市民社会概念を再検討するためには国民国家におけるその態様を考えなければならないからである。

また、国民国家においては、既述したように市民の同質性が仮構されているために、その仮構によって覆い隠されている問題についても考慮する必要がある。それは暴力と国民国家の関連である。国民国家において仮構されている同質性が個々の人間に強要される場合には、身体への直接的な強制力が発動されるのであって、その暴力の行使の正当な主体としては国家のみが考えられるからである。その意味においても排除の問題は国民国家という枠と分離しては考えられない。

さらに、その国民国家において市民から排除されることは個々人にとって何を意味するのかということも問う必要がある。市民から排除されるとは、どのような資格を欠くことなのか。それは法的な庇護の欠如だけを意味するのか。国民国家に市民として統合されるにもさまざまな位相がある。それは市民資格の法的完備以外のことを意味することもある。市民であることを強要されることが個人に社会的な損失を与えることもあるだろう。

たとえば、戦後日本の社会的特質を列挙し、それらを積極的に評価することで市民社会としての日本の「成熟」が説かれる場合を考えてみてもよい。「日本社会の効率性」や「産業社会における勤勉性」、「労使間協調」などが評価すべき点として取り上げられることもあるが、それらはそのまま日本における「労働組合の低組織率」や「低賃金」、「長時間労働の強制」を示しているとも言えるだろう。「過労死するまで働く人びと」こそが市民だと規定することは、企業社会のなかに存在する個人にとって何を意味するのか。こうした状況を考えれば、市民とされることが政治的にも社会的にも常に利益の享受を意味するわけではないとも指摘されうる。

しかし、本稿での目的はそうした市民概念を契機とする統合の意味ではなく、その統合から排除される意味を問うことであり、排除の構造自体の問題について考えることである。現在、多くの政治社会において統治機構としての中央政府は、社会的成功のための機会の平等ではなく、実質的な結果の平等を実現するために多様な措置を講じている。それらは多くの先進資本主義国において現在見られているような種類の社会民主主義的措置へと行きついている。

しかし、そうした社会民主主義的な措置を講じる際に問題となるのは、その対象である。どの人びとを救済するかが決定されなくてはならない。それは市民資格の明確化の問題でもある。第二次世界大戦以降、この市民資格の明確化と社会民主主義的な措置を特異な方法で処理してきた国民国家がアメリカ合衆国である。国民国家の運営のために膨大な移民流入を必要とする一方で、均質的な政治性をもった市民による自己統治を多層的なレベルで必要としてきたアメリカ合衆国においては、こうした市民資格の明確化は国家運営上の最大の争点になってきた。

多文化主義（Multiculturalism）の議論まで逢着しているアメリカ合衆国の状況は、一九六〇年代以降の社会変革、特に公民権法と六五年移民法の成立による社会構造の人為的な改革を経たものであるだけに、少数者の社会的地位を考える際の重要な例となっている。しかし、本稿ではそのアメリカ合衆国における現在の問題群から導きだされうる具体的論点そのものには言及せず、それらの問題を考える際のより広く一般的な準拠枠に対して考察を加えておきたい(2)。それは、国民国家における少数者の現在的位相そのものについてである。そこで問題となるのは、アメリカの多文化主義において議論されている文化の多元性が、アメリカにおいて市民と規定されている個人のどのような属性と結びついているのかということである。また、社会民主主義的な措置の対象となる人びとはどのように決定されるか。いったい少数者とは誰のことなのか。それを決定する属性はどのようなものか。以上のような問題に答えるために、市民から排除される人びとの自己認識について考え、一人称としての少数者について論じてみたい。

3　少数者の自己認識という陥穽

市民であることから排除されている人びとの自己認識は、非常に複雑なものとなる。それは「自分は少数者である」という認識の自己言及的特質とも言えるだろう。自分が少数者だと認識するには、その少数者であるという存在をいったん対象化したうえで、その対象化された少数者へと自らを投影しなければならない。ところが、そうした少数者であるという自己認識自体が、少数者が少数者であることを補強していく。この自己言及的構造は、少数者が差別される場合を考えればいっそう明確になる。差別される者は自分が差別されることを認識することによって、さらなる差別を受ける。

特にこの問題は、エスニシティを根拠とする差別とは異なり、身体的能力や性別を根拠になされる差別の場合にはいっそう複雑なものとなる。たとえば、在日朝鮮人であるということを理由に差別される場合には、その在日性が差別の根拠としては無効であることを認識することによって、その差別そのものを問い返すことが可能だろう。自らが属する朝鮮人という民族の文化や伝統の価値、それはより正確に言えばそうしたものだと一般的に解釈されているものの価値であるが、それらを積極的に評価しなおすことによって、差別そのものを否定することが可能である。たとえば朝鮮人というエスニシティであることを理由に差別を受けたとしても、自らが属するエスニシティ文化を「誇り高い朝鮮文化」と認識し、文化的には他のエスニシティとまったく同価値であるということを確認することによって、その差別の根拠を拒否することが論理的には可能となる。当然、日常生活での差別がそうした問い返しのみで解消されるわけではない。しかし、少なくとも認識のレベルにおいては差別の否定、解消の糸口にはなりうる。

ところが、身体障害者や女性にとって、そうした自己認識による差別の無根拠化は困難である。なぜならば、女性や身体障害者の自己認識は必然的に女性や身体障害者に対して社会から付与されたネガティブな意味が含まれるからである。たとえば、障害者であることが社会的に積極的価値の付与されたものだと認識することは困難だろう。身体に障害があることを誇りと思うことが困難なのであって、障害をネガティブなものと考える社会の認識の構造を総体的に変更するのも困難である。ただし、身体に障害があるにもかかわらず社会的に認められることはありうる。たとえば、障害者でも他の能力が評価されれば社会は受け入れるだろう。しかし、障害者であるからという理由だけで積極的評価を社会から受けることはありえない。こうした問題の複雑性は、在日作家である金鶴泳が小説「凍える口」において、在日であることによる差別と吃音者であることによる差別の関係として提示したとおりである(3)。

また、女性についてもこうした認識論的な難題はつきまとう。「女性であるということはどういうことか」という問いに答えようとすれば、それが母性の強制や男性への従属、あるいは「こまやかな心配り」の強制といった認識にたどりつかざるをえない。そうした認識が女性に対して「こまやかな仕事」だけを強制し、他の仕事から排除するという結果をもたらすこともあるだろう。自分が女性であるということを認識することが、そのまま男性への従属を強制するような構造がすでに男性を中心とした社会によって完成されているのである。

　ところが、エスニシティを根拠とする排除の論理に対しては、排除されたエスニシティの側から地理的な分離による解決を提示することもありうる。つまり、民族の独立をめざすのである。現実的にはそれが不可能な場合であっても、理念的に分離主義を検討することは、自らの置かれた状況を再確認し、現実的手段を模索することに寄与しうるだろう。エスニック問題にのみ、こうした「分離独立」という問題解決の可能性が存在する。このエスニシティをめぐる排除の問題は、エスニシティ文化と支配的文化の齟齬として把握することが可能だからである。だからこそ、少数者としてのエスニシティ問題には社会民主主義的な解決方法の可能性を認めることができる(4)。そのようなものとして多言語教育もあげられる。一般的に言えば複数言語による国民国家の形成には多くの困難がともなうが、複数言語を公用語あるいは国家語とする国民国家が存在するのも事実である。

　つまり、エスニシティを根拠とする差別に対しては、自らのエスニシティを根拠に対抗しうるが、身体的能力や性別を根拠にしてなされる差別に対しては、そうした対抗が困難である。身体障害者や女性にとっては、「差別」の構造を単に「差異」の構造へと還元しようとする社会的な動きと常に相対しなければならない。これは社会の中心が常に周縁を排除しようとする力学と関連している。この力学の始まりについてレイ・チョウは次のように述べている(5)。

　「人種」、「階級」、「性差」といったカテゴリーが名付けられたのは、もとはと言えば、主流をしめていた範疇からとり残されていたものを指摘し、いまだに名称を与えられず、見られることも聞かれることもないものに注目することが目的だった。つまりこうした「差異」の「名称」は、周縁化されたものがなんらかのかたちで中心に接近を計るための方策だったのである。

ところが、こうした差異のカテゴリーも結局は「文化的多様性」を固定化するという機能を果たしてしまっている。多様性という名のもとで差別の構造が作られている。したがって重要なのは、そうした構造が作られてきた経緯を明らかにすることであり、それらのカテゴリー間の関係を明らかにすることだろう。

国民国家において特定の人びとを少数者だと認識するための属性として、一般には人種、エスニシティ、使用言語、性、性的指向性、身体的能力、年齢、宗教、階級などがあげられる。ただし、これらの属性には、個人が後天的かつ主体的に手にしたものと、個人の意図を超えたところで先天的に付与されているものがある。そして複数の属性が各個人のなかで同時に存在する。「人種」を問うときに「性差」を無視していないか。「エスニシティ」を問いながら「年齢」による排除を無視していないか。

そこで重要になるのは、以上のような議論において「市民」という概念がそれらの属性に対して果たす機能である。既述したように国民国家においては、市民に関わる多くの属性を「国民」という枠に限定することで、国籍保有者だけを対象として市民的権利を認めてきた。それは市民権を付与するかわりに、国民としての行動を人びとに強要するものでもあった。したがって次に検討しなければならないのは、こうした国籍による排除がどのような状況で行われ、その被害を受ける人びとは誰か、そして彼らのことをどのように理解すべきか、という問題である。

4 国境を越える人びと、越えない人びと

人びとは市民権を得ようとして、国家によって国民であることを強制される。したがって国民でない人びとの市民権を剝奪するためにも国民概念は使用される。こうした市民権をめぐる排除の論理は、国民国家において特定の人びとを常に社会的少数者とする力学を内包する。そのような状況で最初に問題となるのは国境を越えて移動する人びとである。

国境を越えるという行為の意味を問うときに、その国境を成立させている国家の共同性を問題にしているのがポール・ギルロイである(6)。ギルロイは近代世界の人びとの共同性が国民国家によってのみ表出される状況の特異性を問題対象としながら、政治社会の地理的な境界を越えて移動してきた人びとの歴史的意義を考える。近代西欧社会のあらゆる共同体がナショナリズムに結びつけられようとする言説の意味を考え、そうした言説を否定するものとしてギルロイは近代世界において移動しつづけてきた黒人の歴史的経験の意味を考えようとしている。

ヨーロッパ列強によって近代世界が開かれて以降、黒人たちは主体的な意思を完全に無視されたまま、大西洋世界を移動することを要求され続けてきた。その移動をギルロイは「ディアスポラ」と呼ぶ。ギ

ルロイによると、黒人は「ディアスポラ」であることによって、ひとつの文化圏を作り上げてきた。この文化圏を彼は「黒人大西洋世界（Black Atlantic World）」と呼ぶ。ギルロイによれば、この「黒人大西洋世界」は、これまでのナショナリズム全体の論理構成を否定するものであり、西欧近代の文化思想の特徴であったナショナルな考え方を否定する「カウンター・カルチュア」としての新たな公共圏である。

そして大西洋を超える黒人以外にも、同様なディアスポラ性をもつ集団として、他の多くの国境を超える人びとのディアスポラ性が議論されている。インドであれ、中国であれ、近代世界の多くの国民国家の周囲にディアスポラは多様な形をとりつつ出現している。他にも多くのディアスポラが自称され、また研究対象になりつつ、国民国家の排除のメカニズムを明らかにしようとしていると言える。ディアスポラという用語のユダヤ的出自にもかかわらず、パレスチナの人びとの状況を語る場合にもディアスポラは使用されている。

こうしたディアスポラ性を持つ人びとの歴史的経緯とその文化的特性、つまりその「カウンター・カルチュア」的である事態を現在の国民国家をめぐる政治状況において考えれば、移民問題という形をとって鮮明に現れている。サスキア・サッセンが経済のグローバル化のなかでの国民主権と移民の関係を問題にしているのも同様な文脈であると言える(7)。また、エティエンヌ・バリバールが「不法」移民によってフランスの政治社会の欺瞞性を明らかにしようとするのも、このような文脈で理解しうる。

バリバールは「サン・パピエ（sans papier：書類を持たない）」という表現で、書類の不備によって「不法」滞在とされる人びとの意義を考える。バリバールがそうした「不法」滞在している移民の政治的意味を考えるのは、アンガージュマンという「メシア的人物たちへの郷愁」からでもなければ「失われたプロレタリアートの滑稽な代用品」を求めてでもない。また、フランスの国民戦線のような右翼政党が主張する排外主義を「外国人自体への愛」で論駁しようという無責任さからでもない。バリバールがサン・パピエについて論じるのは、「移民たちの主張の正当さに加えて——交通権と生存権の承認や、入国と滞在に課される治安上の制限に対する移民たちの優先性が、国籍原理そのものの公正な使用と措置のための試金石となるという確信によってである」(8)。バリバールによれば、「不法」移民の存在が示しているのは、市民権が制度や地位ではなく集団的実践だということである。そしてその問題を議論することによってのみ、フランス社会のなかでの市民権の概念の再構築が可能になるのだと述べている。

個人がある国家を離れて他の国家に逃れる場合、それが政治的な理由であれ、経済的な理由であれ、人が国境を越えること自体に差異はない。ところが、自国内において迫害されている、あるいはその迫害の恐れがある場合には、国境を越える人びとは一般に「難民」と呼ばれる。さらにはそれらの人びとのなかで、彼らの政治的信条や宗教的信仰心などが迫害の理由と認められる場合、一般的に彼らは「亡命者」と呼ばれる。ところが、受け入れる側の国家がそうした種類の迫害の可能性を認めない場合、それらの人びとは「不法入国者」あるいは「密入国者」と呼ばれる。

つまり、こうした人びとの移動の意義を判断するのは、受け入れる側の国家に委ねられている事項なのである。自国を去る人びとはその国家内での状況の変化から、個人の判断によって国境を越える。ところが、その退去の理由を他の国家が判断し、他の国家内での市民資格の根拠として判定する。既述したように「難民」と「亡命者」は政治的信条や宗教的信仰心が迫害の原因となっていることによって区別されるが、個人が国境を超える場合の原因を単純に限定すること自体が不可能である。さらに、受け入れた国家が権力の行使として、国境を超えた人びとの政治的信条を恣意的に判断できる状況にも問題がある。

こうした国民国家において市民概念のイデオロギー化はいっそう進展していると言えるだろう。確かに大衆社会化によって政治社会全体が変質し、実体としての市民の存在を主張できなくなったことは事実である。また資本主義社会の進展による統治制度の福祉国家化はかつての自律的な市民概念をほぼ無効化しているとも言えるだろう。そのような状況で、国境を越える人びとに国家が市民資格を付与しないという判断の根拠にしているものは、まず一義的に「生まれ」である。「彼らはわれわれの国で生まれたのではない」という理由によって、彼らは市民資格を与えられず、場合によっては「不法入国者」と認定される。国境を超える人びとと超えない人びとのあいだに、市民的能力に関して何か異なる点があるだろうか。単一の政治社会を形成する際に、なぜこれほどまでに「生まれ」が問われなければならないのか。

この「生まれ」という問題について考えるためにジョルジョ・アガンベンによる論考を参考にしてみたい。アガンベンによれば国民国家とは「生まれないし誕生を自らの主権の基礎としている国家」だという。そして国民国家において人権が意味しているのは「国民国家の法的―政治的次元に剝き出しの自然な生を記入することの原初的形象」なのである。したがって、「神聖にして不可侵の人権なるものは、まさしくそれがもはや一国家の市民権とみなすことができなくなった途端、なんの後ろ盾ももたないことが露呈される」ということになる(9)。

アガンベンが指摘するのは、市民であることが人間であることの前提となっている状況である。そのうえで「一七八九年から今日にいたるあらゆる権利の宣言を、立法者を権利の尊重に従わせることを目標とするメタ法的な永遠の価値の布告として読むことをやめ、これを、近代国家におけるその現実の機能にそって考察」すべきだと主張する。そしてこのような状況下においてこそ、難民や亡命者は、人間と市民の同一性、生まれと国籍の同一性を切断し、そのことによって「主権の原初的虚構性」を明らかにする存在となりうるのである。アガンベンにとって難民とは「あらゆる権利を失いながら、新たな国民的同一性にぜひとも同化したいとはもはや望まず、自らの条件を明晰に考えることによって、あからさまな不評と引き換えに、測り知れない利点」を提示しうる存在なのであって、この利点とは将来の政治的共同性の形式や限界をわれわれに提示することなのである(10)。

こうしてアガンベンは「難民」の存在から政治主体の基礎概念を再検討し、新たな政治哲学の樹立を主張しようとする。アガンベンが理想的な国家統合だと想定している政治社会をここで記述するのは困難である。しかし、ありうべき統合の方向性について考えることは可能だろう。アガンベンが期待するのは「市民ではない定住民からなる大衆」という集団である。このアガンベンの考え方はトマス・ハンマーに依拠しているが、ハンマーはそうした人びとを「デニズン（denizen）」と呼んでいる(11)。

デニズンとは、ある地域に安定的に居住しながら市民資格をもたない非市民集団のことである。デニズンに対応する訳語としては、永住市民、居留民、定住外国人、外国籍居住者、二級市民など多くのものが考えられる。こうした訳語の不確定という事態こそが、国民国家における市民資格と移民の複雑な関係を表しているとも言えるが、より重要なのはデニズンたちは現在居住している地域の国籍を取得することも、また本国に送還されることも望んでいないということである。

また、アガンベンがデニズンと同様に重視しているのは、先進資本主義国において政治参加を拒否している市民の存在である。アガンベンは、現在多くの政治社会において、この両者が接近し同質化しているのだと述べ、その同一化の可能性さえ模索する。こうしたアガンベンにとって理想郷とされるのがエルサレムである。これは逆説ではない。不確定で威嚇的な境界によって分離されている国民国家の代わりに、同一地域に固執していても、お互いに流出しあう状況にある二つの政治共同体としてエルサレムを考えようというのがアガンベンの主張である(12)。

5 少数者の必然性

アガンベンの「エルサレム構想」は実現可能だろうか。たしかに、これまでも突発的に亡命者や難民が多く生みだされた状況は、政治社会の組織原理の改変期でもあった。一六世紀から一七世紀にかけてフランスから逃れたユグノーや、一七世紀にイギリスからアメリカ大陸に移住したピルグリム・ファーザーズ、あるいはフランス革命期の亡命貴族などが出現した際の、彼らを取り巻く社会が生みだしてきた新たな組織原理の政治史的意義を想起してもよいだろう。今世紀においては、ロシア革命後のソビエト体制に反対して国外に逃れたいわゆる白系ロシア人や、ナチス・ドイツの迫害を逃れようとしたユダヤ人の存在も国家という組織原理の不完全性を体現してきたと言えるだろう。

現在においても、大量の亡命者や難民は世界のいたるところで生みだされている。しかし、現代の先進資本主義国家の移民に対する対応はかつてのようなものと同様なのだろうか。この問題を考えるには、かつて排除された人びとと現代国家の関係の現在形を考えるとよいだろう。たとえば、そこで想起できるのは、アメリカ合衆国建国二百周年のイベントに参加するプエルトリコ系移民やネイティブ・アメリカン、フランス革命二百周年のパレードに参加する海外県在住者、あるいはシドニー・オリンピックに協力するアボリジニの姿である。かつて国民国家の周辺において生起した排除の構造の主体と客体のあいだの「交歓」はいったい何を意味するのか。このポスト植民地主義的な「歴史的和解」によって、かつて差別されていた人びとは「実質的な平等」を手にしたとも言えるだろう。しかし、この「実質的な平等」とは何なのか。これは新たな支配関係の確立ではないと断言できるのか。

たとえば、これまで国民国家が「生まれの異なる者」を受け入れ、彼らに市民資格を付与してきたのはどのような場合なのか。そうした「生まれの異なる者」の市民資格の獲得の方法をめぐる現代国家における特性を考慮する必要があるだろう。それは、国家にとっての「有用性」を基準として個々人の社会的地位が確定される傾向が強くなってきたということである。そうした傾向は二〇世紀における「総力戦」という状況と無関係ではない。

第一次世界大戦以降、人類は総力戦の時代を迎えた。二〇世紀に入ってからのあらゆる近代戦争において重要な意味をもったのは、専門的な訓練を受けた職業軍人の最前線における戦術や戦略の優劣ではなく、国民全体の生産力だった。労働組合と資本家の対立や、農業労働者と都市労働者の対立は、二〇世紀の近代戦争という状況下で瞬時に霧消した。そうしたなかで市民資格の獲得が兵役という軍隊への参加義務とセットになっていった。かつては「外国人」や「二級市民」とされていた者たちが、瞬時に「生まれ」を無視されたまま「国民化」され兵役に就いていった。第一次世界大戦期に、植民地における被支配民族さえもが宗主国側の軍隊として戦争に協力していった経緯を考える必要があるだろう。彼らが戦後の自治や、なんらかの自由との引き換えに戦争に協力したという意識をもっていたとしても、それはやはり列強の国民国家体制への動員である。

第二次世界大戦期のアメリカ合衆国における日系アメリカ人部隊もこうした文脈で議論されうる。ヴェトナム戦争期においても、アフリカ系アメリカ人に対する多くの差別が軍隊内であったとはいえ、彼らの軍隊内での行動が軍隊外でのアフリカ系アメリカ人の市民権獲得と無縁でなかったことも想起する必要がある(13)。

以上のことから考えられるのは、亡命者や難民がそのままデニズンとして存在しつづけることの困難性は非常に大きいということである。現代国家は常に外部からの他者の移入を必要としてはいるが、そうした他者の国民国家内における位置は常に不安定であることが運命づけられている。ここで重要なのは国家はそうした不安定な状況を緊急状態の名のもとに放置し、恒常化しようとするということである。アガンベンも述べるように、権力は緊急状態以外の統治形態をもっていない。権力は統治行為の当初から「継続的に緊急状態」に訴えようとするし、その次には「緊急状態の生産」をめざしはじめる(14)。この段階において国家は秩序の希少性を根拠に新たな支配を開始しようとする。

では、このような支配構造もまた否定しうるのか。こうした状況下で移民にとって目標となるのは、国民国家による社会的価値の分配の一定程度の平等性が維持されることなのか。それとも、国民国家による分配そのものを根底から疑うことなのか。こうした二者択一を迫られているデニズンにとって、アガンベンが積極的に評価しようとする「治外法権、あるいは無法権」という逆説的な状況も単なる無秩序を意味するだけではないのか。

こうした秩序の希少性に起因する政治的力学の影響をもっとも強く受けるのがデニズンであることはあきらかである。その秩序を維持している既存の国家による統治そのものを全否定することが何をもたらすか。政治社会においてなんらかの秩序が形成されていることは、実は非常に希少なことであるとも考えられるのである。この秩序の希少性を無視するような、純朴な「政治の否定」や「平和主義」を媒介として、どこかに「真に平和な社会」を夢想させることが、これまで人類にどのような災厄をもたらしてきたか。現在の国民国家という単位を否定するのも問題の解決にはならないだろう。より上位の世界国家が想定されたとしても、その世界国家において「世界市民」と「世界非市民」が分離される可能性は否定しえるだろうか。

問題にしなくてはならないのは国家による統治の独占である。したがってその国家の権力性を超えるための新たな共同性の構築が必要となるだろう。しかし、その共同性を維持させるための社会構成を形成しようとしてわれわれは「人権」という概念も作用させてきたのではなかったか。現在、多くの歴史的偶然の結果、その人権が国家によってのみ担われているのなら、その国家の独占を可能にしている条件を問い、その国家が存在の根拠としている秩序の希少性を無化するような共同性を獲得することが必要になるだろう。

国家は、一方で「他者」を措定して「国民」の同質化をはかり、他方で「少数者」を国家内にとりこみながら国民統合をはかる。その際、国家は共同性を獲得しようとして容易にナショナリズムという「血の同一性」をも利用するだろう。レイ・チョウも述べているように、ナショナリズムは中身が空疎なだけに絶対的な服従を人びとに要求するのであり、「こうした血族神話への服従は、共同体の運営における主体性の放棄を意味する」のである(15)。

こうした国家の力学に対抗するために人びとはどこまで介入できるのか。その介入を正当化する論理の確立はどのようにすれば可能なのか。国家の統治は必然であると述べ、また微細な統治を人間関係のなかに探ることで統治の遍在性を主張することは可能である。しかしそれらを「介入」と呼ぶとしても、文化の政治性を指摘し、その政治のなかの権力性を描写することが、そのまま権力を批判することにつながるわけではない。

特定の人びとを非市民として排除することによって国民国家が成立し、その非市民のわずかな一部だけを継続的に国民化しつづけることで国民国家が維持されるのであれば、その非市民の包摂によって新たな共同性を確立することが、国民国家による共同性の独占をふせぐことにならないだろうか。少数者によって市民社会を救うというこの逆説を可能にするためには、現在の社会のなかの少数者の孤立を避けなければならない。それは少数者による集団化の際の価値観が他の集団によってどの程度共有できるかという問題でもある。そうした複数の価値観の共有によって、政治社会の構成を多層化し、それぞれを開かれた集団へと転化していく必要がある。もしその試みに失敗したとすれば、依然として国家のみが共同性を主張することになるだけである。

9 女性と民主主義
［現代インドの実験］

1　はじめに

二〇世紀のもっとも顕著な政治的変化は、民主化である。民主主義が政治の原理となり、マージナルに暮らしてきた人びとが政治の主体として登場した。一人一票の選挙制度が実現され、帝国から植民地が独立して国家を形成した。これらは民主化の筆頭をなすできごとだが、さらに女性が政治に参加したことも人類史を転換する大事件であった。

したがって、社会革命や新しい国民国家の樹立のように、女性の参加も政治に根本的な変化を与えただろうか。必ずしもそうではない、と多くの人は答えるだろう。なるほど、過去半世紀の日本社会の動向に照らせば、女性が制度的に一票を持っても、結局は男性中心の権力政治には変わりがなかったかのようである。専門家の間でも、女性の政治参加は真剣な議論に値しないという、いわば暗黙の了解があるようにも見える。だが本当にそうか。

そもそも民主主義とは何だろう。民が主になる政治が民主主義なのだから、あえて素朴な言葉を使えば、民衆とか人民とか、場合によってはやや批判的に大衆や群衆とか、さらにもっと軽蔑を込めて愚衆などと呼ばれるような人びと、要するに特権的な力など持たない普通の人びとが集まったところに成り立つ政治とでも定義できるだろう(1)。

たとえば「人民の、人民による、人民のための政治」は、南北戦争の最中にアメリカ大統領リンカーンがゲティスバーグで行った演説として知られる(2)。だが、この言葉をいざ説明しようとすると案外むずかしい。「人民の」(of the people)という部分は、「人民の政治」が「人民による政治」(by th epeople)や「人民のための政治」(for the people)と区別されても読めそうだが、それらすべてを包括して、政治が人民の構成する政治的なコミュニティに正当に帰属すること自体をさしているとも解釈できる。それに続く二つの句は、具体的に政治の主体と過程を示していてもっと易しい。「人民による政治」は普通の人びとが政治の主体となる政治過程を表すし、「人民のため」の部分は、人びとの利益に奉仕すべきだという政治の目的と規範を表現している。

さて、この文章の「人民」を「市民」や「国民」に置き換えても、市民社会を前提にした国民国家の政治としては、問題なく民主政治を説明できる。また、「労働者」「農民」という階級的な語句を入れると、二〇世紀の社会革命後の政治権力や、一定の範囲内の社会的な自治を意味するだろう。それでは、

「人民」に「女性」を置き換え、「女性の、女性による、女性のための政治」とすると、何かを説明したことになるのだろうか。女性の政治参加が歴史的事件として意味があったとすれば、答えはイエスとなるはずである。

本稿では、筆者の研究対象としているインドの事例を紹介しつつ、女性と民主主義という問題を検討してみたい。一九七五年の国際婦人年の準備を始めた七四年以後、この四半世紀の間に、インドのフェミニズムは世界にもインパクトを与えるほどの知識と経験を積み重ねてきた。古くから宗教的・慣習的に女性に重い枷がはめられてきたうえに、世界でもっとも多くの貧しい人口を抱え、女性の社会経済的地位を示す指標では発展途上国のなかでも常に下位に位置するのがインドである(3)。だが、そのインドのほうが、日本よりも民主主義における女性の活動が活発に見える。なぜだろう。異質な社会を知ることは、それだけでも見慣れた自分たちの社会のさまざまな思い込みを問い直す機会を与えてくれる。インドという遠い国の、しかし同時代の動きを考えながら、ジェンダーの視角から私たちの社会と民主主義を問い直すきっかけを探してみよう(4)。

2　都会の女性と草の根民主主義

ギリシアの民主政治では市民の広場としてのアゴラが中心に位置したように、現代でも人びとがともに集う自由、そのための時間と空間が民主主義の原点である。女性にとって自分をがんじがらめにしている家の外に出て、夫や姑に指図されずに自分の声で仲間に語ることのできる場を得るとき、自由と政治の可能性が広がる。村のように伝統的なコミュニティが存在せず、しかも土地や住宅という空間がもっとも稀少なインドの大都市で人びとはどのような試みを展開してきたか、事例をあげて考えてみよう。

一九五〇年、新憲法の下で、インドの女性は初めて平等な参政権を獲得した。しかし、独立後は、ナショナリズムが大衆運動として推進されたガンディー主義の時代と比較しても、女性の政治参加は奨励されなかった。もともと植民地解放運動の過程でも、多くの建国の「父たち」を中心とした闘争のなかでは、国家の政治的独立が最優先課題とされ、階級や女性の問題など、「自分たちだけの」課題を掲げた運動は抑圧される傾向が強かったが、新しい国家が樹立されると、女性も含め、民衆には活発な参加よりも恭順が望まれたからである(5)。

しかし、一九七〇年代に入るとそれまでにはなかった、既存の政党や組織から離れた自立的な女性の運動が登場する。ちょうど、インド国民会議派の長期政権が動揺し、インディラ・ガンディー首相が強権的な政治を行い、それを批判して民主化を要求する多様な動きが現れた時代と重なっている。そうした先駆的な女性の動きの一つが、グジャラート州アフマダバードで七二年に誕生し、今日まで活動を続けているSEWA (the Self-Employed Women's Association) である。

ボンベイに次ぐ繊維産業の基地であったアフマダバードでは、有力な労働組合も含めて会議派が強い政治的基盤を保持していた。だが、後に国会議員にもなった女性指導者エラ・バットは、従来の男性中心の労働組合から疎外された、未熟練で雇用機会のない女性を対象に新しい組織を構想したのである。

都市の貧しい住民が抱える貧困と失業の問題に対処するため、女性が自分たちの手で収入のある仕事をすること(self-employment)をめざした。この地域は、国内外に広く人気のある民族衣装や小物を生産する伝統を持ち、さらにガンディー縁の地としてスワデシ(*Swadeshi*, 国産品愛好)運動の歴史を誇るところだが、SEWAはself-employmentの女性を主体とした手工業の技術指導・生産・販売を共同で行って成功を収めた。

さらに相互扶助組織として貯蓄と資金貸与を行うSEWAの銀行も運営した。一般の銀行で口座を設け、さらに貸し出しを申請するには、それなりの資本と書式を提出できる読み書き能力が必須であったが、SEWAでは文字が書けなくても口座を開設して小刻みな金額で運用できるという革新的な金融機関を設けた。男性中心の社会では、世帯主の男性ではなく妻としての女性が自分の口座を持ち、自分の収入を管理できること自体が、家計内に革命的な変化をもたらす。これは、バングラデシュの農村地域で展開したグラミン(*gramin*, 農村)銀行とともに、現在では途上国の開発を考えるうえで非常に有効な手段として知られる、マイクロ・クレジットの先駆的モデルであった(6)。

同じ頃、近接のマハーラーシュトラ州で値上げ反対の女性運動が広がり、グジャラート州まで及んだ。インディラ・ガンディー首相が非常事態宣言に訴えた主要な原因の一つは、ボンベイ周辺の労働運動や市民運動にあったと言われるが、女性の運動も例外ではなく、農民運動やアウトカーストの運動と結びついて力強く展開された。一九七五年に国際婦人年が設定され、政府が女性の地位向上を政策的に取り上げるようになると、女性問題に社会的な関心が向けられ始め、活動家・知識人・ジャーナリスト、政府や国際組織の政策立案者の間にネットワークが作られるようになっていく(7)。

それでは、現在の都市でどのような女性の活動が展開しているのか。以下、筆者の調査している、首都デリーのスラム地域で活動する、女性を主体としたNGOを紹介してみたい。

その前提として、スラムが必要悪のように膨れ上がる現代インドの都市の背景を説明しておこう。政府が独立以来のインド型社会主義路線を放棄した一九九〇年代は、国の外から市場経済が怒濤のようになだれ込み、「港」としての大都市に人もお金も集まった時代である。ムンバイ（ボンベイ）では一〇年間に人口が倍増し、二〇〇〇年で一四五〇万人になったと言われ、九一年に九四〇万人だったデリーの人口は二〇〇〇年には一四五〇万人に達したとされる。このように、急速な都市人口の増大は、面積の限られた市域に何百家族もの人びとが毎日、鉄道やバスで移民してくる状況を示している。ただでさえ狭い土地の上に、合法的な居住権を購入できる能力のない貧しい人びとがひしめきあって生きていかざるをえない。こうして住空間の必要に応じて、未使用の政府の所有地、通路部分、無許可で埋め立てた海辺や川辺などがどんどん住居地域に変えられていくが、このような unauthorized areas を一般的にスラムと呼んでいる(8)。

しかし、スラムといっても一様ではない。歴史の長いものから短いものまである。デリー市街の中心部に形成されている古いものもあるが、最近ではより郊外に拡大している。デリーでは、一九七七年にインディラ・ガンディーが人口抑制のための断種手術と並行して強硬なスラム撤去事業を行って以来、居住年数を中心に一定資格を認定された住民が市街地域から郊外の再定住地区（resettlement colony）に移転させられるという政策が採用された。そのため、中心部からバスで二〇kmから三〇km以上も移動しなければならない地域に再定住地区が建設され、それに隣接して非合法のスラム居住区も作られている。

ただし、絶望的に貧しいスラムと無力で哀れな住民という書き割りの観念は、現実とはかなり食い違っている。一方の極には、周辺のラージャスターン州から建設工事などの力仕事のために流入してきた家族のように、スラムにさえ住めずに、物乞いをしながら、道路脇の通路や街路樹の下にテントもなく寝起きしている人びともいる。そうした雨露をしのぐにも不安な、シェルターとしか呼べないような住居があると思えば、他方の極には、狭さや衛生状態などの居住環境は悪いとしても、十年以上、場合によっては数十年も住んでいて、ボロとはいえ煉瓦作りの二階建で、部屋には自家発電機や電話から冷蔵庫・カラーテレビまで何でも揃っているという住居もある。したがって、スラム住民もさまざまである。居住区には、土地と住民を差配する力をもった *dada*（親父さん、あるいは大兄貴）と呼ばれる有力者が一人から数人いて、人びとはさまざまなつながりを使ってそうした *dada* から居住する空間への権利を獲得する。だから、村のコミュニティのように、親の代からお互いがよく知っている（裏返せば差別や抑圧の関係も染みついている）人びとの間のコミュニティではない。同じ地域や同じカースト集団の縁を伝って一つのスラムに集まる傾向はあっても、閉じられた社会ではありえず、出身地・宗教・カースト・第一言語など生活慣習の異なる人びとが隣あって暮らさざるをえない状況である(9)。

デリーでは数々の異なるNGOがスラム地域を対象に活動しているが、ここで取り上げるNGOは、魅力的で強靭な精神力を持つ女性の指導者が、二〇年以上前に組織したもので、市の郊外二カ所のスラムを拠点として女性の自助活動を支援している。活動の基盤は、マヒラー・パンチャーヤット（*Mahila Panchayat*）である。マヒラーは女性、パンチャーヤットは土地の自治的な会議をさす。伝統的には村の長老五人の会議を意味したが、独立後は憲法上、農村における自治制度をパンチャーヤットと規定した。それにならって女性の自治を期待して命名された、女性の自治会議である(10)。

大きな道路や公共の建物などに囲まれた、ひとまとまりの居住区はそれぞれ通称名を付けて *basti* とか *colony* と呼ばれるが、そうした居住区のなかや近くに公立のコミュニティ・センターがある場合にはそれを使い、そうでない場合にはスラムのなかの「家」（*ghar*）を借り上げてマヒラー・パンチャーヤットの集会所として使っている。「家」といっても、一部屋だけだが、日本間でいえば二―三畳くらいの小さなものから一〇―一二畳くらいある大きなものまである。これが、スラムのアゴラである。女性たちは、決められた日の決められた時間にそこに集まって、自分の抱える問題を相談したり、地域社会に共通する問題を話し合ったり、それらについての知識を教わったり、地域やNGOの活動についての打ち合わせを行う。大きな部屋のある集会所は、ミシンを使った裁縫、HIVも含めた病気とその予防、女性の体と妊娠のしくみ、インド伝来のハーブを使った家庭内の医療などについて、技術を指導し、知識を伝え、各自の能力を自己開発するためにも使われている。ここでも、病気や事故など、家計の危機を救うマイクロ・クレジットが、有効に機能している。

重視されているのが法律相談である。日本の私たちが当たり前に享受している安全すら保障されていない社会では、役所・警察・裁判所、あるいは悪い加害者と正当に格闘しなければならない。日常的に暴力的な事件が起き、暴行傷害、殺人、レイプ、交通事故、財産破壊、盗難が頻発する。必ずしもよそ者が犯人ではなくて、家庭内暴力によって妻や子が暴力の犠牲となったり、隣人や学校の教師が暴力を振るったりする。世帯収入を支える家内工業についても、材料の仕入れや製品の納入と代金支払いなどのトラブルが起こりやすい。住居の貸し借りや売買をめぐる争いもある。こうした事件に泣き寝入りせず、しかも地元の有力者や不当な扱いをする警察に振り回されずに自分の権利を守るには、法律知識が必要なのである。そのため、マヒラー・パンチャーヤットの指導的な女性は、地元の住民の信用を得て実務をこなす力をつけた「草の根法律家」（para-legal leader）と呼ばれている。被害者や関係者の事情を聞き、目撃者や証人を募り、警察に被害届けを出すよう指導し、書類の控えを保存させ、裁判所に審理を申請し、適切な弁護士を見つけるといった仕事を期待されている。

デリー市内のNGO本部には、定期的に週に一—二回、互いに離れたスラムのマヒラー・パンチャーヤットの指導者たちが集まって研修をしあう。NGOの指導者や事務局の人びとからの提案や指導もあるが、法律相談や医療指導、その他についての研修会や会議は、基本的に自分たち同士で学び、先輩の女性たちが新しい女性たちに教えるという形で進められている。マヒラー・パンチャーヤットの活動で目を瞠るのは、宗教やカーストによる差別や貧富の差を易々と越えて、同じ女性として連帯している点である。何もむずかしい概念などではない。狭い部屋にヒンドゥーの女性もムスリムの女性も肩を寄せ合って座って話し合うときや、カーストを問わずに交替で調理してともに食事をとって同じ水を飲み、誰もが一緒に片づけるという約束を守っているときに、それが明確に表現される。そして、仲間のなかで指導者を決めていくのは、活動を継続した長さ・賢さであり、他の女性たちに対する責任感ある思いやりと指導力・実践力である。要するに、能力のある人に自然に信望が集まって、指導者になっている。このNGOに認められた指導者は三〇人ほどいるが、毎月きちんと給与が支給されて家計のうえでも安定し、地域の人びとには尊敬されて頼られる存在である。

貧しい人びとの暮らしは楽ではない。たとえば、スラム撤去を中核とした政府による理不尽な政策にも立ち向かわざるをえない。裁判所も常に住民の権利を守ってくれるわけではない。二〇〇一年二―三月の調査時点では、汚染を引き起こす工業はデリー市内では許可されないという、前年末に制定された法令をめぐって、住民の間にスラム撤去の不安が広がっていた。失業が深刻なスラムのなかでは、さまざまな種類の家内工業が経済的に不可欠だが、この法令によりそれが禁止されることになったからである。一部の住民は違法に生産活動を続けているものの、隣の州に家内工業を移した人びともいるという。それに加えて、路上での野菜などの小売りも禁止されることになった。「きれいなデリー」を作るためには「汚いスラム」を追いだすという政策である。ここで取り上げたNGOは、抗議行動を積極的に展開しながら、問題の本質と経過を住民に知らせる活動を進めていた。ちょうど、マヒラー・パンチャーヤットの主催でこの問題を取り上げた路上劇を見る機会にも恵まれたが、住民の関心は高い。他方では汚染工業と指定されない、'pollution-free'（無公害）の技術をいかに手に入れられるかを早急に検討中である。

このように変動の激しいスラムで活動するNGOのなかにも、成功例と失敗例がある。国外の財団などから短期間のプロジェクト援助を受けていると、資金供給のカットによって組織自体が危機に陥ってしまう。指導者が啓蒙専制的な指導をしているNGOの場合にはそうした危機が致命的となる事例もある。だが、地域の女性たちにしっかりと自治的な足場を築いているこのNGOのように、二〇年以上活動を続けているものもいくつかある。前述したように、スラムの女性たちの、アゴラのネットワークがそれを支える基盤となっている。スラム撤去という危機を目前にしつつも、マヒラー・パンチャーヤットの面々は三月八日の国際婦人デーに向けて女性や子どもの参加を呼びかけ、抗議集会やデモ、そのほかの知識や技術を使って問題を乗り越えようと忙しい。女性たちの熱心な自治への努力は、確実に他の女性たちに力と勇気を呼び覚ましてきたといえるだろう。

3　農村の女性と草の根民主主義

次に、都市とは異なった社会環境にある農村地域では、どのような女性の活動が展開してきたかについて、ヒマラヤ地方のチプコ（*Chipko*）運動を最初の例として考えてみよう。

この運動も、SEWAとほぼ同時期の一九七〇年代前半に始まった。七三年にアーラハバードを拠点とするスポーツ製品メーカーSeymondsが森林伐採を始めようとしたのに対して、チャモリ県の住民がこれを阻む事件が起こった。チプコは、「抱きつく」という意味のヒンディー語で、女性たちが樹木に両腕を回して抱きついて伐採を止める運動を展開したところから、運動の呼び名となり、その後は森林伐採反対運動の象徴的なスローガンとなった。七四年には、近隣のジョシマト区レニで、森林省が私企業に売却した樹木を切らさないために、地元の女性たちが伐採にやってきた労働者を追いだした。調査委員会の勧告により中央政府はこの地帯一帯の森林伐採を十年間停止する処置をとった。これは再び十年間延長され、結局現在まで停止されたままである。七五―七七年には周辺のナイニタル県やガルワール県で学生が先頭に立って森林保護運動を展開した。七七―七八年にはチャモリ県でチプコ運動が再開され、八〇年代前半まで続いた(11)。

この運動は、国連でも注目され、国際的に大きなインパクトを与えた。依然として農民革命路線を掲げる左翼政党とつながった学生らの組織は、環境保全よりも住民の貧困こそが運動の取り組むべき課題だと主張したが、それと対照的に、いち早く運動の新しさに着目したのはエコロジストやフェミニストであり、双方の観点を重ね合わせてエコ＝フェミニズム（Ecofeminism）という概念が生みだされる契機となった(12)。

チプコから始まった農村女性の運動は、今日ではより多様な形で日常的に闘われている。もう一つ最近の事例としてアーンドラ・プラデーシュ州の禁酒運動を紹介しよう。女性が飲酒問題に連帯して立ち向かい、ついには禁酒法も成立させたという事例である(13)。全国平均を下回る貧しさで知られたアーンドラ・プラデーシュ州が、驚くべきことに最近ではＩＴ産業の成功によって有名である。しかし、そうしたドラスティックな政策転換は、九〇年代初めに州政権が民衆の厳しい批判に晒されたことと無縁ではないだろう。

それ以前の政治経済構造は、まさに「アルコール依存」だった。地元テルグ人の政党として一九八二年に会議派に代わって政権を握ったテルグ・デーサム党は、州の財源を増やすため「酒の洪水」政策を打ちだした。それは、アラックと呼ばれる地酒の販売許可権を政府が販売することでもたらされる増収だった。日本のパック入り酒のように、飲み切り用の小さなビニールパック入りのアラックの販売が奨励されたのである。その結果、酒造業者とブローカーが争って莫大な利益を上げ、「アラックの帝王」と怖れられるような億万長者が生まれた。そして政治家は彼らから資金を得、役人は賄賂を手にするという汚職の構造が定着した。しかも、ブローカーは、陰で政治家・役人・警察を操るだけでなく、自らも代議士になった。こうして、人びとが酒を習慣的に多量に摂取することで政治と経済が動く病的なシステムが形成され、すでに失業と貧困という困難を抱える農村の世帯に打撃を与えた。妻や子に対する家庭内暴力も、社会問題化していった。

こうした状況の下、一九九二年ネロール県の村で酔った夫が妻を殴り殺す事件が起こった。そして、これを発端に、女性たちの運動が始まっていく。女性たちの嘆きの声を怒りの行動に変える場を提供したのは、識字教育の教室であった。この州の女性の識字率は全国平均を下回って四割を切り、かつての日本の綴り方教室のような成人教育政策が、州政府の補助と教師やボランティアの活動家の協力で展開されていたのである。いつも通り農作業や家事労働が終わった夕方に集まり、絵入りの教科書を使ってテルグ語を学んでいた女性たちは、妻の殺害事件をきっかけに、夫に暴力を振るわせる酒がいけない、だから酒を飲ませないようにすればよいという運動を開始したのである。

二〇世紀前半のアメリカの禁酒運動もそうだが、ここでも禁酒問題と女性の政治参加が結びついて展開した。伝統的な家庭内の秩序に従えば、夫が絶対で妻はそれに従うべき存在である。個々の家庭のなかでは、このような運動が起こっていても、夫の飲酒を妻が止めることは大変むずかしい。だが、村の女性たちは連帯して、村にアラックが運び込まれず、商店で売られないように、子連れで寝ずの番をしてピケットを張った。ミルクを運ぶ金属容器にアラックの袋が詰まっていたり、水田の泥のなかや木の根元にたくさんの袋が埋められていたり、暗闇に紛れて売り手が手引きしたり、といった酒のルートを実力で阻止した。地主や警察も酒の売り手の味方をし、夫たちを脅し、妻たちを打ち据え逮捕したが、粘り強い運動は次第にメディアでも報道され、世論の注目を浴びるようになっていった。

村のピケットは県の中心都市での集会、そして州都ハイダラバードでのデモに拡大し、県の行政事務所のみならず州政府への陳情・抗議行動、そして、政権党を批判する選挙運動へと発展した。九四年選挙ではアラックが争点となり、九五年に再び政権に付いたテルグ・デーサム党は、まさに自覚が始めた政策を否定すべく、禁酒法の制定を約束して実施に追い込まれた。自分たちの参加と行動が政治を変えるという経験は、選挙という制度的な政治の機会を女性が活用していくための、大きなステップとなったのである。

デリーのスラムとは異なる環境だが、ここにも識字教室というアゴラがあった。これが、各村の女性たちの話し合いと連帯の場となり、さらに州内の三万カ所の教室の間のネットワークによって数十万の女性のつながりを作りだした。加えて、識字教育に関与する知識人たちを通じてローカルな問題を新聞や世論へと伝える媒体となった。ドゥーバグンタ村のアラック禁酒運動は、識字教室のテキストの物語となり、これを読んだ他の村の女性たちの運動へと発展していったのである。アラックについての新聞記事を読むことも、運動の連携を強めた。文字を知ることが、自分たちの生活を社会のより広いコンテクストのなかに位置づけて、女性の新しい政治意識を生む活力の源となったといってよいだろう。

4 女性の政治の拡大

南アジアの女性政治家といえば、インド初代首相ジャワーハルラール・ネルーの娘インディラ・ガンディーや、パキスタン第四代大統領を父に持つベナジル・ブットー、ビルマ建国の父アウン・サンの娘アウン・サン・スーチー、あるいはインディラ・ガンディーの長男で首相を務めたラジヴ・ガンディーの未亡人でインド国民会議派を率いるソニアなど、父や夫亡き後に登場する存在だと思われがちである。それは、必ずしも誤りではなく、女性が国民的な指導者となる機会自体が、これまではそうした血縁・婚姻関係なくしてありえなかったからである。

しかし、すでに一九九〇年代のインドを見れば、女性が民主政治のなかで単なるお飾りとして存在しているわけではない、ということが明確に見て取れる。タミル・ナドゥ州を基盤とするAIADMK（全インド・アンナ・ドラヴィダ進歩同盟）の党首ジャヤラリタは、もともと大政治家の愛人だったと言われるが、本人自身がしたたかな政治家である。カルカッタ市を基盤に西ベンガルの共産党に脅威を与え、右翼的なポピュリズムを掲げて人気を集める草の根会議派党首ママータ・バナジーも、個性的な女性政治家として独自のスタイルを持っている。

インドにおける女性の政治的進出は、長い間都会の上のほうの階層の人びとに限られていた。女性議員の割合は独立後の時期より次第に減少して低迷し、八〇年代まで国会議員では平均して全体の六％弱が女性議員、州議会の全国的な平均で四％台であった(14)。これを大幅に変えるきっかけとなったのが、一九九二年の七三次憲法修正である。これは、村・郡・県レベルのパンチャーヤットで、三分の一以上の議席を女性に割り当てることを規定したもので、三分の一に近づけることが望ましいとした八九年六五次憲法修正をさらに前進させたものであった。憲法では、農村の議会を規定した章で、次のように規定している。

憲法二四三―D条(3)項　直接に選挙で選ばれる、各パンチャーヤットの議員総数のうち三分の一以上は、女性に割り当てられるものとする（この三分の一の中には、指定カーストおよび指定部族に属す女性議員の数も含む）。女性に割り当てられる議席は、ひとつのパンチャーヤットの中で異なる選挙区の間でローテーションにすることができる。

(4)　各レベルのパンチャーヤット議長をあわせた総数の三分の一以上が、女性に割り当てられるものとする。

この規定によって割り当てられた役職は、各レベルの異なるパンチャーヤットの間でローテーションにするものとする(15)。

そして、これに続く章で都市の自治体（municipalities）についても同様の規定がなされた。

女性に「割り当てる」と訳したReservationという概念および制度は、インド社会の外にいる人びとにはわかりにくいので、少し説明しておこう。インド憲法は人間の基本的な人権としての自由と平等を謳うが、それを実現するうえで、もっとも重い足枷となっているカースト社会の厳しい差別を是正するため、身分のない汚れた集団とされてきたアウトカーストと未開とみなされてきた部族の人びとに対して、優先的な保護を保障する制度を設けた。これがReservation Systemと呼ばれる。留保制度と訳されることが多いが、要するに、アメリカでアファーマティヴ・アクションと呼称されるような、差別されている人びとを逆差別的に優遇する方策を、憲法的に保障したものと言えばわかりやすい。公的な機関、つまり政府組織や公企業における職員採用、大学入学資格や奨学金付与などについて、「憲法上指定されたアウトカースト（the Scheduled Castes）および部族（the Scheduled Tribes）」には、一定の比率で割り当てが保障されてきた。これらは、略してSCとかSTとか呼ばれている。さらに、選挙制度のなかでも、住民の構成比に応じてSCやSTの候補者しか選出されない選挙区や村長の役職を設定する。

Reservation Systemの起源は、第一次世界大戦後にイギリスが設置した植民地議会において、ヒンドゥーのマジョリティの影響力を押さえるために、ムスリムやシーク、クリスチャン、アウトカーストなどに別の代表を割り当てる制度を作った歴史にある。つまり、もともとはインド人を分断する目的で導入された制度が、独立後は逆に、SCとSTというカースト社会のマイノリティを保護しつつ国家の下に統合していくために導入されることになったのである。そして最近になって、この制度を女性にも適用しようとしたわけである。

インド国民会議派の安定政権が当然のものではなくなったラジヴ・ガンディー首相の時代、そしてその後の左翼連合政権の時代に、女性に一定の議席を確保することを目的とした、二段階の憲法修正が行われたことになる。その背景には、村や町の自治の活性化や有意義な開発政策の実施といった目的もあったが、より現実的には、流動的な政党政治のなかで新しい票田を求める動き、相手方の支持基盤を崩す動きなどが絡み合って実現された。この新しい事態に、草の根の民主主義やフェミニズムを主張する人びとの間でも賛否両論がわき起こった。賛成意見は、これによって女性の政治参加が確実に進むという素直なものだったが、反対意見は、この複雑な制度の下では、女性の参加と言っても男性政治家の言いなりになるダミーのような存在を作りだすだけであるというものだった(16)。

だが、すでにこの制度が運用された十年近くの歴史を振り返ると、何はともあれこの憲法修正が女性の政治的立場を変えたことは間違いない、と言えるだろう。村のパンチャーヤットでは多くの女性が議員として活動しており、そのなかからより上のレベルのパンチャーヤット、そして州議会、国会へと、政党の指導者として上っていくルートが、どれほど細いものであっても、確かに存在するようになっている。一九九〇年代後半には、国会における女性議員の割合が七%台後半にまで伸び、州議会では——選挙をした州のみのものとなるので一般化できないが——六%に達し、増加する傾向が指摘できる。もっとも国政に近いデリー州会議では、すでに女性議員の割合が一二％を越えている(17)。男性支配のイデオロギーを提唱している右翼のインド人民党すら女性議員を抱えるように、首都では女性候補者のほうが選挙で有利だと言われている。九九年の選挙で会議派はディキシット女史を指導者としてデリー州政府を人民党から奪還した。この傾向は、今後当分続くと予想される。

こうした状況を前に、国会と州議会のレベルで同じように女性に三分の一の議席を保障しようという憲法修正案が一九九八年より検討されている。超党派の女性議員が共同でこの法案を推しているように、一方ではこれを実現しようという議論が積極的に主張されているが、他方では原則的な反対派だけでなく、女性議員の Reservation の仕方に問題があるので、現在の法案では認められないという条件付き反対派も多い(18)。与党の中心であるインド人民党は、復古的なヒンドゥー主義を掲げ、その背後には女性解放にはイデオロギー的に相対立する性格のＲＳＳ（民族奉仕団：Rashtriya Swayamsevak Sangh）を抱えている。俗にヒンディー・ベルトと呼ばれるガンジス川流域から亜大陸中央の砂漠地帯では、女性に対する社会的抑圧が強く、逆に人民党への支持者も多い。さらに、女性に対する議席の割り当てよりも前に、ＳＣやＳＴと並んで「他の後進カースト（the Other Backward Classes, 略してＯＢＣと呼ぶ)」に一定の議席数を保障すべきだという議論も強い。したがって、すでに調査委員会が設置されて、総選挙でも三分の一以上の議席を女性に割り当てる法案を通すべきだという結論が報告されているのだが、未だに Women's Reservation Bill の問題には決着がついていない。しかし、仮にこれが実現すれば、経済的に豊かな北欧諸国の事例とはかなり異なるとしても、民主政治の大きな舞台に十分な数の女性がアクターとして登場することになるだろう(19)。

5 セクシュアリティの革新

こうした新しい女性の登場を裏側から支えるのが、女性のセクシュアリティ（sexuality）を新しく捉え直すという発想である。すでに、社会的な変化とともに女性自身の主体的な努力によって、女性を拘束するような古いセクシュアリティの考え方は変更させられてきた。もちろん今日でも、女性は、弱い存在として、社会的抑圧や暴力を受ける被害者となりやすい。同様に、弱い存在として、教育や経済的な果実を受けにくい。だから、被害を受けても救済を受けにくい。そのうえに、貧しい、教育を受けていない、健康でない、カーストが低い、ムスリムなどの宗教的マイノリティに属す、などの要素が重なれば、女性の状況はさらに厳しいものとなる。しかし、他方、妻となり母となれば、家族生活の安定を支える中心的な主体とならざるをえず、女性は弱い存在から強い女性に転換する必要にせまられる。女性たちが主体となった運動においても、実践的な経験にもとづいて強い女性像が共有されてきた。ヒンドゥー教の世界では、戦う強い女神のドゥルガーやカーリーである。

けれども、女性が強くなれば、周囲の社会から反動も起こりやすい。女性の活動がより顕著になった一九八〇年代には、それまでにないほど女性のあるべき姿をめぐって諸勢力の対立が起こった。男性支配を正当とする人びとがフェミニストを批判するとか、インドの伝統的な美徳を擁護する人びとが西欧的・近代的・国際的な女性の権利を主張する人びとと対立するという、単純な図式にとどまらない。国内で多数派を占めるヒンドゥーが少数派のムスリムを攻撃し、ムスリムの保守派がそれに対してコミュニティの一体性を主張するといった緊張状況のなかで、ジェンダーは国民・民族・宗教集団の理念とイデオロギーの問題と重ね合わされて、暴力さえ使う政治的な争いの的となった。

たとえば、一九八〇年代半ばの「シャー・バーノ事件」である。もともとは、シャー・バーノという名の年老いたムスリムの女性が、離婚させられた後に毎月わずかな額の扶養料を元の夫に請求できるか、という内容の訴訟事件であった。これが、シャリーア(イスラム法)がムスリム・コミュニティに保障されるかという、国家と宗教の問題に発展してしまったのである。最高裁判所は刑事訴訟法による女性の救済を認める判決を下し、これに対してムスリムの宗教的権威や政治家は、司法がムスリム・コミュニティの自律性を侵したとして激しく反発した。当時の会議派政権は激化したムスリム世論を懐柔するため、ムスリム女性を刑事訴訟法の適用除外とする新法を成立させるとともに、ヒンドゥー世論にも譲歩するため、ウッタル・プラデーシュ州アヨーディヤのムスリム寺院(Babri Masjid)を開門した。これが後の大暴動のきっかけとなる(20)。

ヒンドゥー・コミュニティの側では、ダウリー殺人とサティーと呼ばれる寡婦の殉死が問題となってきた。婚資と訳されるダウリーは、嫁の家が婿の家に財産分与代わりに多額の金品を持参させる慣習である。このように、結婚が金品と絡むために、嫁の持参したダウリーが少ないとか、次の嫁をもらえばもう一度ダウリーを入手できるという理由から、嫁を殺害する事件が、ダウリー殺人である。刑事事件として調査される場合もあるが、台所の事故で焼死したとして迷宮入りになることが多い。事件を辿れば、伝統どころか、現代的な消費の欲望によってダウリーが高額化し、婿側の家族が車や高価な家具・電気製品を要求していることがわかる。これは、すでに経済的な家庭内の殺人である。

ダウリー以上に、ヒンドゥー社会のアイデンティティの的となって論争を呼び起こしてきたのはサティーである。亡き夫の遺体が焼かれる葬いの儀式で、火のなかに飛び込んで命を捧げた妻は、純潔さを証した尊いサティーになるという慣行である。一八二九年にイギリスが法律で禁止したものの、それ以来長い間、現地社会の反発を招いてきた。今日でも、ヒンドゥーの過激な復古主義者だけでなく、サティーをインドの古典的な美風と考える人は民衆から知識人まで後を絶たない。独立後四〇数件の事件が公となったが、そのほとんどはラージャスターン州、マディヤ・プラデーシュ州、ウッタル・プラデーシュ州と、北インドの保守的な地域で起こっている。シャー・バーノ事件がヒンドゥーとムスリムの間の対立を引き起こさせたのと相前後して、一九八七年に、ラージャスターン州で十代の若い嫁が結婚してまもなく死亡した夫の葬儀で殉死する事件が報道された。亡くなった女性の名をとって「ループ・カンワール事件」と呼ばれたが、これもまた全国的に宗教と政治をめぐる問題を投げかけた。

普通に考えれば、サティーは言語道断の行為だが、西欧文明に犯されない伝統社会を尊重すべきだという、いわゆる良識的な土着主義者の声がこの問題を複雑にしている。率直なサティー廃止論が、西欧かぶれのフェミニストの見解というレッテルを貼られてしまうからである。しかし、仮に嫁が自発的に葬式の火中に飛び込んでも、それを見ている村の人びとが止めなかったのなら犯罪である。もちろん女性に自殺を強制し、物理的に彼女を炎のなかに押し込んだら殺人罪である。だが、殉死した女性を美談とともに祀ると、毀誉褒貶はあるにせよ多数の見物人が押し寄せ、一家と村は有名になり、経済的にも潤う——これがいかにグロテスクな話かわかるだろう。ループ・カンワール事件では、夫の親族が彼女を殺した疑いは消えず、近隣の都市から活動家やジャーナリストが駆けつけ、真相究明のキャンペーンを行った。全国紙や雑誌は、サティーに関する議論を続々と掲載した(21)。

これが、「コミュニティがジェンダー化し、ジェンダーがコミュニティ化する」という政治のダイナミズムである。女性がコミュニティの純潔な血統と名誉を体現すると位置づけられるがゆえに、社会構造・イデオロギー・日常的な振る舞いやディスコースにおいて、女性は客体化され、規範的な女性性(femininity)を外部から強制されてきた。女性自身も自分の内部に埋め込まれた「あるべき女性像」によって拘束されてきた。しかし、人びとの生活も意識も変化している今日では、かつてのように絶対的な男性支配は存在しえない。その反面、開発や民主主義の動向によって古いコミュニティが流動化しているなかで、民族のみならず地域やカーストのコミュニティのあり方が政治的な争点となり、コミュニティの一体性を作りだすために女性を抑圧するしくみを「伝統」として復活させようとする動きも強い。とくに、ヒンドゥーとムスリムのコミュニティのアイデンティティをめぐる暴力的な激しい紛争の最中には、女性は有無を言わせずに「身体」という客体に還元され、命や身体をも危うくされてしまうという悲劇が繰り返されている(22)。

「敵」と「味方」の双方の側で女性に対するレイプや殺人が犯され、その知らせが紛争を再び残虐にしていく、いわば暴力のサイクルが現実に見られる。たとえば、一九九二年十二月のアヨーディヤ事件やそれに続いて起こったボンベイ暴動のようなヒンドゥーとムスリムの間の暴動でもそうであったし、イスラム国家パキスタンの支援を受けた武装勢力とインド軍が衝突するカシミール地方では、日常的な問題とさえ言える。それは、女性の身体が、自らのコミュニティの誇りを示すとされ、だからこそ敵側の女性を痛めつけることが敵に対する復讐だと正当化されるからである。

一九四七年八月のインドとパキスタンの分離独立の過程でも、ヒンドゥーやシーク、ムスリムという異なるコミュニティの間で、女性に暴力が加えられ、彼女たちが名誉を守り恥辱から逃れるために自殺したり、敵の男だけではなく、味方の、しかも自分の村の人びとや親族に殺害されたという。危機のなかで、女性の身体が、国境線を体現する「境界線」(boundary)とされた歴史である。しかし、生き残った人びとがかつての悲惨な暴行と殺人の記憶を自分の言葉で語り始めたという事実を見ても、今日の女性たちは黙って殺されるほど弱くない。こうした年老いた女性たちの声を受け止めて連帯する若い人びとも多い(23)。つまり、「強い男」を掲げる反動的なヒンドゥー主義が台頭する九〇年代のインドでも、人権を主張する女性の力は右翼政党すら無視できないものになっている(24)。

6　女性の力

ここまで、インドにおいて女性の力が伸びていること、すなわちエンパワーメント(empowerment)

の進行している現状を説明してきた。エンパワーメントという聞き慣れない外国語は、日本では新聞や書物で目にする程度の言葉に止まっているようだが、それは日本の女性はある範囲内での自由さや安全さを当たり前に享受しているからかもしれない。対照的に、自分や家族の生活を守るために日々努力せざるをえないインドの女性たちにとっては、エンパワーメントは抽象的な概念ではない。NGOやメディアを通して学んでいる彼女たちは、自分たちの生き方を方向付けるためにエンパワーメントという言葉を使っている(25)。

それは何を意味するのだろう。具体的にあげてみよう。夫に殴られないことから始まって、子どもと自分の安全を守る力である。自分が仕事をして収入を得て、それを夫や他の誰にも不当に奪われずに、自分がその金を管理・使用する力である。家族に栄養をとらせ、病気から守る知識である。誰かが病気をすれば、病院を探しお金を調達して治療を与えられる能力である。事件や事故に対して警察や裁判所に訴えていく力である。子どもに未来を与え、教育を施す力である。文字通り、具体的な生活能力として力を得るという、エンパワーメントである。土地の言葉に置き換えれば、神の力（*shakti*）の獲得であり、マヒラー・パンチャーヤットの事務局が *sabla sangh* と名付けられているように、力を持たない女（*abala*）から力を備えた女（*sabla*）への転換である。これこそ女性解放の本意だろう。男性支配社会に挑戦して「女性の、女性による、女性のための政治」を実現しようとする動きは、すでに半世紀以上の積み重ねをもって、厚みのあるものになっている。それが、西欧教育を受けた金持ちのお嬢さんのものではないことは、ここまでにあげた例からも分かってもらえたと思う。それとともに、草の根の運動や組織はけっして反知性主義・反教育主義・反西欧主義ではない、という点も明らかにしたと思う。マヒラー・パンチャーヤットの女性たちは、腕時計をして大きなバックのなかに常にノートとペンを持っている。いつも、新しい知恵を聞いて学ぼうとしている。村の女性たちは、家計を少しでも改善して、自分の娘にはもっとしっかりした教育や人生を与えてやりたいと努力している。とかく都市のミドルクラスのフェミニストは、「貧しい社会のなかではごく一握りの」と形容されがちだが、NGOの活動家・研究者・ジャーナリスト・法律家、その他さまざまな専門家、そして行政官や教師として草の根の女性たちと手をつないで闘っている人びとは、市民社会を新しい方向に引き上げるうえでやはり大きな役割を果たしている。このようにインドのフェミニズムは、狭い範囲の女性の地位向上運動にとどまらず、生活や社会の広範囲な領域で女性を主体として活動する動きと、さまざまな形でむすびついている。それだけに、すでに社会のなかに深く根をおろしているといえるだろう。

「女性による政治」は、政府・政党・労働組合といった既存の組織が男性支配的なものであることと対照的に、基本的に草の根の運動の性格を帯びる。しかも、その組織作りは、援助する団体、指導者、地元の活動家と参加者、その周辺の男性や高齢者や子どもたちという風に、緩やかでボランティア的なネットワークを基盤としている。したがって、「女性のための政治」も、女性だけの利益でなく、環境や住民社会の改革と生活の改善という、より一般的な利益を求めたものであった。デリーのマヒラー・パンチャーヤットやアラック禁酒運動もその一例である。女性が、社会・経済・政治・文化などの拘束からより自由になり、政治的な主体（agency）として「女性の政治」の基礎を作ってきている。それが、一部の政治家や金持ちのための政治ではないことは明確であろう。

二〇〇一年一月二六日、まさにインド共和国記念日にグジャラート州で起こった大地震は日本でも注目され、多くの心ある人びとやNGOが支援に努力してきた。先述したようにグジャラート州はかつてはガンディー主義的なインド・ナショナリズムの故郷だったのだが、一九九〇年代にはインド人民党とRSSの強い基盤となっていた。したがって、この大地震は人民党とRSSに神の下した罰だ、という声すらあがった。

大災害は、復興のための救援資金と物資をめぐって生々しい政治が展開するときでもある。現在、RSSも好機到来とばかりに活動しているが、SEWAを初めとして国際的にも信用されている地元のNGOはより広い救援の窓口となり、グジャラートの政治に新鮮な風を吹き込んでいる。そして、実績を評価されたNGOの多くが、女性を中心とした団体やそれと協力して教育援護や社会奉仕を行ってきた団体なのである。二〇〇〇年のオリッサ州のサイクロンやグジャラート州の干魃、戦闘後のカシミール地方でも似た状況が指摘されるが、災害で市民社会が大きな痛手を受けたとき、その傷を癒して救援と復興に顕著な力を発揮するものに、女性自身の支える女性を対象としたNGOが多い。

このように、出口無しに見える貧しさや悲惨さ、攻撃的な右翼ポピュリストのディスコースに対抗する力を持つ、一つの社会勢力は女性のなかに見出されるのかもしれない。日本のような先進国の生真面目な人ほど、途上国の貧しい人びとを助けるべきだ、助けることができるはずだと、日頃から思い込みがちである。しかし、豊かで自由なはずの日本の女性たちこそ、インドの女性たちが身をもって示している民主主義の力と自由の可能性に、素直に学ばせてもらうべき立場にいるのかもしれない。

そうした意味で、この論文の最後に、インタビューしたデリーのマヒラー・パンチャーヤットの女性たちに、草の根の民主主義の声を語ってもらおう。皆が肩を寄せ合って座っている集会で、「マヒラー・パンチャーヤットの優れた点は何か」と尋ねたときに、聞かせてもらったものである。彼女たちは、当たり前のことをどう説明しようかと慮りながら、答えてくれた。自分たちで集う場所があることは本当によい、自分一人で抱え込んでいた問題をここで話したら自分だけの問題ではないことがわかった、それがもっと大きな社会とつながった問題だということも先輩から教わった、という答えである。一人が話すと、他の女性たちがそうそうと相槌を打つ。マヒラー・パンチャーヤットの活動は地域や家庭の役に立つので、夫や義母も参加を勧めてくれている、と言う。明るい三〇代の女性は、「前は今日どう暮らすかを考えるだけで精一杯だったけれど、マヒラー・パンチャーヤットに来てから明日や未来を考えるようになったわ」、と嬉しそうに言った。それではあなたの夢は何ですかと重ねて聞くと、恥ずかしそうに顔を赤らめながら「私の夢は勉強してマヒラー・パンチャーヤットの指導者になることよ」と、目を輝かせて教えてくれた。集まった女性たちはその答えに頷きながら優しく笑っていた。

仲間を持ち、必要な知識を学んで自分を変革しながら、コミュニティの自助と自治を進める女性たち――彼女たちは、まっすぐに顔をあげて自分の意見を皆の前ではっきりと話す。その姿は、女性が宗教や道徳に縛られ常に息を潜めて生きてきた社会においては、革命的で凛々しい。彼女たちの率直な言葉に、民主主義の精神が生き生きと溢れている。

10 市民社会論の新展開と現代政治

民主主義の再定義のために

1 はじめに——「失われた十年」としての一九九〇年代?

一九九〇年代日本の政治主題であった「政治改革」が不毛な改革に終始し「失われた十年」と化すなかで、かろうじて日本政治の統治能力を回復する可能性は、ローカルな次元での市民の自立型政治の展開にみられた。地方政治における市民参加の運動は、これまでも政策に対する抵抗や公共サービス要求型の運動として展開してきたが、九〇年代に入って改革志向の首長の選出、住民投票、政策評価の制度化等の多様な手段による政策の創造へとバージョンアップしている。こうして、政党政治への深い失望とローカルな民主主義への期待が交錯するなかで、二一世紀の政治課題は「市民社会」のイニシアチブによる日本の民主主義の深化=再民主化として浮かび上がってきたといえる(1)。

「失われた十年」となった日本とは対照的に、世界全体では九〇年代は民主化の十年だったということができる。今日の世界的な民主化の潮流を象徴した一九八九年東欧革命と冷戦終結後、グローバル化に刺激された民族紛争や地域紛争等の民主化の障害に直面しつつも、民主化の潮流は世界大に拡大しつつある。東欧諸国のみならず、南アフリカ、南アジア、中東、中南米、東南アジアの一部の国でも民主化への動きは確実に進展しているし、さらに韓国、台湾の民主化に代表される東アジア諸国の民主化は、九〇年代の民主化の頂点ともいえる。二〇〇〇年に劇的に展開した朝鮮半島和平は、こうした民主化の大いなる成果である(2)。

民主化への一連の動きは、強権的な一党支配の崩壊と民主政への転換、そして民主政の定着という体制変動のプロセスを核としている。この民主化プロセスは、「民主主義」原理こそが二一世紀を切り拓く政治原理であることを再確認させたといえる。しかし、その場合の「民主主義」とは制度化された民主政につきるものではない。民主政を生みだす力にこそ、二一世紀の日本の民主主義を深化させていく重要なポイントがある。先進民主主義国を自負していた日本においても、九〇年代には大きな欠落に直面した。その意味で、民主政を生みだす「市民社会」の力を証明した九〇年代の民主化から学ぶ教訓は少なくないはずである。

九〇年代の民主化のモデルとなった東欧諸国の民主化の鍵は、権力に拮抗する市民社会の形成にあった。強権的な同質化が行われた東欧などと異なり、日本では利権など柔軟な手段で社会のさまざまな集団が権力に包摂されていった。しかし逆説的な言い方をすれば、柔構造で一見自由な社会だからこそ、日本における対抗的市民社会の形成は困難なのである。その意味で、再民主化という政治課題に直面するわれわれにとって、東欧の民主化における「市民社会」の意義を検証することは重要な意義をもつ。

この小稿では、今日の市民社会論の新展開の契機となった東中欧における市民社会論の展開とそのグローバルな影響を中心に考察し、この新しい市民社会論のパースペクティブを現代日本の文脈のなかに位置付けてみたい。今日の市民社会論復興のルーツは、意外なことに、戦後日本の市民社会論にある。六〇年安保前後の政治的言説――とりわけ久野収の「政治的市民の成立」や丸山眞男の「永久革命としての民主主義」等――には、今日の市民社会論の重要な主題が含まれている。そのため今日の日本でこそ、新しい市民社会論の展開の意義が検討できるのである。

2　一九八九年東欧革命と「市民社会」の再発見

今日の世界的な民主政への動きは、一九八九年の東欧諸国の民主化を頂点とする一連の民主主義を求める潮流の一環としてとらえられる。八九年の東欧における共産党一党支配の崩壊と民主政への転換は、あらためて「民主主義」原理の重要性を再確認させた。二〇世紀最大の実験であった共産主義支配は、結果的には全体主義的な支配を生みだしたにすぎなかった。それだけに共産主義支配からの脱却を求めた東中欧諸国の反対派勢力は、全体主義的支配からの脱却の過程ではからずも二一世紀に向けた民主主義の根源的な意味を提示したのである(3)。

東欧革命は、ユートピアを求めた革命ではなかった。そこでは、せいぜい政治的・市民的自由、民主政、民族のアイデンティティといった「ヨーロッパ並みの正常さ」が求められたにすぎないともいえよう(4)。しかし、ソ連ブロックに属していた東欧諸国にとって、革命のユートピアを追求した共産党体制が革命後につくりあげたものこそが「逆ユートピア」——全体主義権力による市民社会の全面的抑圧——であった以上、そうした「正常さ」の追求そのものが「革命」的意味を帯びざるをえなかったのである。象徴的に言えば、この「ユートピアなき革命」という点にこそ東欧革命の核心があった(5)。

では、このユートピアなき革命の遺産とは何だったのか。革命後十年以上経過した現在からしても、東欧革命の遺産として民主主義の深化を促進する「市民社会」のポテンシャル（潜勢力）を見逃すわけにはいかない。八九年の円卓会議方式の民主化モデルの先駆はポーランドであったが、そのポーランド「連帯」運動の民主化モデルは、スペインであった。七〇年代半ばのスペインでは、権威主義的支配を続けるフランコ体制から民主政への体制移行が、体制内改革派勢力と穏健な社会勢力の妥協＝協定を通じて非暴力的に実現された。東欧革命は、このスペイン・モデルを踏襲した民主化の側面をその第一の特徴としている。

その場合に「市民社会」とは、非民主体制の民主化政策を引きだすポテンシャルの領域であり、民主的移行の重要な前提条件となる。七〇年代半ばから九〇年代に至る時期の一連の民主政への移行は、今日では民主化の「第三の波」（S・ハンティントン）と呼ばれる。その中でも東欧革命は民主政への移行における「市民社会」の役割について重要な教訓を残した。特に、徹底的に社会の自己組織化による民主化の可能性を追求したポーランド「連帯」の民主化プロジェクトは、現代世界の民主主義をめぐる普遍的な次元の問題に到達していた。それは民主主義本来の理念が、民主主義を求める運動のなかにこそその姿を完全に現すからでもある。

東欧革命の最も創造的な部分は、革命を先導した反対派勢力の「市民社会」論の展開と独立自治労組「連帯」の民主化プロジェクトにあった。そこでは、民主化戦略――共産党一党支配の政治体制に対抗して社会の自己組織化をはかる――を象徴する言語として、「市民社会」概念が再発見された。東中欧の指導的な反体制理論家であるG・コンラッド（ハンガリー）やV・ハヴェル（チェコスロヴァキア）が好んで用いる「反政治」という言葉は、きわめて個人的・実存的な倫理的意味合いを帯びていたが、東中欧諸国のなかでもポーランドの場合には、反政治が市民社会のイニシアティブにもとづく「連帯」運動に体現されたため、現実政治と政治理論の実に緊張をはらんだ関係のなかで「反政治」的政治が国民的な社会運動として具体的な展開をとげたのである(6)。

一九八〇年に結成された独立自治労組「連帯」は、「全体主義化」した共産党体制に対する市民社会の非暴力抵抗運動の拠点であり、社会的絆の再建としての「政治」に支えられた「反政治」的政治の実践であった。その意味では、西側の「新しい社会運動」とも運動の基盤にある指向性を共有している。この「反政治的第三の道」とも言うべき指向性こそ、七〇年代にL・コワコフスキ、Y・クーロン、A・ミフニクらポーランドの「民主的反対派」の理論家によって、国家でも市場でもない、強力な政治的公共領域を基礎にした「市民社会」解放の道として定式化された政治理論上の創造的な貢献なのである(7)。

しかしながら、こうした市民社会論も、一九八九年東欧革命が実現する過程で異なる次元の問題に直面する。つまり、政治的に自己形成を遂げた市民社会と国家との関係の「制度化」の問題、すなわち民主制政治社会を定着させてゆく「政体に関する政治」(constitutional politics)次元の問題に直面せざるをえないのである(8)。しかもここで問われている「制度化」の問題は、あくまでも「社会の中に生まれた解放への営みと傾向を取り上げ、援助し、必要なら道をつけ、より洗練し、最後に制度化し、法制化する」(O・ラフォンテーヌ)という次元での「政治的解放」の文脈で成立する問題なのであり、その意味で、すぐれて〈政治〉の再発見ともいうべき課題といえよう。

3 市民社会と公共性の位相

こうした「市民的公共圏」ともいうべき新しい市民社会の領域——直接に国家権力にかかわる政治活動の領域でもなく、また市場領域の活動でもない、市民の自発的な多様な組織的活動の領域——への注目は、民主化を求める非西欧社会だけではなく、西側先進社会にも大きな反響を伴った。社会における陣地戦の場としての市民社会というグラムシ的な概念は、下からのヘゲモニーを重視するため、硬直化し形骸化した民主主義体制を乗り越え、民主主義をさらに実質的なものへと深化させていく文脈で注目されたのである(9)。この新しい市民社会論に着目したJ・ハーバーマスが、市場原理にもとづく資本制的経済機構を中心とする「ブルジョア社会」(bürgerliche Gesellschaft) の論理に対抗する「市民的公共圏」の領域を「市民社会」(Zivilgesellschaft) という新しい概念で論じた(10)ことがそのことを象徴している。

このように、「市民社会」概念は一般的には〈市民〉が構成する社会をさすが、その〈市民〉の意味内容によってきわめて多義的な概念となる。日本の社会科学においても、自由・平等な自立的個人(シトワイヤン=公民)が構成する近代社会の理念型として肯定的に用いられる場合もあれば、逆に資本制生産様式のもとにおける資本家(ブルジョア)の階級支配を伴ったブルジョア社会の意味で否定的に用いられる場合もある。

概念史的にみた場合に、ヨーロッパ政治哲学上の述語としての「市民社会」概念には、大きく分けると基本的には以下の三つの使用法がある(11)。

(1) ポリス・モデル——市民社会を政治的支配形式つまり《国家》と同意味ないし同義語として使用する方法。ギリシア語=ラテン語の伝統をひく古い用法であり、《政治》社会とも同義。支配団体としての市民共同体(ポリス、キウィタス)とその公的=政治的組織つまり、《共同組織=国家》(コイノン、レス・プブリカ)をも含意する。

(2) 自由主義モデル——市民社会を《国家》とはまさしく相対立するものとし、支配=組織形式の欠如ないし否定によって定義する使用方法。一九世紀初頭に始まる新しい用法で、市民たる私人(市場法則のみに服する人格と私的所有権者）からなる社会を意味し、脱国家的脱政治的な領域だけをさす。

(3) 社会主義モデル――市民社会を有産階級に従属する無産の《プロレタリア》階級と区別された、《市民》の有産階級つまり、資本と労働の対立に基礎をおく一九世紀の《ブルジョア社会》という意味で使用する方法。この概念の登場によって、初めて「市民社会」概念のイデオロギー化の問題、つまりその複義性ないし多義性の問題が生まれる。

こうした伝統的な用法に対して、一九八九年東欧革命の前後から、非国家的かつ非市場的な「公共領域」としての新しい市民社会モデルが提起されている。この「公共圏モデル」は、すでに見てきたように、東欧の民主化運動の中で提起され、九〇年代に入って南アフリカ、中南米、東アジアなどの非西欧世界の民主化運動に影響を与えている(12)。その意味で、「市民社会」概念は単なる学術用語にとどまることはできず、常に特定の社会の実践的な課題の実現という価値的側面を含んでいるため、本来的に多様な解釈を許容することになる。

また「公共領域」という場合の公共性という言葉は、日本ではこれまで官製用語の色彩を帯びており、「お上」意識と結びつく傾向があった。「公共の福祉」の用法のように、国家機関のみが「公共性」を排他的に独占し、人びとの権利の要求が逆に私的で利己的な要求とみなされる傾向がある。しかし、公共性の本来的な意味が、私的生活圏と対比される市民の公共生活にあること(13)は、ここで確認しておいた方がよいだろう。

もともと公的領域＝公共性とは、古代ギリシアのポリスの市民にとってそうであったように、個人の生命維持のための欲求や必要に縛られた私的領域から解放された、〈活動と言論の場〉のことである。それは自分と他者との出現する舞台であり、共に活動し、共に語ることから生まれる空間である(14)。こうした古代のポリス的な公共性観念は、ローマにも受け継がれ、「市民の連合」としての「国家」こそが、「公共のもの（レス・プブリカ）」とされた。

近代においては公権力の圏内に国家が成立したため、公的なものが国家と結びつき、公権力とそれに従う私人という構図が生まれた。一方、近代に形成された「市民的公共性」とは、国家と社会の分離を前提に両者をつなげる社会空間であり、公権力に対抗する批判的公衆の公共性に着目する。つまり、市民はこの空間のなかで公開の討論によって公論を形成し、国家権力を統制しようと活動をくりひろげる。

日本ではかつて福沢諭吉が日本人の公共意識の欠如を痛切に批判した(15)。公共性が「お上」と結びついてしまう共同体根性の政治文化からは、ヨコの観念としての公共性が生まれてこないからである。近年、国家機構の肥大化にともなう官僚制の腐敗などに対して、公権力のアカウンタビリティ（市民に対する説明義務）が問題になっている。これも、制度化された「国家の公共性」に対抗する批判的な「市民的公共性」の問題である。今日の公共性はこの二つの公共性が交錯する力の場となっている(16)。

4　新しい市民社会の問題領域

ここで、「公共圏モデル」とも呼ばれる新しい市民社会の概念について整理しておきたい。このモデルに着目したハーバーマスが、これを「市民社会」（Zivilgesellschaft）として、「ブルジョア社会」（bürgerliche Gesellschaft）と概念的に区別したことが示すように、「公共圏としての社会」を意味する新しい市民社会は政治的性格を残した公共空間を意味している。ハーバーマスが「《市民社会》の制度的核心をなすのは、自由な意思にもとづく非国家的・非経済的な結合関係である」(17)と定義するとき、彼は社会における陣地戦の展開の場としての市民社会を想定している。

言うまでもなく、ハーバーマスの「システム対生活世界」という理論枠組み(18)において（図1）、市民社会はシステム化された国家領域と市場経済領域とは異なる「生活世界」に属するコミュニケーション的ネットワークによって構成される公的領域である。基本的に、生活世界を植民地化しようとするシステムに対抗する社会領域と想定されている。すでに市民社会モデルの歴史的展開で見たように、古典的なポリス・モデルのように都市国家＝政治共同体と市民社会を同義に捉えるモデルとも区別されるし、また近代の自由主義モデルや社会主義モデルのように、市民社会を「ブルジョア社会」と定義し、国家から自立した経済社会と捉えるモデルとも区別される。ハーバーマスの市民社会概念は、「権力」に媒介された行政システムとも、「貨幣」に媒介された資本主義市場経済とも区別するという意味で、非国

図1　ハーバーマスのシステムと生活世界

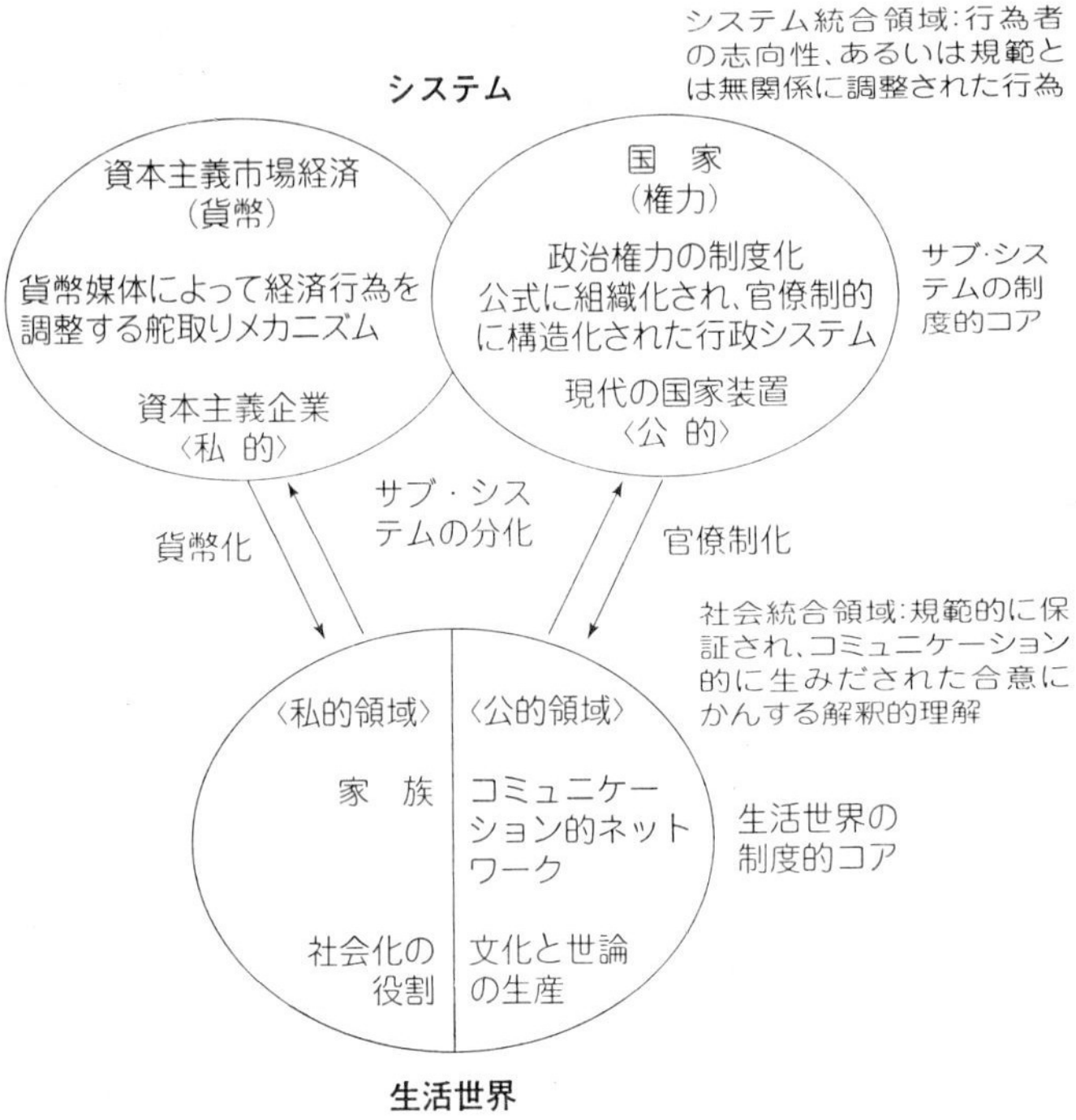

家的・非経済的な領域とされるのである。

今日の新しい市民社会論は、社会主義を名のる政治体制から市民社会を防衛しようとした東中欧の民主化運動の文脈で登場したことが象徴するように、市民社会を人間関係的なネットワークから定義している点に特徴がある。この文脈に即して市民社会論を展開したA・アラトーとJ・コーエンの定義は、「経済と国家との間の社会的相互作用領域であり、親密圏(特に家族)と諸アソシエーション(特に自発的アソシエーション)、社会運動、公的コミュニケーション諸形態の圏域とから成っ

図2　市民社会をめぐる五層モデル

国　家 ―〈政治社会〉―〈市民社会〉―〈経済社会〉― 市場経済

（政党、議会など）　　（企業、組合など）

ている」(19)というものである。彼らは図2に示されるような五層モデルから市民社会を捉えており、国家および市場経済と区別するだけでなく、政党や議会などが構成する「政治社会」および企業や組合などが構成する「経済社会」とも区別している。

こうした定義を、以下に示すM・ウォルツァーの定義と重ね合わせると、今日の新しい市民社会論の問題領域が浮かび上がってこよう。ウォルツァーは市民社会を「非強制的な人間のアソシエーションの空間、また、この空間を満たす（家族、信仰、利害、イデオロギーのために形成された）関係的ネットワークの総称」(20)と定義している。このように、市民社会を国家のみならず市場からも自律した領域と考える点に新しい市民社会論の第一の特徴がある。第二に、市民社会の基本的単位を個人よりも多様なアソシエーションとするような政治的公共空間モデル（モンテスキューからトクヴィルに至る）の影響を受けている。第三に、「連帯」運動や新しい社会運動のような市民運動のイニシアチブを重視する点に特徴がある。また、グローバル経済に対抗する、国境を越えた市民活動を評価する地球市民社会論やグローバルな民主化の潮流のなかでの市民社会の比較研究等もこうした新しい市民社会論の特徴といえよう(21)。

さらに、日本における市民社会の形成と民主主義の深化という政治的課題の視点から新しい市民社会の問題領域を具体的に整理するならば、以下の領域があげられる(22)。

第一に、ボランティア、NPOなどの市民活動領域がある。主要先進国の福祉国家政策の見直しは、財政危機から必然的にあらわれたものであったが、国家官僚制のクライアントとして人びとを受益者化してしまう反省から、能動的な市民が協同していく自律的社会領域が注目をあびている。

第二に、社会的連帯性の領域がある。都市近郊や地域社会に見られる連帯観の希薄化、犯罪発生率の上昇、離婚の増大と家族の崩壊などに見られる社会的連帯性の喪失は、元来保守派の論点であったが、今日では市場や行政システムに対抗するためにコミュニティ（生活共同体）の再生をはかるという文脈で「市民社会」の再生が叫ばれている。コミュニティを基盤とする犯罪の防止、民主的な家族の確立などの争点である。

第三に、「ポスト物質主義」的な価値を追求する「新しい社会運動」の独自の政治への関わり方がある。環境、フェミニズム、地域の自立などアイデンティティに深くかかわる争点を生活の場で表現するために単一争点の市民運動の形態をとる。こうした「日常生活の民主化」は七〇年以降展開し、既成政党が取り扱わない諸価値をかかげた運動として、イデオロギーや利害では理解できない多様な争点を提起している。

第四に、国際的に活動する非政府組織（NGO）などのアクターが作りだすグローバル・ネットワークの領域がある。環境、軍縮、開発などの領域で活動する国際NGOは、インターネットによる「ネティズン」（ネットワーク市民）の登場とも重なって、国際社会においても無視することのできない力を発揮している。国境を越えた地球社会の公益的領域は、「地球市民社会」をめぐる争点として議論され始めている。

5 市民社会と民主主義の再定義

こうした近年の「市民社会」領域への着目は、「民主主義」概念そのものの再定義と深くかかわっている。民主主義はこれまでファシズムや共産主義などの敵対的イデオロギーとの関係で外在的に定義されることが多かった。だが、冷戦構造が保証していた戦後デモクラシーの安定条件が崩壊していくなかで、民主主義それ自体の原理的な問題が明らかになっている。それは、特に民主主義のシステム上の問題として具体的に現れている。

旧ソ連圏諸国におけるポスト共産主義の体制転換プロセスが示すように、民主政への移行期には、民主主義の正当化の様式（共通善＝公益の追求）と個別利害の表出・集約の効率性（システムの機能＝統治能力）との原理的緊張関係が、民主化後の立憲民主政の存続能力をめぐって高まる。移行期の民主化の論理では、正当化の様式がシンボルとして高い価値をもつのに対して、定着期の民主政の論理では、環境の激変に対応し得る政治体制の統治能力が最も重視されるからである。民主政治にはいずれの論理も欠かすことができないものの、現実政治の次元において両立させるのはきわめて困難な課題である。ポスト共産主義諸国の民主主義を中心に議論されている「大統領民主制」と「議会民主制」の関係をめぐる制度論的な議論も、こうした原理的な緊張関係の反映なのである。

民主主義の政治秩序は、市民権力の制度化に向かう「統合」のベクトルと、その制度化のなかに市民権力が埋没し自由が失われないような「解放」のベクトルとの対抗的共存において形成される。統合の契機を強調し、政治権力による統治を進めすぎると人間の自由を奪う全体主義的な支配に近づく。逆に解放の契機を強調し、個人の自由を確保する個人主義を徹底しすぎると共同体の統合が危機に陥る。ルソーはこの民主主義理論上の最大のアポリアを解くべく、独自の人民主権論を展開した際に、政治体の規模の問題を強く意識していた。市民が決定作成に有効に参加する機会はつねに、規模に反比例し、市民の数がふえれば、決定にあずかる平均的市民の共有部分は減少するからである(23)。

民主主義をめぐる原理的問題は、アメリカの民主主義論においても、人民主権と政治的平等に民主主義の本質を見出し、《直接民主政》を志向する「ポピュリズム」の伝統(独立宣言の系譜)と、民主政が「多数者の専制」と化す危険性を回避すべく、規模の拡大と権力の抑制を図る制度的機構を備えた《代議共和政》を志向する「マディソン主義」の伝統(連邦憲法の系譜)とが流れ込んでいる(24)。アメリカ独立革命における連邦主義、権力分立制、抑制と均衡の原則といった制度論的な貢献のみならず、「自由の構成」としての「共和政における新しい立憲主義的権力の構成」を高く評価したアレントの革命論は、この原理的問題を鋭くついている(25)。

アレント自身が、革命期の政治における「憲法制定権力」を、日常期の政治の中心に位置する「制定された権力」=「憲法」のなかに保持していく方法を原理的に解決しているわけでは必ずしもない(26)。しかし、アメリカでは建国期以来のマディソン主義的な民主主義論が、制度論的・立憲主義的な議論に収斂し、民主主義に対するエリートの抑制が結果的にエリート的なリーダー間の競争と交代を軸とした自由民主政の方向に展開するのに対して、一方のポピュリズム的な民主主義論が大衆迎合主義的な危険性をはらむものとして民主主義論の主流からはずれる傾向にあった。市民社会の多様性や政府からの自由を強調するアメリカの文脈で、エリートへの委任にもとづく民主主義の限界を乗り越えていく視点を示したアレントの問題提起は重要な意義をもつ。

ましてや、日本のように「市民社会」の契機が脆弱なうえに、自由民主政が強調されやすい文脈では、アレント的な視点はさらに重要性をもつといえよう。市民自身の参加によって政治権力を作りだすという精神のもとで、具体的な政治制度を通して不断に市民参加の活力を吸収しながら民主政治を維持するという理念こそ、これからの市民政治の核になる。市民に直接かかわる重要な争点について、市民は原理的にはその決定のすべてに参加できなければならない。この原理を実現するには、市民に大きな影響を与える多様な政治形態に市民が広く関与できるような「集団的決定作成の体系」を作りあげることが求められる。住民投票にみられる直接民主制的な試みや新しい市民活動領域の拡大は、この文脈で理解される必要がある。

このように、「市民による統治」という民主政の根源的な要請は、政治領域を「市民社会」の次元にまで拡張し、市民の自律性の原理を基に、市民社会領域と国家領域との「二重の民主化」を追求する(27)。こうした志向性は、むろんポーランド「連帯」運動を中心とした東欧の民主化に刺激されて、近現代の民主主義理論の自由民主政モデルの一定の限界を克服しようとする試みである。つまり、市民社会領域における不平等の変革を中心に据えた政治秩序こそが長期的には正統性を保持できるために、民主政治の深化を求めるには二重の民主化過程を媒介として「市民による統治」を追求する必要があるのである。まだ理論面が先行し、具体的な制度論、組織論への取り組みは始まったばかりであるが、ローカルな次元からグローバルな次元に至るまで、新しい市民社会を基礎に民主主義の深化を求める志向性は広く共有されている(28)。

6 ラディカルな民主主義

こうした市民社会と民主主義をめぐる言説の再興は、すでに述べたように、一九七〇年代以降の東中欧の市民社会論と民主化運動をその起点としている。「西側の知的支配が一般的な状況のなかで、事態は反転して、東欧の市民社会概念が、西側と南側において、とりわけ民主政と民主化の議論の知的流行を呼ぶことになった」(29)のは、驚くべきことであったかもしれない。しかし、皮肉なことに、この新しい市民社会論のルーツは、戦後日本の民主化の試みのなかにすでにその萌芽があったのであり、六〇年安保前後の政治的言説の意味は新しい市民社会論の世界的流行によって逆に照射されているといえよう。

マルクス主義の影響力がきわめて大きかった戦後日本の文脈においては、市民社会とはブルジョア社会として克服されるべき対象と想定される場合が多く、市民社会は否定的な意味合いを帯びることが多かった。つまり市民社会は、事実上、資本主義社会を意味していたため、市民社会の政治的性格が論じられることは少なかった。この市民社会をめぐる問題に新しい地平が開けたのは、戦後民主主義が制度に収斂し、民主主義の運動性があらためて現実政治のなかで問われた六〇年安保前後の政治的言説においてであった。日本の文脈において「市民」あるいは「市民社会」という言葉が、文字通り市民権を得ていく瞬間であった。市民派の哲学者・久野収は「政治的市民の成立」を論じ、「市民社会」について次のように定義している(30)。

日本の国家の底に、いろいろなシビル・ソサエティスがしっかりと腰をおろさなければ、日本の政治はいつまでたっても、決して国民の共有財産にならないだろう。私はいまそう感じている。シビル・ソサエティスなどといえば、それは〝市民社会〟のことじゃないか、資本主義社会をいいかえただけにすぎないんじゃないか、そんな考え方こそ歴史の時計をうしろにまわす反動だ、いま大切なエネルギーは市民などというとぼけた名前でくくられてはかなわない、大切なのは人民であり、被圧迫大衆であり、労働者階級だ、ばかもやすみやすみいえ、といわれるだろう。すでにそういう反撃が各所で火をふきはじめている。

私はそれらの人々の説をまちがいだというのではない。しかしシビル・ソサエティスという言葉の裏側には、人間が社会を通じて自分をシビル(文明)にしていく側面、人間が自分自身をシビライズ(文明化)する側面がふくまれている。シビルという言葉は、ミリタリー(権力的、命令的)という言葉に対立し、人間がグループを組む場合に権力や命令をできるだけ基礎におかない態度を意味する。社会をうごかす力は権力や命令ではなく、相談であり、共同決議であるという信念をいかした社会、それがシビル・ソサエティスという意味である。だからシビル・ソサエティスは、〝市民社会〟と訳されるだけでは不十分であって、同時に〝文明社会〟とも訳されなければならない。

久野は、市民社会と資本主義社会との概念的相違を明確にし、さらに文明社会としての市民社会をミリタリーな社会から区別している。権力的な社会でもなく、ブルジョア的な社会でもない社会、すなわち「社会をうごかす力は権力や命令ではなく、相談であり、共同決議であるという信念をいかした社会」を〝文明社会〟としての市民社会としている。その場合に、久野は、「職業者としての市民」と「生活者としての市民」を識別し、「職域を文明化する職能集団」の方向と「生活地域を文明化する機能をもった居住地組織」の方向と、「この両方向をつなぐ根本的な生き方の問題を文明化する信仰集団」の三つの方向に、〝文明社会〟としての市民社会の可能性を見ているのである(31)。

また、同時期に政治学者の丸山眞男は、「市民社会」という言葉をあえて使用していないものの、「ラディカルな民主主義」論の方向性から今日の新しい市民社会論とパラレルな議論を展開していた。トクヴィルやJ・S・ミルの言う「多数の専制」を懸念していた丸山は、大衆社会状況を克服する道を「永久革命としての民主主義」に求めている。「現代日本の知的世界に切実に不足し、もっとも要求されるのは、ラディカルな(根底的な)精神的貴族主義がラディカルな民主主義と内面的に結びつくことではないか」(32)と論じる丸山は、民主主義をすでにできあがった特定の体制と排他的に結びつけ、戦後民主主義を「虚妄」として葬り去ろうとするような傾向を批判した。丸山は民主主義を次のように暫定的に定義している(33)。

民主主義というものは、人民が本来制度の自己目的化——物神化——を不断に警戒し、制度の現実の働き方を絶えず監視し批判する姿勢によって、はじめて生きたものとなりうるのです。それは民主主義という名の制度全体についてなによりあてはまる。つまり自由と同じように、不断の民主化によって辛うじて民主主義でありうるような、そうした性格を本質的にもっています。民主主義的思考とは、定義や結論よりもプロセスを重視することだといわれることの、もっとも内奥の意味がそこにあるわけです。

こうした「ラディカルな民主主義」論が次のような「ラディカルな精神的貴族主義」と結びつく時、丸山の市民社会論的なパースペクティブが浮かび上がってくる。

非政治的な目的をもった自主的結社が、まさにその立地から、政治を含めた時代の重要な課題に対して、不断に批判していく伝統が根付くところに、はじめて政治主義か文化主義かといった二者択一の思想習慣が打破され、非政治的領域から発する政治的発言という近代市民の日常的なモラルが育っていくことが期待される(34)。

丸山は、「理念としての民主主義」が「運動としての民主主義」に宿り、「制度としての民主主義」の限界を乗り越えていく側面――六〇年安保の文脈では、硬直化した議会制民主主義（政府過程）に対して、市民の自主的な運動（政治過程）を評価する側面――に民主主義の「永久革命」性をみている(35)。一般市民の「日常的」立場からの「操作的な」政治学を追求した丸山の議論は、市民政治の可能性を探る最良のテキストとなっている。こうした六〇年安保以後、市民運動や市民自治に関する言説は、現実政治との関係のなかで一定の影響力をもった。久野や丸山もかかわった「声なき声の会」を母体とする市民運動は、「ベ平連」（『ベトナムに平和を!!』市民・文化団体連合）等を経て、七〇年代には市民参加・住民参加の流れとなっていく。

東欧の民主化革命においても、全体主義化した共産主義体制が行きづまり、知識人は労働者と協力して「市民社会」を防衛する運動を起こす。その過程で運動がはからずも権力に到達した時、「民主主義」の理念と運動は、憲法、議会、複数政党制などの形で新しい権力を制度化する。この「政体に関する政治」はさらに理念に照らして批判されるというように、民主化のダイナミクスが展開したのである。東欧革命を先導したポーランド「連帯」運動を指導したA・ミフニクが理解していたように、一九八九年東欧革命をめぐる一連の体制変動は、丸山の言う「ラディカルな民主主義」論の見事な実証となっている。

イギリスの政治学者J・キーンは、戦後日本の市民社会論に着目し、今日の新しい市民社会論の第一局面に位置付けているが(36)、彼が着目する内田義彦、平田清明らによるマルクス主義的な独自の市民社会論以上に、久野や丸山の「市民社会論」が東中欧の市民社会論と通底するのは、久野や丸山の市民社会論が民主化運動の文脈のなかで実践的に展開されているからである。「連帯」運動が登場した時に、藤田省三がいちはやくこの運動に着目し、その独自の「市民」論を展開したこと(37)は、この関係を裏書きしている。市民社会概念の復興は、きわめて実践的な性格が強いだけでなく、政治的なものの領域を拡大したところにも大きな意味がある。つまり、非政治的人間（=非職業的政治参加者）の〝政治参加〟という問題である。

7 政治参加とリーダーシップの均衡

冷戦構造が崩壊した九〇年代に入って、日本政治も自民党一党支配からの脱却が求められた。戦後日本の経済成長至上主義のもとに形成されていた政官財の大連合としての「五五年体制」においては、野党勢力も「抵抗勢力」としてその一翼に組み込まれていた。九〇年代以降、「包括政党」としての自民党が社会的基盤の変化によってその「包括」性を弱めていったし、八〇年代に進行したネオ・コーポラティズム（新職能代表制）型の政策決定機構によって国民代表の決定機構としての国会の役割が相対的に低下していた点、および本来の対抗勢力としての役割が期待されていた社会党が自己変革に失敗し「万年野党」化していた点などが指摘できる。

こうした政治過程では、議会の影響力が相対的に低下し、政策決定機構と有権者の距離が限りなく乖離することになる。民主主義的な政治回路の機能不全は、「国民代表」という虚構を暴き、利益政治の側面を全面に押しだすことになる。それでも、国民代表という虚構が疑われなかったのは、こうした自民党一党支配が有権者の総中流意識と適合していたからであろう。しかし、現実にはバブル崩壊による社会的同質性の消滅、財政資源の枯渇のなかで、利益抽出システムとしての代表民主制は限界に直面している。われわれは、自己統治システムとしての議会制民主主義の再生をはかるためにも、自立的市民社会の決定作成システムと議会制民主主義との役割分担を考えなければならないのである。

このような文脈において、的確な意思決定を果断に行うことを誰が支えるかという問いをあらためて考える必要がある。問題設定と選択肢をある程度絞り込む作業に関しては、職業政治家による指導力の発揮が不可欠である。下からの参加とリーダーシップの均衡をいかに図るかという問題は、民主政治にとっての永遠の課題である。この点で情報公開と住民参加を機軸にした地域経営を進めるいくつかの自治体の実験が注目される。

宮城県、三重県、高知県などではリーダーシップと住民参加との結合に関する興味深い実験が行われつつある。そこでは、自己統治能力を持つ住民の参加と首長のリーダーシップとが緊張関係をはらみながら協力することによって、財政健全化や福祉の基盤作りなどの難問への対応が図られている。両者の間をつなぐのが、政策に関する情報開示である。的確な情報さえ与えられれば、住民は自らの問題として地域政策に関して考え、決定を下す能力を持つというのが、新しいリーダーシップの前提である。リーダーシップは、官僚の隠蔽体質を打破し、住民が直面する地域の問題状況を切開するところにこそ発揮される。こうしたリーダーシップがこれからの日本で主流となっていくか、予断を許さない。しかし、参加とリーダーシップに関する新たな実験が、二一世紀における民主主義の可能性を示していることも確かである。

おわりに――新しい市民社会の世紀のために

世界的な民主化の潮流のなかで、日本の民主政も再民主化の時期を迎えている。グローバル化の進行は日本型システムの機能不全を招いており、日本の民主政のバージョンアップは緊急の課題である。この再民主化を推進する力は、新しい市民社会の問題領域で指摘した動向であろう。

現代日本社会においては、平等神話の崩壊につれて、家族、共同体、国家などかつて個人のアイデンティティを保証していた集合的アイデンティティの供給源の力が弱まっている。そこからもたらされる個人化のポテンシャルこそが、逆に新しい市民社会の展望を切り拓いている。こうした個人化の動向が世代間、階層間、地域間、ジェンダー間の対立をも加速化させると同時に、他方で環境保護やフェミニズム、在日外国人の権利を認める運動のネットワーク、住民投票やNPOといった市民活動領域の活性化とも結びついているからである。新しい市民社会と再民主化の世紀にあっては、多元的・複合的な価値の承認のうえに民主主義的な市民権を定義していくべきであろう。

こうした変化はローカルなレベルでは、市民の自己決定の試みとして実現されつつあるのに対して、ナショナルなレベルでは明確な政策対立軸ですら形成できていない。むしろ、冷戦後世界のようにイデオロギー対立が相対化されている状況では、明確な対立軸が形成されず、政策争点ごとの違いにならざるを得ない。有権者レベルでみるならば、政策争点による対立の構図は、伝統的な「行政依存的」有権者に対する、「自立的」有権者の存在から描かれる。「自立的」有権者は都市部に多く、この潜在的市場に訴える政党が求められている。その意味で、政治改革の主要課題として、民主主義の活性化をはかり市民の政治的自由を増進させるという観点から、民主主義の再設計を行う必要がある(38)。

〔本稿は、山口二郎、川原彰、小林良彰、杉田敦「日本の再民主化を！――政治の再生のために」『世界』六八二号（二〇〇〇年一二月）の二章「民主主義の再定義」（川原担当部分）を基に、全面的に加筆修正したものであることをお断りしておきたい。新しい市民社会論と日本政治との関係について、山口二郎氏から有益なコメントを頂いたことを記して感謝したい。〕

11 世界政治と市民

［現代コスモポリタニズムの位相］

1　殺し合う「市民」／グローバルな「全体主義」

現在、市民政治を語るうえで、歴史的に二つの単純な事実を確認しておく必要がある。ひとつは、民主政が誕生した古代ギリシアより、「市民」はまず兵士であったこと。少なくとも他国の「市民」との殺し合いをかならずしも否定してこなかった（ときにそれは「市民」の条件でもあった）という事実。ふたつ目は、自覚的か否かを問わず、「市民」が「市民」以外の人間（それはたとえば、奴隷であり、移住者であり、異教徒であり、子供であり、女性であった）を構造的に排除・抑圧してきたという事実である(1)。

この単純な二つの事実は、これまで市民政治の限界を論じる無数の政治理論がかたちを変えつつも繰り返し問題化してきた争点であるが、それのみならず、切実な現実的問題として今日われわれの前に立ちはだかっている。一九八〇年代、ヨーロッパで「市民社会」は、暴力を構造化する国家に対して闘いを挑んだ(2)。前世紀の後半を彩った「冷戦」構造は、少なくともヨーロッパではその足もとから瓦解した。しかし九十年代以降、「市民社会」は世界のいたるところでまさに戦いの舞台となった。"civil war"(内戦)は文字通り、「市民」が「市民」に対して牙をむくホッブズ的な戦争であるが、実際に血が流れる現場を離れたとしても、現在「市民社会」は、「市民」同士がその地位や生き残りをめぐって熾烈な争いを展開する政治的闘技場としても理解できるかもしれない(3)。

あえて、惨憺たる現実を凝視することからはじめたい。一般に「地域紛争」と呼ばれるミクロな殺し合いがなぜ「持続可能」であるのかということについてである。もちろん、これら紛争がときに「アイデンティティ紛争」と呼ばれるように、その背景に根ざす紛争当事者の「アイデンティティ・クライシス」の問題を見逃すわけにはいかない。「グローバル化」は、国家であれ市民社会であれ、既存の政治的・文化的な共同性を侵食し、再編成を迫るが、しかしそれによって既存の秩序から解き放たれた(あるいは追放された)多くの人びとは、一気にグローバルな商業主義的世界に投げだされる一方、その世界からは差別され、排除されてしまう。高らかに唱えられる文化的多元主義の抽象的な理念や法は、真の弱者には適用されず、世界や国家の建前は欺瞞に満ちている。むしろ文化的寛容の装いのなかで、新たな隔離と差別が進行している。それら二重に排除された人びとのなかで、事実上貧富の格差を拡大する新時代の帝国主義に対抗するべく、民族(あるいは部族)の誇りや団結、伝統といった血の通った価

図　新しい戦争における物資の流れ

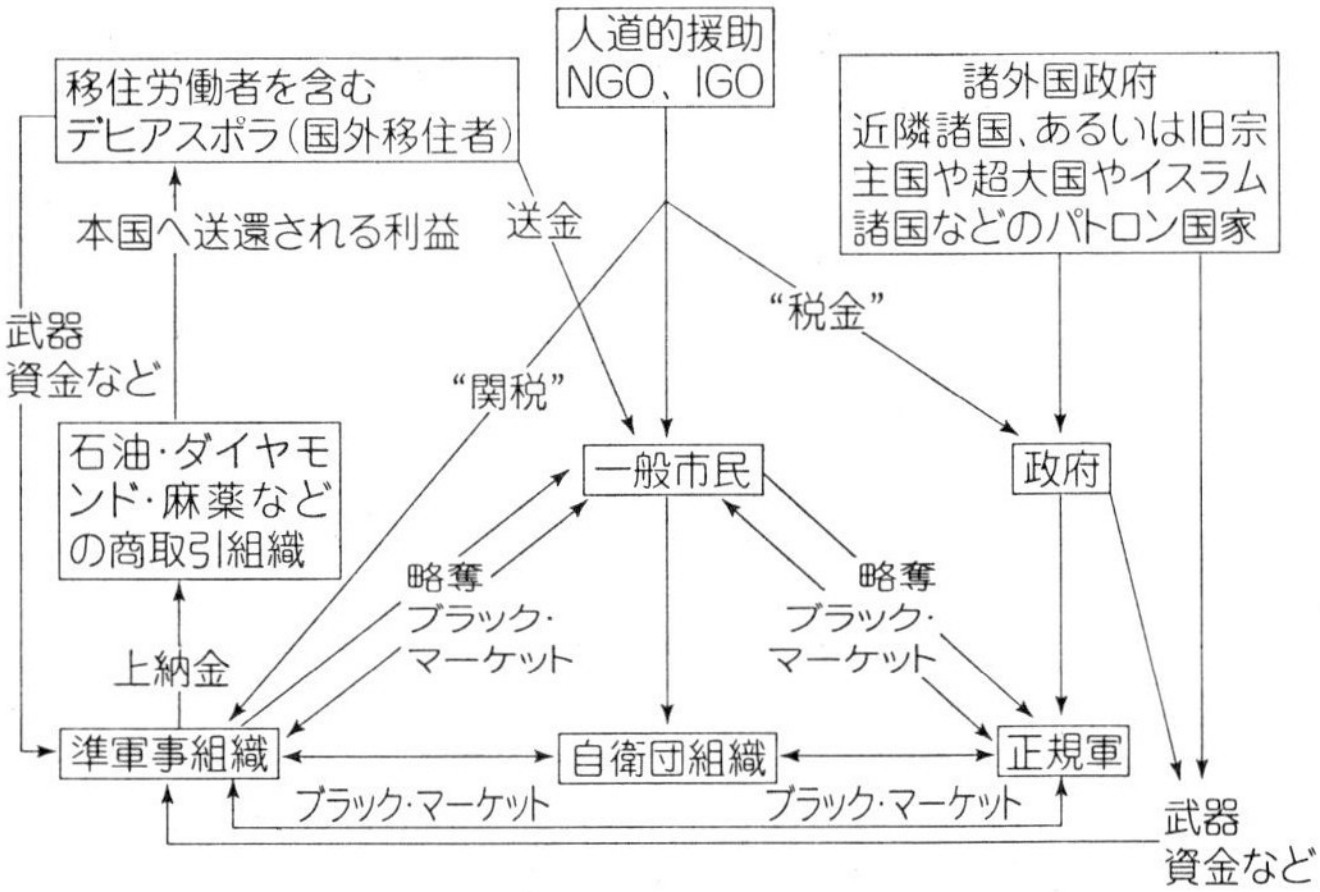

出典：Mary Kaldor, *New and Old Wars*, Stanford University Press, 1999, p.105.

値に身を寄せ、あるいは銃をとる者があらわれたとしても、それを軽々に非難することはできない。

しかし、さらに論及されなければならないのは、その銃口が向けられるのが、多くはかつては同じ「市民」として生活を共有していた隣人同士であるということ、さらには、これら「尊厳」をかけた「市民」同士の殺し合いで唯一潤うことができるのは、新たに組織化されつつあるグローバルな「戦争経済」でしかないという、まさにその〈構造〉についてである。かつての「軍産複合体」よりもさらに多元化し、脱国境化したこの新たな「戦争経済」の実態を分析し、詳細に論述することは別稿にゆずるとしても(4)、地域紛争をささえているのが、国際機関およびNGOの人道援助や「市民」的慈善物資、さらには麻薬やコカイン栽培などのブラック・マーケットまでをネットワークする新たな世界経済のしくみであることは明記しておきたい(5)。

その意味で、現代世界に生きる「市民」とは、すでにどっぷりとグローバルな戦争経済のなかに組み込まれてしまった「市民」である。経済活動における民需部門と軍需部門との境界は、限りなく曖昧になっている。戦争が世界化しているだけでなく、世界が戦争化している。このように、戦争の目的が「一般的な生活水準を引き上げずに工場製品を消耗すること」となり、「真の恒久平和は恒久戦争と同じだ」という転倒した世界は、すでにそのままG・オーウェルの『一九八四年』の世界にほかならないが(6)、二十一世紀の入り口に立って、再び同書の細部を読みなおしたときに誰もがそのリアリティに戦慄を覚えるのは、現代世界がまさにそういったグローバルな「全体主義」世界へと向かいつつあることを示唆しているように思えるからである。

以下、このグローバルな「全体主義」化のプロセスで、今後市民政治がどのように定立できるのか、それを考えたいと思う。「グローバル化」のなかで戦う（戦わされる）「市民」が、お互いに戦うのではなく、なんとか共生してゆくための条件はなんだろうか。グローバルな「全体主義」に対抗する「グローバルな市民社会」ははたして可能なのか。「グローバル化」のなかで市民的アイデンティティはどこに向かっているのか。そして、来るべき市民政治はどのような新たな闘いの方法を見出すべきなのか。これらの問いに関して、雑駁ではあっても、暫定的な手がかりを探ってみたい。

2　エリートの反逆

「市民」ということばが歴史的・地理的に孕む多様な意味のベクトルを取りだし、相互に比較して再検討することは、「グローバル化」時代の政治学に要請された主要な知的テーマのひとつであるが、それと同時に、現在こういった「市民」概念の再定義に関する問題はすぐれて政治的な意味を帯びている。端的に言って、「市民」の意味をめぐるディスコース・ポリティクスが噴出する背景には、「グローバル化」にともなって「市民」概念もまた世界中のいたるところで分裂・動揺しているという現実がある。

ここでもし「市民」の本質を極度に限定し、おもに私有財産や市場経済の主体としての「市民」だけを強調するのだとすれば、「グローバル化」とは、グローバルな市場経済の新しい主体としての「市民」の誕生を意味するのかもしれない。しかし他方で、こういったネオ・リベラルな「市民」定義の排他性を明らかにし、「市民」の本質を経済合理的な個人というよりむしろ、ある種の共同性や結合性のなかに見出すのだとすれば、既存の集団や社会そのものを破壊する「グローバル化」とは、「市民」概念そのものをも危機にさらしていると考えることができる。

近年の「グローバリゼーション」研究においても明らかなように、世界の同質化の進行と異質化（エスニック化）へのモメンタムは表裏一体のものである。「グローバル化」は、これまで意味や価値を供給してきた種々の共同社会を相対化するものの、それ自体一定の意味をもたらさない。その結果、A・

メルッチ（Alberto Melucci）が指摘するように、「高度に差異化された複合社会に典型的な生活様式への関わりが増大するにつれて、人々は生存の痛みにさらされる」こととなる(7)。共同社会や集団に固有な意味の供給源が枯渇するにつれて、個人は不確実性と複雑性の世界へと投げだされる。世界と個人との距離が狭まり、世界政治における個人の領域がさらに大きく析出するのだが、これがまたさまざまな新しいアイデンティティ政治を生起させる背景にもなっている。いずれにせよ、現代におけるアイデンティティ政治の実相は、グローバルな政治的文脈のなかでしか十分に把握することができなくなっている。

このように、現代の世界政治において、もし「グローバル化」と「個人化」(individuation)(8)という二つの趨勢（プロセス）が同じ現象のコロラリーであるとすれば、近年、市民運動の現場やマスメディア等で盛んに用いられるようになった「コスモポリタニズム」や「地球市民」ということばをいかに理解すればよいのだろうか。あるいはその背後に、共同性を喪失した「個人化」の哲学を色濃く共有していると見るべきなのだろうか。

ふりかえってみれば、「コスモポリタニズム」の思想はその起源より「脱政治的」であった。「コスモポリス」の思想は、紀元前四世紀から三世紀頃に、新たな帝国が台頭するのと並行して、それまでの国家（ポリス）や政治生活へのシニシズムが広がり、市民的な徳や市民権（citizenship）の意味内容が動揺するなかから生みだされてきた。概念形成過程で中心的な役割をはたしたストア派の哲学において、それは、現実政治の正当化や変革というより、むしろ個人の生活態度における内面的指向性を意味していた。D・ヒーター(Derek Heater)が、そのコスモポリタニズムの思想史的研究において強調するように、歴史上幾度となく復活をはたしてきたこの概念は、その始まりにおいては基本的に個人の政治的共同体(国家)への関与の希薄化を意味した(9)。

ひるがえって、現代の「コスモポリタニズム」の諸相もまた、「公共性の喪失」との関連で語られる。ここで具体的に思い浮かぶのは、国境を股にかけて活動する政治的・経済的エリートたちの姿である。これら移動性に富み、自国の束縛から自由になった新しいコスモポリタンたち(たとえば多国籍企業のビジネスマンや、種々のテクノクラート、専門家たち、あるいは群れをなす観光客)は、かならずしもその影響力に見合った世界への責任感に満ちているわけではない。この「現代のディオゲネス」たちの実態を近年最も鋭く描きだしたC・ラッシュ(Christopher Lasch)は、現代にあって民主主義や市民的公共性を破壊しているのは、かつてオルテガが恐れた大衆ではなく、むしろ新しいエリートたちであると説く。彼の指摘は、現代アメリカ社会批判の文脈で語られてはいるものの、現在の「コスモポリタニズム」が孕む影の側面を的確に照らしだしている。

さらに、このような脱国境化が結果的にもたらす世界は、B・R・バーバー(Benjamin R. Barber)が「マックワールド」と呼ぶような、利潤追求を第一義とする、商業主義と大衆消費文化の世界にほかならないのではないか。そして、この経済的な全体主義社会からは、市民的な公共性や政治的連帯は生まれえないどころか、世界はどんどんと分極化を極めており、むしろ「世論のバルカン化」が進行することになる。そもそも現代の世界で、「世界」という枠組みで認識や行動が可能なのは「先進国」の政府や市民にほかならず、国境を超えて個人がネットワークを形成することが可能になるための条件は、いまだ圧倒的に豊かな地域に偏在している。さらに、この国際的エリートによるネットワークは、せいぜいエリートの間の知的・文化的交流にすぎないか、時には現在の「新重商主義」（S・ギル）を維持・強化するべく機能しているとさえいえるだろう(10)。

このように、「グローバル化」は、恒常的に政治の個人化を促す条件を提供し、その過程で新たな国際的エリートをも生みだすが、彼らが形成する知的世界は同時に「グローバル・アパルトヘイト」（A・リッチモンド）とでも呼べるような、グローバルな全体主義、グローバルな差別構造を促進する世界でもある。「グローバル化」は、第一義的には、世界規模での「政治」の解体現象としてたち現れているのである。

3 現代ナショナリズムの擁護

このような「グローバル化」の現実を前提としてはじめて、現在すでに世界各地で多様な相貌で現れつつある「ナショナリズムのグローバル化」（テッサ・モーリス＝鈴木）の実相をつかみとることができる。ナショナリズムの再興過程については、社会心理のひだに分け入った個々具体的な検証が不可欠であるが、ここでは現在見られるナショナル・アイデンティティ擁護の論理と心理について、比較的重要な論点だけを提示しておきたい。

ナショナル・アイデンティティの擁護はまず、人間が本来備える歴史性の擁護という積極的な意味をともなって現れる。たとえばA・D・スミス（Anthony D. Smith）は、ナショナル・アイデンティティの根拠を人間の社会的・時間的な「生」の本能と結びつける。

ナショナル・アイデンティティはなぜ、かくも偏在的、多面的、浸透的なものなのであろうか。……おそらくナショナル・アイデンティティの機能としてもっとも重要なのは、個人的な忘却という問題にたいして、満足のいく回答をあたえてくれることである。この世では「ネイション」にアイデンティティをいだくことが、死という結末を乗り越え、個人の不死への手段を確保するのにもっとも確実な方法なのである。共産党でさえ、これほどまで決定的な約束はできない(11)。

彼によれば、ナショナル・アイデンティティが地球上で今でも強力な力を保っている理由は、資本主義的階級構造、官僚制、国家間システムの成立といった外的・構造的なもののほかに、子孫を通じた忘却の克服、エスノ・ヒストリーを媒介にした集団的尊厳の回復、儀式や式典を媒介にした「同胞愛」や理想の提供といった、人間の不変の条件に根ざした内面的な諸要素にほかならない。だからこそ、「地球市民」は幻想にすぎない。「グローバルな文化」などは記憶をもたざる構成概念にすぎず、あるいはそれを構成しているナショナルな諸要素に分解してゆくだけである。こうした記憶をもたない「グローバルな文化」をいくら創造しようとしても、その試みはこの壮大なブリコラージュのためにかき集められた民俗的な記憶やアイデンティティが、じつは多数存在することを浮き彫りにするだけである。

彼の議論に見られるヨーロッパ中心主義や「ネイション」概念の恣意性などは批判に値するものの、しかしここで重要なのは、現代において「ナショナルなもの」の擁護とは、彼のようにまず第一に人間の共同的意味空間の再生や擁護、すなわち「政治」の擁護として語られるということである。前述のように、「グローバル化」が無機質で横暴な資本主義システムの拡大であり、なによりも「政治」の切断や破壊であるとすれば、現代ナショナリズムの擁護が、まずもって人間社会の継続性や政治秩序の擁護として語られるのはむしろ自然である。さらに、歴史的共同性としての道徳的・宗教的伝統が、民主主義や国際主義や寛容といったリベラルな諸価値の基盤でもあり、またときに「ネイション」が、「市民たちの共通の共同性」(D・シュナッペール)として市民性を支え、さらに虐げられた民衆にとっては自尊心の源泉でもありうることは、現代の良質な保守主義的政治理論の諸説をまつまでもない。

だが、そういった語り口においては「人間」や「政治」を擁護する思想的ナショナリズムとは別に、現代の「グローバル化」したナショナリズムの多くは、現実の権力政治の函数としてのもうひとつの顔をもっている。いいかえるなら、現代のナショナリズムは「グローバル化」から排斥された「弱者」によるアイデンティティ・ポリティクスというよりむしろ、世界システムの「強者」によるインタレスト・ポリティクスという視角から照らし出すことではじめて、それが現実にもつ政治的機能を把握することができるだろう。そしてここでとくに焦点を当てるべきなのは、「グローバル化」と歩みを合わせ、国家利益と自己利益を一致させようとする、一見エレガントな「ナショナリズム」の諸言説である。

「グローバル化」した不確実な世界のなかで、少なくとも自分たちの既得権益だけは維持したいと願う〈既得権益共同体〉が唱える「ナショナリズム」の心理構造はじつは単純である。もちろんそれは、表面上さまざまな意匠をともなって現れる。歴史上のごく限られた情緒的な争点を都合よく引きずりだし、即席の勇ましい愛国心や精神性を演出しようとするものもある。あるいは「地球市民」の虚構性と分離主義的アイデンティティの不毛性の両者を克服すべきものとして、ふたたび近代国家の合理性をアカデミックに謳いあげようとするものもある。しかしいずれにせよ、それらありあわせの歴史や理論の背後に、「自己利益の不安」という共通した合言葉がこだまするのを聞きとげることはそれほど難しくはない。それは、この〈既得権益共同体〉を保守しようとするインテリや政治家が本当に愛しているのが、じつは民族的精神や文化的伝統でもなんでもなく（それらの象徴はたんに利用されるだけであり）、本当はただ自己利益を正当化する機構やしくみでしかないということにも現れている。

現代の政治的エリートに広く見られるこういった機構や制度への過度の心理的依存がもたらす「ナショナリズム」は、当然のことながら、自国以外の世界に息づく（自国内も含めた）他民族や他文化のみならず、時には自国民の文化に対しても冷淡かつ無関心、時に攻撃的である。かれらが演出する文化的な相対主義は、じつは文化への根源的な無関心にほかならないのであり、こういった自由主義的市場経済の維持存続と「強い国家」とが両立することによって少なからず利益を得ることのできる人びとの教義とは、その悲しい必然として、経済的ネオ・リベラリズムと政治におけるネオ・リアリズムとのアマルガムでしかない。そして、たとえば「普通の国家」や「国家安全保障」などのかけ声に押し流され、方向性のない既得権益の怪物としての国家に重層的に寄りかかろうとする豊かな国の民衆も、むろんそれに加担しているといえるのである。

歴史的に見ても、文化的に根無し草であったインター・ナショナリズムやコスモポリタニズムの主張は、繰り返しその後の民族戦争の時代にとってかわられたのだが、その一方で、国民的共同性を根拠にする「ナショナル・ヒューマニズム」（鵜飼哲）の思想もまたつねに「国家」によって変形・利用され、その同じ民族の名における人間や文化の抑圧、弱者や少数者の排除の歴史を生みだしてきた。現代政治の問題は、共同性と倫理とのふたつの原理がつねに国境をはさんで葛藤するのであり、「国家理性」や「国民国家」、「古典外交」などの近代的政治原理にただ回帰するだけでは出口は見えてこない(12)。

4 「地球市民社会」の隘路

ところで、現代の「市民」が同時に「故郷喪失者」でもあるとすれば、それは一方で、前述のような絶えざる「個人化」プロセスの結果として「市民」が共同性を喪失し大衆化するという内的な意味においてであると同時に、さらには、「市民」が文字通り定住する土地や故郷を離れ、時に国境を越えて移動するという外的・空間的な意味も含まれている。この〈現代の「市民」は移動する〉という単純な事実は、現代の市民政治の理論が、前述のような地球を自由に移動する新しいエリートの存在だけでなく、たとえば不本意に国を追われる難民や亡命者、あるいは生活のために国境を越える移民労働者などの現実をも視野に入れなければならないことを意味している。そしてこの「市民」の包摂／排除をめぐる現実的かつ深刻な問題は、現在の政治理論においては〈人権〉あるいは〈市民権〉概念の問い直しというかたちでも議論されるようになった。この生きる場所を失った（あるいは奪われた）多くの「市民」の存在は、「市民と国民のあいだ」に現在、世界のいたるところで明確に乖離が生じつつあること、そして「政治的なもの」の思考がいやおうなしに国境を横断した場において営まれなければならなくなったことを示している。

もっとも、グローバルなレベルで何らかの「共同性」を志向したとしても、このようにせいぜいグローバルな規模で展開するネガティヴな問題群や危機の数々を見るだけであろう。今日「地球社会」とは、なによりもまず第一にグローバルな市場主義経済がもたらす諸問題や地球環境問題といった「グローバルな危険社会」（U・ベック）という意味において存在する。そもそも二十世紀の中頃に、このことばどおりの意味で「地球社会」を出現させたのは、軍事技術としての核兵器であった。

しかし、たとえばE・モラン（Edgar Morin）も指摘するように、「現在あるすべての無秩序と危機は、過去の歴史的無秩序と危機の連続であるが、現在の無秩序はその地球的性格のゆえに過去のそれに還元することはできない」(13)のであり、それは「地球的人類の出現」という質的にまったく新しい歴史的次元をもたらしているのかもしれない。「地球社会」がこのようにたとえ「グローバルな危機」から他律的に生成するとしても、これがあるいは、一部の良心的なエリートたちによる地球的な責務の自覚と国境を越えた新たな倫理的共同性の創出の契機となるかもしれない。たとえば、「グローバル・ガバナンス委員会」(14)による「世界全体を代表するリーダーシップ」という宣言はその典型例である。かれらは普遍的な人権思想にもとづき、「人々の安全保障」や「国際法の強化」といった積極的な提言を発信し、国連を中心とした人材や組織のネットワークによる「地球統治」(global governance)(15)を構想する。かれらの提言内容はあるいは性急で具体性に欠けるものの、明らかにひとつの可能性を示している。この試みで注目されるべきなのは、「グローバルな危機」の意識を共有した各種国際機関や政府の要人、良心的な専門家たちが、なによりも個人的な人間関係から国際的に連帯し、世界中の「隣人たち」(neighbourhood)について考える場をつくりあげようとしている点である。先験的な「社会」を想定できない国際社会において「地球市民社会」(R・フォーク)がありうるとすれば、こういった新たな倫理観や法的諸権利としての〈人権〉思想によって個々人が結びついたグローバルな「市民的公共性」の生成を意味するのかもしれない。

だが、ナショナリズムの病理を根絶し、ふつうの民衆が国家を横断して相互に政治的意味空間を共有する新たな「共同性」としての「地球市民社会」は、依然として確立しているとはいえない。それはなによりも、〈人権〉という近代的普遍原理の内容そのものが政治紛争の契機となっているという現実からも理解できる。極端な例として、「人道的介入」、すなわち人道の名における武力行使の問題は、普遍的な正義の呼びかけが、特定の政治的文脈ではむしろ剥き出しの世界的な暴力になりはててしまうことを証明した。「地球市民社会」の普遍性が、上からの「ガバナンス(統治/問題解決)」の論理に収斂していった場合、ともすれば地球レベルでの新たな差別や排除を生みだしてしまう可能性もでてくる。

「地球市民社会」はかならずしも地球レベルでのデモクラシーを保証しないのである。

ここではただ、一般に民主主義というものが、それを可能にするような「市民権」が成立するための共通文化や生活習慣、市民宗教を前提としているという歴史的な事実を確認しておきたい。そしてもしそうだとすれば、「グローバル・デモクラシー」の構想もまた「グローバルな市民文化」を前提としなければならない。しかし現段階で、その具体的な内容を特定することはできない。現在普遍化されつつある〈人権〉概念そのものも、日々構成されつつある論争的概念であり(16)、さらにそれが現実に機能できるのも、じつはその実質的根拠を依然として特定の伝統や歴史的経験、あるいはそれぞれの固有な文化的資源から調達できるからなのである。

5 「政治的コスモポリタニズム」の構想

グローバルに広がる新たな「共同性」をイメージする際に、それがいかなる合理性や理性に貫かれたものであっても、(いや、だからこそ)「一世界型共同性」を前提とすることは危険である。むしろ相対化できない無数の歴史的・文化的次元に着目すれば、たとえば〈市民権〉概念は、単一であることをやめて「多元的市民権」(D・ヒーター)へとその内容を豊富化していけるかもしれない。また〈人権〉概念も一色であることをやめて、たとえば「人権の虹へ」(J・ガルトゥング)と導かれていくかもしれない。これら非決定型のアプローチは、固有の伝統や個別性のなかにむしろ沈潜することによって普遍のことばを探しだそうとする。しかしこれに対して、世界秩序の将来像を大胆に定義しようとする言説のなかには、「文化」を語りつつもじつは現実に息づく文化の存在をあえて軽視する事例が多く見受けられる。たとえば「文明の衝突」論は、「文化」と「文明」概念とが混同され、「文化」概念がたんなる戦争や紛争の下位概念に押しこめられてしまっているが、このことはまた、政治から文化やアイデンティティが体よく脱色・隔離され、安易な静態的世界像を描くだけの一連の言説――「歴史の終焉」、「新しい中世」、「新しい帝国秩序」、「近代化文明の誕生」など――にも当てはまる。

このようないわば表層的な普遍主義を回避し、各文化が相互に展開する無限定で多元的な葛藤、生々しい矛盾の現実に眼を向けることは、かならずしも政治秩序についてのペシミズムをもたらすわけではないだろう。このことはまた、市民政治の文脈では、「市民」や「市民社会」の内側にも同様に多様な摩擦や紛争を認め、むしろそのなかに新しい市民政治の萌芽を見ていこうとする試みの可能性を開くかもしれない。無数の社会の障壁をとりはらってしまう「グローバル化」がもたらす政治的な帰結は、もちろんさしあたってはネガティブな様相を呈するかもしれないが、あらかじめその方向性を定められているわけではなく、その社会の「どろどろとした液体性」(丸山眞男)を帯びた状況に、種々の方向へのダイナミックな可能性も潜在している。その際「市民」とは、個別的な政治状況のなかで新たな規範が生成する過程で現れるアドホックなレレバント・コミュニティの主体として位置づけ直されるだろう。その意味では、「市民的アイデンティティ」とは、従来の意味に加えて、その偶然性や転生をも含みいれた重層的・構成的(再帰的)・闘争的アイデンティティとしてとらえ直すことができる。

前述したA・メルッチは、「今日、アイデンティティは、あらかじめ与えられた固有の諸特徴というよりむしろ、われわれの意識的活動の産物、あるいは自己省察の結果である」(17)と述べ、固定的なニュアンスを与えるアイデンティティということばのかわりに「アイデンティティ化」(identization)という概念を提示している。そして、この「多元的自己」がむしろ、自己の活動が自己を形成するという再帰性の自覚をもつがゆえに、「責任」の論理をも生みだす可能性がある点を指摘する。先に触れた「地球環境問題」も、それが表面的な目に見える公害の規模などではなく、長期的に個々人のリアリティに関わる文化的・社会的認識そのものの変化(「内なる惑星」の自覚化)を意味するとすれば、あるいは未来の「コスミック・ソリダリティ(全宇宙的連帯)」(J・デューイ)や「エコロジカル・デモクラシー」(J・デュライゼク)へのひとつの礎石となるかもしれない。

しかし、またそういった「至高の感受性」は、すでに二十世紀に逆説的なかたちで生成していたことはいうまでもない。アウシュヴィッツ・ヒロシマ・ミナマタ・チェルノブイリ……などカタカナの地名で記憶される経験は、いやおうなく〈人間〉という次元を浮上させた。「人間をかえせ」あるいは「人間の人間化」ということばに現れる〈人間〉という次元は、もはや現代政治学の基礎概念である。それゆえ、高畠通敏がいちはやく指摘したように、「非人間的」な世界を新たな力で変えていこうとする現代の「新しい社会運動」が依拠するのも、やはり〈人間〉という新しい「共同性」の次元にほかならないのである。

運動が、理念型的にいえば、他者に賦与したり取引きしたりすべき〈社会的価値〉をもたない民衆の世界から発するものとするならば、それが依拠する力は、基本的にそのような意味での価値や資源ではありえない。それは、本来的に、近代社会における権力秩序を形づくってきた零和的希少価値とは別な根拠から組み立てられなければならないのである。その根拠とは、すなわち〈人間〉である。……(18)

このそれだけでは意味をなさないことばが政治化する時代にあって、かつては観念でしかなかった「コスモポリタニズム」の思想もまた、現実の政治的課題として議論されるようになった。この「政治的コスモポリタニズム」(D・ヒーター)の流れはいくつかのタイプに分類することができるが、ここでは、民衆のボランタリーな連帯がときには国境をも横断して拡大し、下から重層的な共同社会をつくりあげる、いわば「民衆的コスモポリタニズム」の可能性に着目してみたい。この「民衆の公共性」は、他者への「寛容」のみならず、人間的な「関心」、すなわち「他者の生命への極限的感受性」(栗原彬)にもとづいている。この他者の苦しみや痛みに素朴に共鳴する人間の連なりは、それ自体無定形で方向性をもたず、脆弱なものにすぎないが、特定のイデオロギーに回収し尽くされることのない開かれたフォーラムを形成する可能性を秘めている。もし仮にグローバルなレベルでも民主主義が追求されなければならなくなっているとすれば、それを支える文化的・感情的基盤はこれら無数の、古くて新しい「民衆的コスモポリタニズム」に多くを負うことになるだろう。

それにしても、このような意味における「コスモポリタニズム」と政治的リアリズムとの節合はそもそも可能なのだろうか。このような「ラジカルな共同体主義」は、グローバルな政治秩序や制度のなかでどのような具体像を描けるのだろうか。だがP・レズニック（Philip Resnick）が言うように、「……十八、十九世紀の理論家と実践家がギリシア都市国家の状況とは全く別の状況で民主政を復活させたように、二十一世紀に向けて、彼らの成果と張り合ってみるのも悪くないはずである」[19]。「グローバル・デモクラシー」という手探りの挑戦は、たとえば東アジアにおいては「従軍慰安婦」問題や「核政治」（atom-politics）[20]、オキナワといったコスモポリティクスの次元が生成しつつある具体的な現実のなかで試され始めたばかりである。

「現代においてグローバルなレベルで民主化を成立させる制度的な条件は何か」ということの課題は、今後も真摯に追求していかなければならない。D・ヘルド（David Held）は、この問いを歴史的に再検討するなかから、民衆政治の自己限定的自律性と既存の政治権力の開放性および平等性との並行的展開（「二重の民主化」）こそがその前提条件であることを理論化した[21]。つまり、現代の「コスモポリタニズム」は、一定の歴史的共同性にもとづき民主的なルールを遵守する「根の生えたコスモポリタニズム」でなければならないが、それと同時に、現在の国家権力（および国際権力）もまた、広範な市民原理によって規制・運用される「市民的国家」へと移行していかなければならないのである。

しかしいずれにせよ、普遍主義や形式倫理の「感情的基礎づけ」、また、コモンセンスと宗教的感情との媒介、そして地球的な「責務」を地球的な「信頼」へと移行させることなど、これらの課題を現実に可能にするのは、無数の具体状況の中に現れる個々の「政治」の働きにほかならない。

6 「オタワ・プロセス」がもつ意味

そこで最後に、一九九七年に「対人地雷全面禁止条約」の成立を実現したいわゆる「オタワ・プロセス」について若干触れておきたい。このできごとは、「NGOの勝利」や「NGOの台頭」といったような、たんに象徴的にNGOを美化するために語られるべきではないし、また逆に「アメリカ外交の躓き」などといった、外交史上のひとつのエピソードとして矮小化して語られるべきでもない。政治的リアリズムの視点からこの「奇跡」の内実をつぶさに見れば、そこには無数のNGOの活動の他に、さまざまな仕事に携わる自律的な〈個人〉、あるいは条約成立のために「中核国」を構成したさまざまな〈国家〉、さらにはEUやOAUなどの地域的〈国際機構〉が織りなした重層的・相互触発的な新しい政治空間の生成が認められるだろう(22)。

まず、この条約が締結されるまでの一連のプロセスのなかで、「対人地雷をこの地上から全廃しなければならない」というそれ自体素朴な呼びかけは、国際的軍縮交渉というすぐれてハイ・ポリティクスな段階に至っても弱められることはなかった。これは政治的妥協が常態である軍縮条約の歴史から見れば異例のことである。そしてこの政治的要求における徹底した「原理主義」を最後まで支えたのが、地雷被害の現場に根ざして活動を展開していた無数のNGOや「市民」の声であった。地雷の存在が民衆の生活基盤を長期にわたって破壊する「緩慢なジェノサイド」にほかならない以上、従来の常識的な「軍縮」ではまったく意味がない。「オタワ条約」成立までの一連のドラマのもっとも基底には、常にこのような切迫した現場感覚や危機意識、人間的感情の地下水脈が潜在し、それぞれの決定的な局面で個個のアクターの重要な政治的決断を促した。あくまで人道的な関心から出発し、あらかじめなんらかの政治的な理念や利益の実現を前提にしていなかったがゆえに、この問題についての国境を越えたゆるやかな共同性をつくりあげ、さらに既存の政治構造に従属しないオルタナティブな政治的回路を切り開くことができた。

事実、九六年に始まるいわゆる「オタワ・プロセス」そのものは、前年秋に開催された特定通常兵器条約（CCW）の再検討会議が、当時地雷規制の唯一の国際的枠組みであったにもかかわらず、「対人地雷の全廃」という目標にとってほとんど機能しないことが自覚されるなかから生みだされた。国際政治の「現実」に対する失望と挫折のなかから、従来の国際的討議プロセスを〈迂回〉し、その〈外側〉に対人地雷の早期禁止のための新たな公的空間をつくりだそうという動きが生まれたのである。新たな活路は、対人地雷禁止に積極的な政府や関係者だけを集めた小さな対話の場を設定することに見出された。この「参加制限制」、あるいは「最小限合意主義」とでも呼べる戦略は、「オタワ・プロセス」を基本的に特徴づける原理となる。しかしこれが後には、当初条約成立に消極的だったイギリスやフランスなどのヨーロッパの大国を巻き込み、最終的に米国のパワー外交をも挫くほどの大きなうねりを生みだした。

このようなＩＣＢＬ（地雷禁止国際キャンペーン）を中心とした下からの動きに呼応し、これを支えたのが、カナダ、オーストリアなどの「ミドルパワー」の外交である。当時のカナダ外相L・アクスウォージー（Lloyd Axworthy）自ら「新しい多元主義外交」と呼ぶように、かれらは人道上の理念や市民的原理に敏感に反応し、それを外交上の威信や広い意味での「国益」に結びつけようとした。これらの国家の関与なしには地雷廃絶を国際社会で「制度化」することはできなかった。つまり「オタワ・プロセス」を可能にしたのは、一方で、対人地雷の脅威や現実を「キャンペーン」や「ロビー活動」によって国際社会の政治的公共圏に争点化し、なおその政治化した争点を全面化（イデオロギー化）せず一定の国際的ルールに準じた問題の解決に自己限定したICBLと、他方で、「人権」や「人間の安全保障」などの市民的諸原理に敏感に対応する開かれた外交を展開したいくつかの主権国家の存在、あるいはその両者の相互補完関係にほかならない。そして、この広い意味での「オタワ・プロセス」を構成した重層的政治空間のいずれの次元においても、それまでの政治制度を横断した下からの自律的な政治空間の形成が見られた。通常の国際的な政策決定プロセスからは疎外されてしまう対人地雷被害者たちの声に事実上の発言権と政治参加の枠組みが付与され、また現場に根ざした個々のNGOも決してたんなるICBLの「下部組織」であったわけではなく、むしろ多くのNGOにとってICBLは活動の一手段と位置づけられていた。また、ICBLと同条約に積極的な国々との「パートナーシップ」も、ときにはむしろ「対抗的分業」とでも呼べる側面が強く、また特に条約締結後には、条約の履行や運用の実質をめぐって再び地雷被害現場からのラジカルな問い直しもなされるようになった。

この条約締結後の問題も含めて、もちろん、問題や矛盾は山積している。地雷原をかかえるベトナムや中東諸国、「地雷大国」の米国・ロシア・中国・インドなどは依然として同条約に加入していない。運動の目的や方向性をめぐるNGO内部の問題も顕在化しつつある。条約の締結は「地雷全廃」に向けた長い道のりのほんの一歩にすぎない。だが、現代の「地球社会」の現実が、たんに専門家や政治家による「政治判断の分業」によっては十分対処できず、問題のありかや選択肢そのものについても常に民衆の「声なき声」が反映されなければならないとすれば、この歴史的経験から学ぶことはきわめて大きい。問われているのは、グローバルな次元における民主的な問題解決能力であり、それを個々の問題に則して柔軟に制度化する政治の力である。

その具体的な力は今後どこから生じてくるのだろうか。「オタワ・プロセス」の経験から言えることは、少なくとも二つある。第一に、国家も、市場も、そしてNGOも、もしその制度的惰性にとどまりつづけるのであれば、来るべき「コスモポリス」を構成することはないだろうということである。そしてもうひとつ、グローバルな「全体主義」が構造化されるなかで「市民」が排除し合い、殺し合わないための平和秩序を創出するためには、今後「市民」は「国際世論」という新たな闘技場において自らの存在証明を果たさなければならないということである。

「声なき声」は、いったいどのようにして世界政治の舞台に現れるのか。現代の「市民」が世界の危機や問題を〈知る〉というのはいったいどういうことなのか。暴力を正当化する「文化的暴力」や「ヘゲモニー」の問題をどのようにして克服できるのか……。これらグローバルに展開する〈正当性〉をめぐる諸問題について、いまだ明確な展望は得られていない。しかし、歴史的に新しいデモクラシーはつねに新しいコミュニケーション手段を生みだしてきたのであり、それはどこまでも、今後のわたしたちの自由な選択と行動によって構成される「政治」の性質にかかわる問題なのである。

註

【第1章】

（1）この文章は、もともと、二〇〇一年一月一三日、東京大学で行われた国際シンポジウム「グローバライゼイションの時代における市民社会 Civil Society in the Age of Globalization」で行われた報告（英文）として書かれた。その後、若干の修正を経て、「思想」（二〇〇一年五月号）に日本語訳が掲載された。ここに収録されるに際して、さらに若干の文章表現の修正がなされている。

（2）John Keane, *Civil Society—Old Images, New Visions*, 1998, Polity Press.

（3）*ibid.*, pp. 12 and ff.

（4）e.g. Terell Carver, Shin Chiba, Reiji Matsumoto, James Martin, Bob Jessop, Fumio Iida & Atushi Sugita, "'Civil Society' in Japanese Politics: Implication for Contemporary Political Research", European Journal of Political Research 37, 2000. Reiji Matsumoto, "From Academic Esoterism to Democratic Symbolism", paper on GPR/JPSA Joint Project Conference at Stockholm, 23-36 March, 2000. Reiji Matsumoto, "Civil Society Discourse in Postwar Japan: A Historical Reappraisal", paper on ECPR Research session at Sandbjerg Course Estate (Aarhus University, Denmark), September, 1998.

Shin Chiba, "New Civil Society Argument and Radical Democracy—A Japanese Perspective", paper on ECPR Research Sessions, Denmark, September 24-27, 1998. Atsushi Sugita, "Constitutional Reform and Civil Society in Japan, paper on IPSA Conference session on "Globalizing Civil Society: Western and Eastern Perspectives", Quebec City, August, 2000. Fumio Iida, "Liberalism and the Moral Effects of Civil Society: The Case of Postwar Japan", Paper on IPSA Conference session on "Globalizing Civil Society: Western and Eastern Perspectives", Quebec City, August, 2000.

また、最近、この問題について論じられた日本語の文章をいくつかあげておきたい。福田歓一「最近のCivil Society 論と政治学史の視点」『日本学士院紀要』第五十三巻第二号、平成十一年二月十日。太田義器「市民社会」佐藤正志他編『政治概念のコンテクスト』第六章、早稲田大学出版部、一九九九年。飯坂良明「グローバリゼーションと市民社会」千葉真他編『政治と倫理のあいだ』第五章、昭和堂、二〇〇一年。

(5) John Keane, *op. cit.*, p. 6.

(6) マンフレート・リーデル、河上倫逸他編訳『市民社会の概念史』以文社、一九九〇年参照。

(7) ユルゲン・ハーバマス、細谷貞雄他訳「改訂版への序文」改訂版『公共性の構造転換』未来社、一九九四年、参照。

(8) 対照的に中国では、civil society は、おそらく日本語由来の市民社会だけでなく文明社会、民間社会、公民社会など多様に訳され論議されているという。Cf. John Keane, *op. cit.*, p. 25.

(9) 大塚については、「資本主義と市民社会」(全集八巻、岩波書店、一九六九年所収)、丸山については、石田雄・姜尚中『丸山眞男と市民社会』世織書房、一九九七年、を参照。

(10) 平田清明『市民社会とマルクス主義』岩波書店、一九六九年、第四章参照。

(11) マイケル・ウォルツァー、高橋康浩訳「市民社会論」『思想』一九九六年九月号参照。

（12）思想の科学研究会編『共同研究・転向』上・中・下、平凡社、一九五九～六二年、参照。
（13）戦後啓蒙運動全体について書かれた代表的な著作として、以下のものをあげることができる。杉山光信『戦後啓蒙と社会科学の思想』新曜社、一九八〇年。都築勉『戦後日本の知識人――丸山眞男とその時代――』世織書房、一九九五年。
（14）丸山眞男『増補版 現代政治の思想と行動』「後記」未来社、一九六四年。
（15）丸山眞男「現代社会における人間と政治」丸山眞男編『人間と政治　人間の研究Ⅳ』所収、有斐閣、一九六一年。
（16）「感想三つ」『声なき声のたより』第4号、一九六〇年九月二〇日（復刻版『声なき声のたより』Ⅰ、思想の科学社、一九九五年、所収）。
（17）たとえば、石田雄・姜尚中、前掲書、参照。
（18）革新国民運動については、拙稿「大衆運動の多様化と変質」『年報政治学一九七七』岩波書店、一九七九年、参照。
（19）邦訳は以下の形で出ている。ジョン・デューイ、阿部斉訳『政治哲学の基礎』みすず書房、一九六九年。
（20）久野収「平和の論理と戦争の論理」『世界』一九四九年一月号。
（21）久野収「市民主義の成立」『思想の科学』一九六〇年七月。後に久野は、職業市民、消費市民を超える生活市民という概念を提唱するようになる。久野収「生活市民の原理をうちたてよう」『週刊エコノミスト』一九七八年一一月一〇日号、参照。
（22）久野収「反独占の論理学」さんいち、一九七〇年（久野収『市民主義の成立』春秋社、一九九六年、所収）。
（23）思想の科学研究会編『共同研究　集団』平凡社、一九七六年。

（24）横田克巳『オルタナティブ市民社会宣言――もうひとつの「社会」主義――』現代の理論社、一九八九年。

（25）松下圭一『市民自治の憲法理論』岩波書店、一九七五年、参照。

（26）キーンはこういう定義に反対し、市民社会はさらに企業やマーケットなどの経済活動をもふくめた非政府部門すべてのネットワークとして考えるべきだと主張している。Cf. John Keane, *op. cit.*, p. 17 ff.

（27）R. Dahl, *Modern Political Analysis*, fifth edition, 1991.（高畠通敏訳『現代政治分析』岩波書店、一九九九年）

（28）たとえば、市民運動や市民政治学の理論化に取り組んできた石田雄は、このような規範的な意味での市民社会という日本語の使い方に反対している。石田雄他『丸山眞男と市民社会』前掲、三七ページ以下参照。

私自身は、「ブルジョア社会」「大衆社会」のそれぞれにおいて、そのなかで市民社会が成立した国あるいは段階があるという意味で「ブルジョア市民社会」「大衆的市民社会」という用語を用いている。明治日本は、福沢諭吉が嘆いたように市民社会なきブルジョア社会であり、戦後日本の大衆社会は一九七〇年前後から大衆的市民社会へ転化しはじめたというように。それぞれの市民社会において成熟への道をたどる発展があるが、規範的な意味で市民社会という概念を使用したことはない。拙稿「現代における政治と人間」『法学周辺』No. 26、一九九九年、参照。

（29）ハーバマス、前掲書、参照。

（30）Th. ロウイ、村松岐夫他訳『自由主義の終焉』東洋経済新報社、一九八八年、参照。

【第2章】

（1）John Kean, *Civil Society, Old Images, New Visions* (Polity Press, 1998), pp. 12-13. は近年の市民社会論復活の先駆として日本の「市民社会派マルクス主義」（内田義彦、平田清明）に言及しているが、情報源が正確を欠くせいか、これをもっぱらグラムシ流のネオ・マルクス主義と解している。日本の市民社会論の原点としての戦中のスミス研究を無視しており、戦後の知的状況の中で、「市民社会」がマルクス主義者と左派リベラルとの共通言語となった事情が汲み取られていない。グラムシ理論の紹介それ自体は英語圏より早いが、日本の市民社会論はこれに先行しており、グラムシの影響は後のことである。

（2）高畠通敏「市民社会問題――日本における文脈」『思想』九二四号（二〇〇一年五月）は今日の国際的な議論を意識しつつ、戦後日本の市民社会論の独自の文脈を再考している。本稿と問題意識の重なる部分もあるが、視角と焦点を当てている時代は異なる。

（3）Noberto Bobbio, "Gramsci and the Concept of Civil Society," in John Kean (ed.), *Civil Society and the State* (Verso, 1988).

（4）高島善哉『経済社会学者としてのスミスとリスト』如水書房、一九五三年。

（5）大河内一男『スミスとリスト』日本評論社、一九四三年。

（6）たとえば、古在由重との対談「一哲学徒の苦難の道」『丸山真男座談五』岩波書店、一九九八年、二三五―二三六ページ。

（7）「市民社会」パラダイムは、内田義彦の『経済学の生誕』や田中吉六、水田洋、田中庄司などの社会思想史畑の研究のように、戦中のスミス研究の遺産を明確に継承する仕事に限らず、大塚史学や高橋幸八郎『市民革命の構造』など、戦後社会科学や歴史学の諸分野に広く共有された。一九六〇年代に日本語の「市民」概念の多義性を指摘し、その点を曖昧にした概念の濫用に警鐘を鳴らした福田歓一の長く公刊されなかった最初の論文における「市民社会」や「市民的」という用語の頻出はこの点をよく物語っている。『福田歓一著作集』第一巻（岩波書店、一九九八年）所収の論文、「ホッブスにおける近代政治理論の形成」を参照。

（8）松下圭一『市民政治理論の成立』岩波書店、一九六二年。

（9）松下圭一「大衆国家の成立とその問題」同『戦後政治の歴史と思想』（ちくま学芸文庫）所収。
（10）大嶽秀夫『戦後政治と政治学』東大出版会、一九九四年。
（11）松下圭一「〈市民〉的人間型の現代的可能性」前掲ちくま学芸文庫所収。
（12）内田義彦の市民社会論については、杉山光信が詳細な検討を行っている。杉山光信『戦後日本の〈市民社会〉』みすず書房、二〇〇一年。

【第3章】

（1）『日本資本主義発達史講座』第三巻、岩波書店、一九三二年。
（2）『市民社会』「著者解題」創元文庫、一九五一年。
（3）平野と同じく講座派の論客であった羽仁五郎の『ミケルアンヂェロ』岩波新書、一九三九年を参照。
（4）『西洋事情』所収の福沢諭吉訳「アメリカ独立宣言」に一か所ある。『日本近代思想大系』15「翻訳の思想」岩波書店、一九九一年、四〇ページ参照。
（5）中江兆民がルソーの『社会契約論』を訳した『民約訳解巻之一』「第六章民約」参照（『中江兆民全集』1、岩波書店、一九八三年、九二ページ）。
（6）この辺の事情については、拙稿「丸山眞男論の現在」『政治思想研究』創刊号所収を参照。
（7）ポパーの『開かれた社会とその敵』内田詔夫、小河原誠訳、未来社、一九八〇年、と『歴史主義の貧困』久野収、市井三郎訳、中央公論社、一九六一年、とが並行して構想された事情については、彼の自伝『果てしなき探求』森博訳、岩波書店、一九七八年、を参照。
（8）『開かれた社会とその敵』第一部、特に三五ページ。
（9）『道徳と宗教の二源泉』平山高次訳、岩波文庫、三九―四〇ページ。

（10）代表的論者として、酒井直樹と姜尚中の名前を挙げておく。詳しくは前掲拙稿参照。なお、「開国」に先立つ「日本の思想」では丸山は、「開国という意味には、自己を外、つまり国際社会に開くと同時に、国際社会にたいして自己を国＝統一国家として画するという両面性が内包されている」（傍点原文、以下同）（『丸山眞男集』岩波書店、一九九五―九七年、第七巻〔以下、『集』七、のように表記〕、一九七ページ）と述べている。

（11）『歴史主義の貧困』の訳者による「あとがき」参照。ポパーのマルクス評価は『開かれた社会とその敵』第二部、八一―八二ページなどを見よ。

（12）『ハーバート・ノーマン全集』第四巻、岩波書店、一九七八年、所収。

（13）丸山他「革命の論理と平和の論理」『世界』一九五七年五月号。このあたりのことについては、拙著『戦後日本の知識人――丸山眞男とその時代――』世織書房、一九九五年、二〇九―一一五ページを参照。

（14）『集』七、一〇八ページ。

（15）同前、一〇九―一一〇ページ、及び『集』八、一九九―二〇六ページ。

（16）『日本の思想』あとがき」『集』九、一一四―一一五ページや、「原型・古層・執拗低音」『集』十二、一一三ページ以下など。

（17）『集』六、一六一―一六五ページ。

（18）『進歩派』の政治感覚」『集』六、六五―六六ページ、「現代政治の思想と行動第三部追記」『集』七、三八ページ。これに関連して、丸山が一九五七年の前半に発表した「思想のあり方について」の末尾で、「階級的組織化」と異なる次元の組織化の可能性について述べている（『集』七、一七二ページ）のも注目される。そこには、後述するこの時期の丸山の中間団体の役割についての新たな認識の萌芽が、あくまでも萌芽として、認められる。

（19）「近代日本の思想と文学」『集』八、一二七―一三三ページ。

(20)『集』三、二〇九―一一ページ。
(21)『集』六、二四五ページ。
(22)「現代における態度決定」『集』八、三〇七―〇八ページ。
(23)『集』一、三一ページ。
(24)同前、一二―一三、二〇ページ。
(25)同、三一ページ。
(26)『集』三、二九六―九七ページ。
(27)同論文への補註(11)、『集』六、二五六ページ。
(28)「政治の世界」『集』五、一九〇ページ。
(29)「現代政治の思想と行動第一部追記および補註」『集』六、二七二ページ。
(30)『集』四、三二九―三〇ページ。
(31)『集』五、二三六ページ。
(32)同前、二一八ページ。
(33)同、二二五―二六ページ。
(34)「断想」『集』六、一四七ページ。
(35)前掲拙稿参照。
(36)『集』一、一四ページ。
(37)「ラッセル『西洋哲学史』(近世)を読む」『集』三、七二ページ。
(38)トクヴィル『旧体制と大革命』小山勉訳、ちくま学芸文庫、一九九八年。
(39)トクヴィル『アメリカの民主政治』井伊玄太郎訳、講談社学術文庫、一九八七年、下、一九三ページ。

(40)『旧体制と大革命』八八ページ。
(41)『アメリカの民主政治』中、五一ページ。
(42)同前、下、一九五、一九六ページ。
(43)同、二〇〇—〇一ページ。
(44)同、上、七〇—七一、一二六ページ。
(45)ハーバーマス『〔第二版〕公共性の構造転換』細谷貞雄・山田正行訳、未来社、一九九四年、xxxviii ページ。
(46)『アメリカの民主政治』上、一五五、一六四ページ。
(47)建国当初のアメリカ合衆国の共和主義と後の利益政治とが異なるという議論については、松本礼二『トクヴィル研究』東京大学出版会、一九九一年、二八—二九ページを参照。
(48)『集』八、二七五—七六ページ。
(49)同前、一九九—二〇六ページ。
(50)『集』八、八三ページ。
(51)「『忠誠と反逆』を読む」『思想』一九九八年六月号。
(52)『集』八、三八ページ。
(53)同前、三九ページ。
(54)同、四二—四四ページ。
(55)同、四四ページ。
(56)「日本の思想」『集』七、二二〇ページ、「『である』ことと『する』こと」『集』八、二五—二六ページなど。
(57)トクヴィル『フランス二月革命の日々』喜安朗訳、岩波文庫、一九八八年、二九—三〇、一三〇—三四ページ。

(58)「断想」『集』六、一五〇、一四八ページ。
(59)伊藤新一、北条元一訳、岩波文庫、一九五四年、一四二―四四ページ。
(60)『フランス二月革命の日々』一四四、一四三ページ。
(61)同前、六二ページ。
(62)同、六三、六六ページ。
(63)そうした発言は、丸山他「擬似プログラムからの脱却」『丸山眞男座談』岩波書店、一九九八年、四(以下、『座談』四、のように表記)、一二〇―二一ページ、丸山「五・一九と知識人の軌跡」『集』十六、三〇ページなどに見られる。
(64)「擬似プログラムからの脱却」『座談』四、一一七ページ。
(65)岩波文庫、二二ページ。
(66)『資料戦後二十年史』第一巻、日本評論社、一九六六年、一三三―三四ページ。
(67)同前、一四四―四五ページ。
(68)『中央公論』一九五七年三月号。
(69)『思想』一九六六年六月号。
(70)「忘れられた抵抗権」『中央公論』一九五八年一一月号。
(71)「現代における態度決定」『集』八、三〇三―〇六、三一四ページ。
(72)『集』八、三四七―五〇ページ。
(73)「市民主義の成立」『思想の科学』一九六〇年七月号。
(74)『朝日新聞』一九六〇年六月一日。ちなみにこの質疑応答の部分は初出誌や著作集には収められていない。
(75)「現代における革命の論理」『座談』四、一五〇ページ。

(76) 同前。
(77) 同、一四二ページ。
(78) 同、一四三ページ。
(79) 同、一四六ページ。
(80) 同。
(81) 「政治学の研究案内」『座談』四、九四ページ。
(82) 同前、九三―九四ページ。
(83) 同、九九ページ。
(84) 鶴見俊輔「ひとつのはじまり」『資料・「ベ平連」運動』河出書房新社、一九七四年、上巻、所収参照。
(85) 初出一九六一年、講談社文庫、一九七九年。
(86) 『資料・「ベ平連」運動』上巻、六ページ。
(87) 「ふつうの市民のできること」同前、一一ページ。
(88) 「市民運動の組織原理」『政治の論理と市民』筑摩書房、一九七一年、二三八―二九ページ。
(89) 講談社文庫、上、二二ページ。
(90) 同前、下、二五一ページ。

【第4章】

(1) 新潮文庫。
(2) 篠原一『ヨーロッパの政治――歴史政治学試論――』(東京大学出版会、一九八六年)の第二章第一節、とりわけその三一ページ以下の叙述を参照。また当初は「支配者とその属僚」のことをイタリア語で lo stato、つまり国家と呼んでいたとのブルクハルトの指摘(世界の名著四五『ブルクハルト』中央公論社、一九六八年に収録の「イタリア・ルネサンスの文化」六五ページ、原注2)を参照。

(3) 明治二二年四月から施行されたわが国の市町村制という地方自治制度は、中央で決定された政策を地方で実施する際の、その運用の仕方にかかわる自治を保証する制度であり、意志決定すなわち政治は禁じられ、専ら行政のみ許された制度であった(大森鐘一、一木喜徳郎共編『市町村制史稿』明治四〇年参照)。その意味でこの日本の地方自治は、ロックの思想と相渉ることはなかった。

(4) ロック「統治論」(宮川透訳)、世界の名著二七『ロック　ヒューム』(中央公論社、一九六八年)二八六ページ。

(5) President George W. Bush's Inaugural Address January 20, 2001. の冒頭に my fellow citizens との呼び掛けの言葉を見る。

(6) 森喜朗首相の施政方針演説の一節(朝日新聞、二〇〇一年一月三一日付)。

(7) 小河滋次郎については、玉井金五『防貧の創造——近代社会政策論研究』啓文社、一九九二年や拙著『公私協働の発端——大正期社会行政史研究』時潮社、一九九四年を参照。

(8) 『大日本監獄協会雑誌』第一三号(明治二二年五月)三三ページ。なお原文の旧字は新字に変更。以下すべて同じ変更を加えて引用。

(9) 『警察監獄学会雑誌』第一一号(明治二三年一二月)一ページ。

(10) 『慶應義塾大学日吉紀要社会科学』第九号(一九九八年)八四ページ。

(11) 内務省では明治三〇年現在で警保局長などは勅任であったが、監獄局長は奏任であった(『職員録』明治三〇年一一月一日現在、五〇ページおよび五九ページ)。なお小河は明治三一年に一カ月未満の短期間であったが監獄局長心得になったことはある(戦前期官僚制研究会編・秦郁彦著『戦前期日本官僚制の制度・組織・

人事』東京大学出版会、一九八一年、三三八ページ)。
(12) 岡五朗「刑務協会五十年史」八一ページ、『刑政論集』(刑務協会、昭和一三年)。
(13)『大日本監獄雑誌』第五五号(明治二五年一二月)一六ページ。
(14) 同前。
(15)『大日本監獄雑誌』第五二号(明治二五年九月)三五ページ。
(16) 同前。
(17)『議会制度七十年史』(編集衆議院参議院、昭和三七年)一八ページ。
(18)『監獄学雑誌』第三巻第一三号(明治二五年九月)八ページ。
(19) 同前。
(20) 同。
(21) 同前、九ページ。なお小河は同論文中で「余輩固トヨリ三権鼎立ノ旧主義ヲ主唱セント欲スルモノニ非ス」(一〇ページ)とも述べている。モンテスキューの『法の精神』(一七四八年)の系譜に属する議論を「古物あつかいする論法」(樋口陽一、朝日新聞、二〇〇〇年一月一三日付論壇)であり、自分とは違うのだと断わっているわけである。ともあれ、小河の主張が退けられれば、それはわが国の統治において司法と行政が同一官庁で営まれるのだから、司法の独立は保証されず、司法が行政の正当化の役割を果たす事態の到来を意味するものであった。
(22) 同、一〇ページ。
(23)『法学新報』第八号(明治二四年一一月)三二ページ。
(24) 同、三三ページ。
(25) 同。

(26) 同前。
(27) 『監獄学雑誌』第三巻第一三号、一四ページ。
(28) 『上田郷友会月報』第一三四号(明治三〇年一二月)一ページ。
(29) 同前、五ページ。
(30) 同、六ページ。
(31) 同。
(32) 同、七ページ。
(33) 小河は司法省を去ってから、かつての内務省時代の上司大久保利武が当時知事を勤めていた大阪府の「救済事業指導嘱託」(『職員録』(二)大正二年、九三ページ)という職務に大正二年から、また晩年の大正一三年からは日本生命済生会常任理事という職務に従事していた。大正時代にこうした社会事業に係わった小河は、一方では内務省の主催する感化救済事業講習会の講師も勤めていて、明治二〇年代から三〇年代初めにかけての内務省監獄行政官僚当時の〈国家のなかの出来事〉と〈社会のなかの出来事〉の幸福なる共存をもう一度想定することが可能だったように思われる。
(34) 岡五朗「刑務協会五十年史」八五ページ、前掲書。
(35) 『職員録』明治三〇年一一月一日現在、五九ページ。
(36) 『職員録』明治三四年四月一日現在、四二四ページ。
(37) 『職員録』明治三〇年一一月一日現在、五九ページ。
(38) 『職員録』明治三四年四月一日現在、四二三ページ。ただし同書四二四―四二五ページの監獄局の個所を見ると、当時監獄事務官としては小河の他に真木喬、山上義雄の二名の名前があり、計三名であった。
(39) 『上田郷友会月報』第一六二号(明治三三年四月)一六ページならびに同誌第一七〇号(明治三三年一二

月）二二ページ。なおこの明治三三年（一九〇〇年）のブリュッセルでの万国監獄会議には、日本からは石渡敏一も派遣されていた（司法省編纂『司法沿革誌』原書房、昭和五四年、一九五ページ）。

（40）小河滋二郎「刑法改正案ノ二眼目――死刑及刑ノ執行猶予」六五ページ、『小河滋次郎監獄学集成』第四巻（五山堂書店、一九八九年）。なお、小河は官職名と共に自分の姓名を記す時には滋二郎、それ以外の時には滋次郎と使い分けをしていたように思われる。本稿では後者のケースが実際には大多数なので、その滋次郎の方で記している。

（41）同前、五七ページ。

（42）『社会学雑誌』巻五第壱号（明治三六年一月）六ページ。

（43）小河滋二郎「刑法改正案ノ二眼目」一八一ページ。

（44）同前、一八〇ページ。

（45）拙稿「小河滋次郎の行刑思想」、『法学研究』第六七巻第一二号（一九九四年一一月）二一四ページ。

（46）ロック「寛容についての書簡」（生松敬三訳）、世界の名著二七『ロック　ヒューム』三五四ページ。

（47）寛容の態度をもって〈人間の尊厳〉を守ろうとする、「自治の声を持つ」統治する者に対して、統治される者は自治という価値が共有されていると認め、統治に従うのである。この自治についての価値の共有があって、初めて自治と統治の共存があり得るのであり、その価値の共有状況こそ「政府と国民」に分かれる以前の「共に市民である」人々から成る市民社会の現存を意味するはずである。

（48）小河は行刑のあり方について論ずる他に、犯罪者についても多くの思いを書き残している。それらの小河の言葉を通して、われわれは小河の内面のありようを知ることが出来るように思われる。例えば明治四〇年に刊行した書物のなかで「吾れと罪人との間に果して幾何の距離かある」（「丁未課筆」春之巻六〇ページ、『小河滋次郎監獄学集成』第五巻）と書き、また「危機一髪」（『慶應義塾大学日吉紀要社会科学』第八号、一九九七年、七一―三五ページ）や「危機一髪　善悪両面鏡」（同紀要第九号、一九九八年、四一―三一ページ）といった、まさに「吾れと罪人との間」は髪の毛一本なのだとの小説を明治三〇年代に執筆していた。「一髪」の間隔しか離れていない相手とは即ち自分自身ということであり、そうした感覚は困難な状況の下にある相手への「惻隠の心」（拙著『公私協働の発端』六五ページ）となった。これらは総じて人間の小ささ、弱さの自覚であった。小河はストレートな告白の文章をほとんど残さなかった人物であったが、自分の出身地信州上田の人々の集まりの席上で次のように語ったことがある。すなわち、「段々此人間の力の微弱であると云ふことを感ずるのであります……色々の方便を以て此生存競争場裡に立つて己れの人柄を全うし、又目的を全うするには、一個の力ではいかぬので何か大きな力を持たなければどうも其目的を達することが出来ないことになるのである」と（『上田郷友会月報』第二一八号、明治三七年一二月、八―九ページ）。

この「何か大きな力」とは、この言葉が発せられた場としての上田郷友会のことを言っているのだと、この言葉を直に耳にした人たちは思ったかも知れないが、小河自身はそれ以上のことを念頭に置いて語っていたのではないか。この時、小河は新鸞の『歎異抄』の冒頭の「悪をもおそるべからず、弥陀の本願をさまたぐるほどの悪なきゆへに」（野間宏『歎異抄』筑摩書房、一九七三年、二六―二七ページ）を例えば頭に浮かべていたのではないか。つまり小河は自分たち人間の限りなき小ささと仏の限りなき大きさを感じ続けていたのではないか。小河が「仏教に帰依し、殊に歎異抄を深く味はるゝ」人であったとの証言もある（武田慧宏「先輩を語る」『教誨研究』第七巻第二号、昭和七年、一八ページ）。しかしその一方で、小河の人権意識はその「航海日記」（『慶應義塾大学日吉紀要社会科学』第九号、一九九八年、八七―九九ページ）に散見されるように、森崎和江が明らかにしてきている「からゆきさん」たちの生活意識にまで届くことはなかった。小河の念頭にあった家庭が「『国家』に収斂されていった『良妻賢母』主義の家庭」ではなかったとの論点（篠崎恭久「明治末期社会改良論の特質――堺利彦と小河滋次郎の『家庭改良論』――」『史境』第二五号、一九九二年、一七

ページ）と共に、さらに経済的な理由で家庭から一人離れて独立の家計を営む女性たちの生き様は小河の想像力の外であった点も指摘してゆかねばならない。なお本稿で紹介してきた小河の主張を彼の統治論と呼ぶことが出来るとすれば、本稿と梅森直之「統治理性における『内面』の発見——明治初期監獄改良のディスコース」（『早稲田政治経済学雑誌』第三二四号、一九九五年一〇月、二〇六—二四一ページ）とは「統治論」（梅森、二三八ページ）をめぐる議論という点で共通していると言えるかも知れない。

（49）小河が明治四一年清国に派遣されて日本での監獄行政の現場から離れるに伴ない、川越幼年監での少年行刑の任務を解かれた早崎春香（浦和監獄典獄）は、小河と内的ならびに外的状況を共にしていた人物と言えよう（矯正協会編『少年矯正の近代的展開』矯正協会、昭和五九年、四八ページその他参照）。ただ春香の子息八洲がのちに「小河博士にも日本に於ての実際の問題はお解りにならなかつたのであります」（現代日本児童問題文献選集一二、池田千年『ひとり子の園』日本図書センター、一九八七年、七六二ページ）と回顧し、父春香と小河滋次郎の齟齬を匂わせている。この間の消息は私には不明である。

（50）『上田郷友会月報』第二八四号（明治四三年七月）三二ページ。

（51）小河滋次郎における言論の人としての側面に関しては、拙稿「若き日の小河滋次郎」、『慶應義塾大学日吉紀要社会科学』第一〇号、一五—一六ページならびに拙稿「言論の人　小河滋次郎」『教養論叢』一一七号（二〇〇一年一一月）所収参照。

（52）P・F・ドラッカー『非営利組織の経営』（上田惇生、田代正美訳、ダイヤモンド社、一九九一年）、六七ページ。

（53）Kendall, J. and Knapp, M., *The voluntary sector in the UK*, Manchester University Press, Manchester（1996), p. 20.

（54）シェルドン・S・ウォーリン『西欧政治思想史』（尾形典男他訳、福村出版、一九九四年）、八七ページ。

（55）松下圭一が「〈自治〉はどのように展開しうるか——戦後日本の自治」（日高六郎編『戦後日本を考える』筑摩書房、一九八六年）で語っている「『市民』が集まり、市民の自治により共和型の『公』をつくるという発想」（二〇九ページ）と同一趣旨の議論を展開しているつもりである。

（56）寄本勝美「公共を支える『民』と公共政策」（一九九六年度日本政治学会・分科会I「地方自治の再検討」での配布資料）。

（57）竹内静子は『パリ・ベルヴィルの日々』（日本経済評論社、一九八四年）のなかで「その自分の仕事を通して……全体が見える」（一二四ページ）という労働哲学を展開している。

（58）参加と離脱の両方の自由が確保されていることこそ、ロックが考えていた結社のあり方であった。ロック「寛容についての書簡」（生松敬三訳）、前掲書、三五七ページ参照。

（59）政府の行政改革委員会がまとめた「行政と民間の活動分担に関する基本的な考え方」に関する報告書『行政の役割を問いなおす』（行政改革委員会事務局編、大蔵省印刷局発行、平成九年）は「行政と民間」（六六ページ）の関係を問い、民間という言葉を使えば立法、行政、司法を含む政府と民間の関係を問うていない点において、また「今後、行政が関与する分野を必要最小限に絞り込むこと」（同）が〈生きているわれわれ〉に起こる問題が減少しているが故にではなく、行政の役割としてのみ考えられている点において、本稿と同じ土俵の上に立った議論ではないと思われる。

【第5章】

（1）一九二二年市川房枝らは治安警察法第五条から女子が政治演説を聞くことを禁じた条項削除に成功している。なお、日本における女性の参政権獲得の過程については菅原、二〇〇二を参照のこと。

（2）日本の女性の組織は設立過程から次のように分類できる（大海、一九九六）。

(a)GHQまたは政府主導型団体：PTA、婦人学級などはGHQ主導型。地域婦人団体連合会（地婦連）、主婦連合会は政府主導型／(b)政党主導型：日本婦人連盟（自民党系：一九五七）、日本民主婦人の会（民社党系：一九六一）、日本婦人会議（社会党系：一九六二）、新日本婦人の会（共産党系：一九六三）、主婦同盟（公明党系：一九六四）／(c)労働組合婦人部：日本教職員組合女性部（一九四七）、日本労働組合総連合会（連合）女性部門女性局（一九八九）など／(d)職能団体：日本女医会（一九〇二）、日本看護協会（一九四六）、日本婦人法律家協会（一九五〇）など／(e)宗教団体／(f)自主的組織。

（3） 村松らによれば、戦後第一回の利益集団の噴出期は一九四六年から五〇年にであった。五〇年代に入るとそれらの団体は統合・吸引され「五五年体制」という政治的配置を構成したと論じている（村松ら、一九八六）。また、第二回の噴出期として、一九七五年以降を挙げている。筆者が行った女性の団体調査（一九九六年八月実施。対象団体二二九、調査方法は郵便による調査票の配布と回収、回収率四〇・〇%）によっても、同じように二つの集団噴出期が確認され、一九四〇年代後半には一〇〇人以上の大規模組織が、一九七五年以降は一〇〇人以下の小さな組織が非常に多く設立されている（大海、一九九六）。

（4） 近年、政治参画という用語が行政用語として使われはじめ、定着しつつあり、参加より政策決定に積極的にかかわるという意味あいがある。本稿では、政治的な意図——それが強い意図であるか、漠然としたものであるかに関わらず——をもって参加する活動はすべて政治参加ととらえるので、「政治参画」より広い意味の「政治参加」を使う。また、社会活動あるいは地域活動は政治活動ではないが、それらの活動が政治的解決、政治的関与を必要としたときからは政治活動である。例えば、町内会の活動に参加するのは社会活動あるいは地域活動である。しかし、選挙の時にしばしば見られるように町内会全体が一定の候補者を支援するようなことがあれば、それは政治活動である。また、そのような町内会のあり方を批判した場合にも政治活動となる。

（5） 総理府（男女共同参画室）編集『第四回世界女性会議に向けての日本国政府ナショナル・リポート』大蔵

省、一九九四、参照。

（6）「リブ運動」は一九七〇年七月のリブ合宿と言われる行事に始まったといわれている。当時のメディアはからかいに満ちたものであったことが定説になっているが（江原、一九九〇）、その頃の資料が整理されるようになったのは一九九二年（溝口ら、一九九二）である。「リブ運動」を伝えるメディアは必ずしも一枚岩的にリブ運動を揶揄したのではないという最近の研究がある（斎藤、二〇〇一）。

（7）篠原は政治活動の諸形態を市民が政治の決定に直接参加形態を直接的、代表制度に見られる間接形態を間接的スタイル、形式として制度的・非制度的、参加のレベルを中央的・地方的と八つに分類した（篠原、一九七七、六）。

（8）女性が自立し、自らの生活を支配する力と権利を確保し、社会的・経済的・政治的な政策決定にかかわること（タトル、一九九八）。

（9）本稿では運動論について詳細に検討することは紙面の都合からできないが、資源動員論は運動への参加を資源とネットワークに注目し（フリーマン、一九八九）、政治的機会論は政府のあり方が運動を引き起こす（Costain, 1992）と、運動の出発点に注目したり、運動参加のきっかけを社会的環境におくのに対して、本稿では女性の政治参加のきっかけは自分の生活の課題の政治化であること、さらに運動に関与することで自らが意識の変革をおこすことに注目しているので、上記運動論では十分な説明にならないという視点にたつ（大海、一九九九、大海、二〇〇一、参照）。神奈川県逗子市の池子米軍住宅建設反対運動の実証において、資源動員論と新しい社会運動論への接合が可能であることを実証した渡辺が「市民は自らの生活領域の自治的解決のために生活領域を争点化せざるを得なかった」（渡辺、一九九〇、二四九）という参加のきっかけについて、また、運動がしばしば「個人変革と社会変革の達成」を可能にするという結論において視点を共有する。

（10）Klein は、フェミニスト意識が政治活動への参加のきっかけであり、「フェミニズムは政治思想である」

(Klein, 1984, 2) という。フェミニストは「男女の女性へのすべての差別を撤廃し、男性支配を壊すことを目的とする思想、活動、政策を持つ人」(Lovenduski & Randall, 1993, 2) と定義されるが、これまでの筆者の研究によれば日本の女性の政治活動は、その出発点に必ずしもフェミニスト意識ではなく、むしろ主婦意識、母親意識から「生活の課題に」取り組んでいる実態がある。

(11) 調査資料は、東京・生活者ネットワークについては、主として一九九八年八―一〇月の代理人三八人のインタビューとニューズレターなど(大海、二〇〇〇)、その他についてはニューズレターと事務局長・スタッフへのインタビューを資料としている。

(12) 設立当時の名称は「児童扶養手当の切捨てを許さない連絡会(児扶連)」であったが、一九九三年に活動の多様化にともなって「しんぐるまざあず・ふぉーらむ」に変更された。

(13) 専務理事三隅佳子のインタビュー(二〇〇一年一月二三日、全国都市会館、北九州事務所)で挙げられた名前は、高橋久子のほか、元デンマーク大使高橋展子、労働省堀内みつ子、総理府藤井キヨ子、市川房枝財団理事山口みつ子。研究者として、原ひろ子お茶の水女子大教授、村松安子東京女子大学教授、樋口恵子家政大学教授、篠崎正美熊本学園大学教授などである。特に、高橋展子は、一九九〇年一〇月のKFAW設立直前の九月に急逝するまで、熱心に関わった。定期刊行誌 *Asian Breeze.* http://www.kfaw.or.jp/

(14) 一九九五年八月二三日朝日新聞夕刊の一面に「'95北京女性会議、NGOフォーラム、日本からどっと五七〇〇人」と大きな見出しで人数を報告、しかし、日本女性があまり発言や行動をしないと批判を受けていると報告している。

(15) 女性戦犯法廷については、http://www1.jca.apc.org/vaww-net-japan/ を参照のこと。加害国の代表は、VAWW日本代表、アジア女性資料センターの代表松井やよりである。

(16) 情報の公開は、審議会の情報なども含みインターネットによる場合が多い。

（17） 市川房枝財団の行う政治スクールや各地で行われている候補者をバックアップするためのスクールがうまれ、女性の地方議会議員の増加に寄与している。また、女性に選挙資金を支援する団体、ＷＩＮＷＩＮ（対象は国政選挙）、女性連帯基金（対象は地方議会選挙）も生まれている。

【参考文献（ＡＢＣ順）】

ボールディング、エリーズ、一九九五、坂本喜久子訳「二〇世紀における女性運動と社会変革」坂本義和編『政界政治の構造変動4市民運動』岩波書店、一―四五ページ。
Conway, M. Margaret, 2000, *Political Participation in the United States*, Congressional Quarterly.
Costain, Anne N., 1994, *Inviting Women's Rebellion: A Political Process Interpretation of the Women's Movement*, The Johns Hopkins University Press.
江原由美子、一九九〇「フェミニズムの七〇年代と八〇年代」江原由美子編『フェミニズム論争』勁草書房。
フリーマン・ジョー、一九八九、牟田和恵訳「フェミニズムの組織問題」塩原勉編『資源動員と組織戦略』新曜社、一四七―一七八ページ。
Gelb, Joyce, 1989, *Feminism and Politics: A Comparative Prespective*, University of California Press.
原ひろ子、一九九五「地球社会の女性のエンパワメント：ＮＧＯの可能性」村松安子・村松泰子編『エンパワーメントの女性学』有斐閣、二〇五―二二八ページ。
木本貴美子、一九九五『家族・ジェンダー・企業社会――ジェンダーアプローチの模索』ミネルヴァ書房。
Klein, Ethel, 1984, *Gender Politics: From Consciousness to Mass Politics*, Harvard University Press.
国際女性学会編、一九八〇『現代日本の主婦』日本放送協会。
溝口明代、佐伯洋子、三木草子編、一九九二『資料日本ウーマンリブ史』松香堂。

村松岐夫、伊藤光利、辻中豊、一九八六『戦後日本の圧力団体』東洋経済新報社。

斎藤正美、二〇〇一『フェミニズム理論による批判的ディスコース分析の展開：ウーマンリブ運動のメディア言説を事例として』お茶の水女子大学人間文化研究科提出博士論文。

篠塚英子、一九九五『女性と家族　近代化の実像』読売新聞社。

大海篤子、一九九六「運動レベル女性の政治参加――「女性の政治行動」調査より」日本社会学会一般報告、琉球大学一一月二三―二四日、未公刊。

――一九九九「主婦の政治参加に関する一考察――主婦連合会の組織化過程――」お茶の水女子大学人間文化研究科『人間文化研究年報』第二二号（一九九八年度）、一一六―一二四ページ。

――二〇〇〇『地方議会における女性議員の〈形成〉と意識の変容――東京・生活者ネットワークの代理人の事例より――』お茶の水女子大学人間文化研究科提出博士論文。

――二〇〇一「政治参加と生活の経営」、原ひろ子『生活の経営――二一世紀の人間の営み――』放送大学教育振興会（放送大学教材）一一章、一二八―一四六ページ。

オークレー・アン、一九八六、岡島芽花訳『主婦の誕生』三省堂。

Rovenduski, Joni & Vicky Randall, 1993, *Contemporary Feminist Politics Women and Power in Britain*, Oxford University Press.

しんぐるまざあず・ふぉーらむ編、一九九四『母子家庭にカンパイを――離婚・非婚を子どもとともに生きるあなたに』現代書館。

総理府（男女共同参画室）編集、一九九四『第四回世界女性会議に向けての日本国政府ナショナル・リポート』大蔵省。

菅原和子、二〇〇二『市川房枝と婦人参政権獲得運動』世織書房。

Stetson, Dorothy McBride; Amy G. Mazur, ed., *Comparative State Feminism*, SAGE Publications.

高畠通敏、一九八七『新保守の時代はつづくのか』三一書房。

舘かおる、一九九九「歴史認識とジェンダー――女性史・女性学からの提起――」歴史科学評議会編『歴史評論』No.五八八、四月号、校倉出版、三二―四四ページ。

タトル・リサ、一九八六、渡辺和子監訳『新版　フェミニズム事典』明石書店。

上野千鶴子編、一九八二『主婦論争を読むII』勁草書房。

ヴァーバ、S・ナイ、N・H・キム、J、一九八一、三宅一郎・蒲島郁夫・小田健訳『政治参加と平等――比較政治学的分析――』東京大学出版会（Verba, Sidney; Nie, N. H.; Kim, J., 1978, *Participation and Political Equality: A Seven-Nation Comparison*, Cambridge University Press.）。

渡邊登、一九八七「生活自治型住民運動の展開」社会運動論研究会編『社会運動の統合をめざして――理論と分析』成文堂。


【第6章】

（1）『新潟日報』一九九四年一一月三日。
（2）『新潟日報』一九九四年一一月一〇日。
（3）『新潟日報』一九九四年一一月二八日。
（4）田畑護人氏へのインタビュー（一九九八年七月二九日）。菊地誠氏へのインタビュー（一九九八年七月三〇日）。笹口孝明氏へのインタビュー（一九九六年一月一七日、一九九八年七月三〇日）。渡辺登「新たな地域社会形成主体の胎動(4) 地元自営業者たちの動き：T・M氏の場合（前編）」『社会運動』No.二三三、一九九九年八月号参照。

（5）渡辺、前掲論文、三四〜五ページ。
（6）桑原正史・三恵氏へのインタビュー（一九九八年七月三〇日）。
（7）坂井恵子氏へのインタビュー（一九九八年八月一日）。
（8）相坂滋子氏へのインタビュー（一九九六年一月一七日）。
（9）この経緯については、新潟日報報道部『原発を拒んだ町　巻町の民意を追う』一九九七年、岩波書店、二三〇ページ以後に詳しい。
（10）のちに「実行する会」は町にたいして損害賠償を求める行政訴訟を起こし、後述のように新潟地方裁判所は九五年一〇月三一日に「貸し出し不許可処分は、地方自治法に違反する」として、町に慰謝料など三五万円を支払うことを命じた。
（11）『新潟日報』一九九五年一月二一日。
（12）同前。
（13）『新潟日報』一九九五年二月二日。
（14）同前。
（15）『新潟日報』一九九五年二月一〇日。
（16）『新潟日報』一九九五年二月二三日。
（17）『新潟日報』一九九五年四月二三日。
（18）桑原正史「巻原発問題の経緯とゆくえ」『技術と人間』二〇〇〇年三月号、技術と人間出版社、六二〜七〇ページ。
（19）『新潟日報』一九九五年四月二四日、夕刊。
（20）『新潟日報』一九九五年一〇月四日。

(21)『新潟日報』一九九五年一〇月二八日。
(22) この訴訟において巻町は、①条例に基づかない住民投票は「公の秩序」に反する。②原発建設を阻止するためには手段を選ばない集団であり、民主主義を破壊しようとしているなどと、自己の正当性を主張していた。判決は関西新空港反対集会のために大阪府泉佐野市が会場を貸さなかったのは違法かどうかを争った上告審で、九五年三月に最高裁が示した初の憲法判断に沿ったものとなった。最高裁判決は、公共施設の使用不許可が認められるのは、「人の生命や財産が侵害されるなど、明らかな危険の発生が具体的に予見される場合」と限定し、また憲法が認めている基本的人権に基づいて「団体の性格を理由に、差別的に扱うことは許されない」としていた。新潟地裁の春日民雄裁判長は、「佐藤町長は過失によって、違法な不許可処分を出した」として町の主張を退けた。
(23)『新潟日報』一九九五年一一月一日。
(24)『新潟日報』一九九五年一一月二〇日。
(25)『新潟日報』一九九五年一一月二九日。同紙、一二月一日。
(26)『新潟日報』一九九五年一二月一六日。
(27)『新潟日報』一九九六年三月一五日。
(28)『新潟日報』一九九六年一月二三日。
(29)『新潟日報』一九九六年三月二三日。
(30)『新潟日報』一九九六年八月五日。
(31)『朝日新聞』一九九六年八月六日。
(32) 渡辺登「新たな地域社会形成主体の胎動(2)」『社会運動』No.二一八、一九九八年五月号。
(33)『反原発通信』No.一七二、桑原正史「巻原発問題の経緯のゆくえ」『技術と人間』二〇〇〇年三月号。

（34） 横田清『住民投票Ⅰ』一九九七年、公人社。Theo Schiller ed., *Direkte Demokratie in Theorie und kommunaler Praxis*, 1999, Campus Verlag. Theo Schiller, Volker Mittendorf, Frank Rehmet: Burgerbegehren und Burgerentscheide in Hessen; Eine Zwischenbilanz nach vierjahriger Praxis; Daten und Analysen zu direkdemokratischen Verfahren im Zeitraum von April 1993 bis Marz 1997.

【第8章】

（1） オランプ・ドゥ・グージュに関してはオリヴィエ・ブラン『女の人権宣言——フランス革命とオランプ・ドゥ・グージュの生涯』（辻村みよ子訳、岩波書店、一九九五年）を参照。

（2） 多文化主義の政治学的側面からの検討は、拙稿「『他者』理解の政治学：多文化主義への政治理論的対応」（『新潟国際情報大学情報文化学部紀要』第二号、一九九九年）を参照。

（3） 金鶴泳『金鶴泳作品集成』（作品社、一九八六年）所収。

（4） こうしたエスニシティからの分離主義、あるいは特定のエスニシティを社会民主主義的に保護する政策は、既存の国民国家の分裂を招く恐れがあるという批判もアメリカ合衆国ではなされている。エスニシティをあくまでも移民としての「自由意志」のもとに置くことによって、アファーマティブ・アクションなどの社会民主主義的政策を不要視するネイサン・グレーザーなどが代表的である。グレーザーは移民としての「自由意志」をもってアメリカに入ってきた人びととその子孫には、アメリカへの移住による不利益も享受する責任もあるのだと主張する。またこうした視点は多文化主義をめぐるマイケル・ウォルツァーの主張にも見られる。その政治的信条の違いにもかかわらず両者がこのような主張を共有している点は興味深い。Nathan Glazer, "The Emergence of an American Ethnic Pattern", in Ronald Takaki, ed., *From Different Shores：Perspectives on Race and Ethnicity in America*（Oxford University Press, 1987）, p. 23. ウォルツァー「コメント」(『マルチカルチュラリズム』佐々木毅ほか訳、岩波書店、一九九六年)邦訳一五一ページ。しかし、グレーザーなどの主張に対して、ウィル・キムリッカは「積極的差別是正措置を要求することは、主流社会の諸制度に統合されたいと望んでいる証拠であり、自治を行う別個の制度を望んでいる証拠ではない」と指摘、批判している。ウィル・キムリッカ『多文化時代の市民権――マイノリティの権利と自由主義』(角田猛之ほか監訳、晃洋書房、一九九八年)九九ページ。

(5) レイ・チョウ『ディアスポラの知識人』(本橋哲也訳、青土社、一九九八年)一七五ページ。

(6) Paul Gilroy, *The Black Atlantic: Modernity and Double Consciousness* (Harvard University Press, 1993).

(7) サスキア・サッセン『グローバリゼーションの時代――国家主権のゆくえ』(伊豫谷登士翁訳、平凡社、一九九九年)。特に第三章「新しい秩序の試金石としての移民」を参照。

(8) エティエンヌ・バリバール『市民権の哲学――民主主義における文化と政治』(松葉祥一訳、青土社、二〇〇〇年)一六ページ。

(9) ジョルジョ・アガンベン『人権の彼方に――政治哲学ノート』(高桑和巳訳、以文社、二〇〇〇年)二八ページ。

(10) 前掲書、二四ページ。

(11) デニズンについては、トマス・ハンマー『永住市民と国民国家――定住外国人の政治参加』(近藤敦監訳、明石書店、一九九九年)を参照。

(12) アガンベン、前掲書、三四ページ。

(13) この問題は現代においては女性の軍隊への参加をめぐる問題としても顕在化していることは重要である。湾岸戦争において顕著になったように現代戦争においては兵士の体力的要件は以前に比べれば格段に低くなっており、女性が兵士になることを拒否する軍事的根拠は少なくなっている。そうした状況で女性を軍隊から排除することは、社会に参加し市民資格を得る回路のひとつを女性から簒奪することだとも言えるだろう。ただし、軍隊組織の存在の正当性をめぐる議論はまた異なる位相で考えるべきである。

(14) アガンベン、前掲書、一四ページ。

(15) レイ・チョウ、前掲書、四五、四六ページ。

【第9章】

(1) 権力を持たない人々が政治の世界で主体となるかという問題は、政治学において古くて新しい問題である。インド史においては、A・グラムシの「ヘゲモニー」と「サバルタン(下層民衆)」の概念に依拠して、ナショナリズムと左翼の時代を批判的に分析した、Subaltern Studies と自称するグループの研究が八〇年代に大きな影響力をもった。R・グハ他『サバルタンの歴史――インド史の脱構築』(竹中千春訳、岩波書店、一九九八年)を参照してほしい。

(2) これは'Government of the People'という表現なので、本来ならばGovernmentの語は「政府」「統治」と訳すべきである。しかし、本稿では、より広く自治的な政治そのものを含意するため、「政治」という語をあてた。

(3) 国連開発計画(UNDP)『人間開発報告書 一九九九 グローバリゼーションと人間開発』(国際協力出版会、一九九九年)、一六七―二八八頁参照。「人間開発のさまざまな側面を測定するため」に導入された、人間開発指数、ジェンダー開発指数、ジェンダー・エンパワーメント測定の指標で示されると、インドはアフリカを中心とするLLDC諸国(Least-Developed Countries)の少し上に位置するにすぎない。なお、Raju, Saraswati, Peter J. Atkins, Naresh Kumar and Janet G. Townsend eds., *Atlas of Women and Men*

in India (New Delhi: Kali for Women, 1999). 参照。

(4) 竹中千春「世界政治をジェンダー化する」小林誠・遠藤誠治編『グローバル・ポリティクス——世界の再構造化と新しい政治学』(有信堂、二〇〇〇年) 参照。なお、女性を主体とする運動の包括的な紹介として、Kumar, Radha, *The History of Doing* (New Delhi: Kali for Women, 1993).

(5) ナショナリズム運動における「女性問題」の不在あるいは抑圧については、Chatterjee, Partha, 'The Nationalist Resolution of the Women's Question', Sangari, Kumkum and Sudesh Vaid eds., *Recasting Women: Essays in Colonial History* (New Delhi: Kali for Women, 1989), pp. 233-253. ジェンダーの視点を強調したインド近代史としては、粟屋利江『イギリス支配とインド社会』(世界史ブックレット、山川出版社、一九九八年) 参照。

(6) Calman, Leslie J., *Toward Empowerment: Women and Movement Politics in India* (Boulder: Westview Press, 1992).

(7) Kumar, Radha, 'From Chipko to Sati: The Contemporary Indian Women's Movement', Basu, Amrita, ed., *The Challenge of Local Feminisms: Women's Movements in Global Perspective* (New Delhi: Kali for Women, 1995), pp. 60-63.

(8) スラムの政治社会学的分析として面白いのは、Patel, Sujata and Alice Thorner eds., *Bombay: Metaphor for Modern India* (Bombay: Oxford University Press, 1996); Fuller, C.J. and Véronique Bénéï eds., *The Everyday State and Society in Modern India* (New Delhi: Social Science Press, 2000). 活動家の観点からの伊勢崎賢治『インド・スラム・レポート』(明石書店、一九八七年) もあげておく。

(9) 以下は、二〇〇〇年二—三月および二〇〇一年二—三月の現地調査に基づいている。NGOと地元の人びとの活動を外から来た人間が取材させてもらうことの意味自体を考えさせられる調査であった。同時に、現地のＮＧＯの側から、日本から来る人の中にはただ見学して終わりという人が多い、という不満も語られた。そうしたさまざまな考慮から、ＳＥＷＡのように国際的に知られたＮＧＯでないだけに、ここでは実名を挙げずに記述した。

（10） 都市のスラムというマージナルな世界には通常の国家ではなく、私的な暴力が物を言い、警察も暴力をふるう側に回るという世界がある。この点について、竹中千春「暴動の政治過程――一九九二―九三年ボンベイ暴動」日本比較政治学会編『民族共存の条件』（早稲田大学出版会、二〇〇一年）。なお、貧しい人びとを対象とした運動、フェミニズム運動、人権運動、ヒンドゥー・ムスリムの対立を越える世俗主義の運動など、さまざまな運動のなかで、実践的な意味からも、理論的な意味からも、法律は重視されている。

（11） Mitra, Amit, 'Come Undone: Chipko is post-independent India's most powerful ecological movement', *Dawn to Earth* (Special Issue, 2001), pp. 26-29.

（12） たとえば、Shiva, Vandana, *Staying Alive: Women, Ecology and Survival in India* (New Delhi: Kali for Women, 1988).

（13） 以下、ドキュメンタリー・フィルム『禁酒運動――女たちの闘い』（シャブナム・ウィルマン、ドリシティー・プロダクション制作、一九九六年、ＮＨＫ衛星放送放映）参照。

（14） Forum for Democratic Reforms, 'Enhancing Women's Representation in Legislatures: An Alternative to the Government Bill for Women's Reservation', *Manushi* no. 116 (Jan.-Feb., 2000), pp. 5-6.

（15） Bas, Durga Das ed., *Constitutional Law of India, 7th ed.* (New Delhi: Prentice-Hall of India, 1998), p. 288.

（16） Centre for Women's Development Studies (CWDS), *Partners in Grassroots Democracy: Report of the Workshop on Panchayati Raj and Women* (New Delhi: CWDS, 1989), pp. 7-12.

(17) Forum for Democratic Reforms, *op. cit.*

(18) *Ibid.*

(19) Buch, Nirmala, *Women's Experience in New Panchayats: The Emerging Leadership of Rural Women* (New Delhi: CWDS, 2000)

(20) 竹中千春「ナショナリズム・セキュラリズム・ジェンダー――現代インド政治の危機」押川文子編『南アジアの社会変容と女性』(アジア経済研究所、一九九七年)。

(21) 竹中千春、前掲「世界政治をジェンダー化する」、二二六—二二八頁。Sangari, Kumkum and Sudesh Vaid, 'Widow Immolation in Contemporary Rajasthan', *Economic and Political Weekly* (April 27, 1991), WS-2; Oldenburg, Veena Talwar, 'The Roop Kanwar Case: Feminist Response', in Hawley, John Stratton ed., *Sati: The Blessing and the Curse: The Burning of Wives in India* (Oxford: Oxford University Press, 1994)

(22) Chhachhi, Amrita, 'The State, Religious Fundamentalism and Women; Trends in South Asia', *Economic and Political Weekly* (March 18, 1989); Kapur, Ratna and Brenda Cossman, Communalising Gender/Engendering Community: Women, Legal Discourse and Saffron Agenda', *Economic and Political Weekly* (April 24, 1993). これらは他の研究の先駆けとなった。Kandiyoti, Deniz ed., *Women, Islam and the State* (London: Macmilan, 1991). もあげておく。他に、Hasan, Zoya ed., *Forging Identities: Gender, Communities and the State* (New Delhi: Kali for Women, 1994); Jeffery, Patricia and Amrita Basu eds., *Appropriating Gender: Women's Activism and Politicized Religion in South Asia* (New York and London: Routledge, 1998). など。

(23) 分離独立をジェンダーの視点から分析した Butalia, Urvashi, *The Other Side of Silence: Voices*

from the Partition of India (New Delhi: Penguin, 1998) は、大きな反響を呼んだ。また、Menon, Ritu and Kamla Bhasin, *Borders and Boundaries: Women in India's Partition* (New Delhi: Kali for Women, 1998). もある。

(24) ただし、女性が常に迫害される犠牲者の側に立つとは限らない。男性支配社会のなかで保護されて特権を持つ女性もいるだけでなく、最近のヒンドゥートヴァ（真のヒンドゥー）を掲げる右翼的かつ暴力的な運動には、数多くの女性が参加した。これはフェミニズムを考察するうえで無視されがちな論点だが、たとえば戦時国家であった日本の軍国婦人もそうしたカテゴリーの問題と言える。Sarkar, Tanika, 'The Women as Communal Subject: Rashtrasevika Samiti and Ram Janmabhoomi Movement', *Economic and Political Weekly* (August 31, 1991).

(25) Calman, Leslie J., *op. cit.*; Banerjee, N.K., *Grassroot Empowerment (1975-1990): A Discussion Paper* (New Delhi: CWDS, 1995).

【第10章】

(1) 川原彰ほか「日本の再民主化を！」『世界』二〇〇〇年十二月号、一章「日本政治の失われた十年」を参照。

(2) 詳しくは、S・P・ハンチントン（坪郷實・中道寿一・藪野祐三訳）『第三の波——二十世紀後半の民主化』三嶺書房、一九九五年、を参照。

(3) こうした視角からの東欧の民主化については、川原彰『東中欧の民主化の構造』有信堂、一九九三年、が詳しい。

(4) A・ミフニク（川原彰・武井摩利・水谷驍編訳）『民主主義の天使——ポーランド・自由の苦き味』同文

舘、一九九五年、三―一一ページ。

（5）川原彰「編訳者まえがき」『民主主義の天使』v―xiページ。

（6）川原『東中欧の民主化の構造』七章。

（7）同前。

（8）R・ダーレンドルフ（岡田舜平訳）『ヨーロッパ革命の考察』時事通信社、一九九〇年。

（9）John Keane, *Civil Society: Old Images, New Visions* (Oxford: Polity Press, 1998).

（10）J・ハーバーマス（細谷貞雄・山田正行訳）『〔第二版〕公共性の構造転換』未来社、一九九四年、「一九九〇年新版への序言」。

（11）M・リーデル（河上倫逸・常俊宗三郎編訳）『市民社会の概念史』以文社、一九九〇年、第一章「市民社会」参照。

（12）Keane, *op. cit.*, pp. 12-31.

（13）ハーバーマス『〔第二版〕公共性の構造転換』。

（14）H・アレント（志水速雄訳）『人間の条件』筑摩書房、一九九四年。

（15）福澤諭吉『文明論之概略』岩波書店、一九三一年。

（16）川原彰『市民社会の政治学』三嶺書房、二〇〇一年。

（17）ハーバーマス『〔第二版〕公共性の構造転換』xxxviiページ。

（18）J・ハーバーマス（河上倫逸ほか訳）『コミュニケーション的行為の理論（上・中・下）』来来社、一九八五―八七年。

（19）Jean Cohen and Andrew Arato, *Civil Society and Political Theory* (Cambrige: MIT Press, 1992), Ch. 1.

(20) M・ウォルツァー(高橋康浩訳)「市民社会論」『思想』第八六七号(ラディカル・デモクラシー特集)、一九九六年九月、一六六ページ。
(21) 森政稔「現代日本市民社会論――その批判と構想」大森彌ほか編『現代日本のパブリック・フィロソフィー』新世社、一九九八年、二九ページ。
(22) 岡本仁宏「市民社会論」『NPOニュース』一九九八年。
(23) R・ダール&E・タフティ(内山秀夫訳)『規模とデモクラシー』慶應通信、一九七九年。
(24) R・ダール(内山秀夫訳)『民主主義理論の基礎』未来社、一九七〇年。
(25) H・アレント(志水速雄訳)『革命について』筑摩書房、一九九五年。
(26) 川原彰編『ポスト共産主義の政治学』三嶺書房、一九九三年、六三ページ。
(27) D・ヘルド(中谷義和訳)『民主政の諸類型』御茶の水書房、第九章。
(28) 同書、第十章。
(29) P・レズニック(中谷義和訳)『二十一世紀の民主政』御茶の水書房、一三四ページ。
(30) 久野収『政治的市民の復権』潮出版社、一九七五年、二二二―二二三ページ。
(31) 同書、二一四ページ。
(32) 『丸山眞男集』第八巻、一九九六年、四四ページ。
(33) 同書、二五ページ。
(34) 同書、八三ページ。
(35) 『丸山眞男集』第一五巻、一九九六年、六九―七〇ページ。
(36) Keane, *op. cit.*, pp. 12-14.
(37) 藤田省三「ポーランドの問題について考えたこと」(一九八〇年)、『現代史断章(藤田省三著作集3)』みすず書房、一九九七年、一八八―一九九ページ。

(38) 川原彰ほか「日本の再民主化を！」、三章「民主主義の再設計」を参照。

【第11章】

(1) C・D・ラミス『ラディカル・デモクラシー』岩波書店、一九九八年のとくに第四章「民主主義の傷だらけの伝統」参照。

(2) 川原彰『東中欧の民主化の構造』有信堂、一九九三年、参照。

(3) H. G. Enzensberger, *Civil Wars*, The New Press, 1994. 参照。

(4) 拙稿「現代戦争の位相――グローバルな『全体主義』と『新しい戦争』」（『歴史地理教育』、№六一二、二〇〇〇年）参照。

(5) M. Kaldor, *New & Old Wars*, Stanford University Press, 1999. 参照。

(6) G・オーウェル『一九八四年』早川書店、一九七二年、参照。

(7) A・メルッチ『現在に生きる遊牧民』岩波書店、一九九七年の「日本語版への著者序文」より。

(8) こういった、世界政治における個人析出のプロセスは、冷戦後という短期的文脈のみならず近代全体の検討のなかで考察されねばならない。A・メルッチは、「個人化」(individuation) 概念を、たとえばD・リースマンの『孤独な群衆』の中で示された「アトム化」の概念よりさらに包括的な概念として用いている。さらにU・ベックは、M・ウェーバーやG・ジンメル、E・デュルケームらの同様の概念とは異なる新しい文脈からこの概念を用いることを主張している。

(9) D. Heater, *World Citizenship and Government: Cosmopolitan Ideas in the History of Western Political Thought*, Macmillan, 1996. 参照。

（10）現在、（特に米国発の）国際関係理論において最も支配的となっているさまざまな形態の「ネオ・リベラリズム」イデオロギーの思想的根底にも、こういったエリートによる世界管理のヴィジョンが明確に看取できる。しかし、これら国際主義的ネオ・リベラリズムにもとづく世界秩序は、たとえば「文明の衝突」という言説が自己充足的に実現してゆく現状にあって、世界の軍事化や地域紛争の拡大を押しとどめることはできない。

（11）A・D・スミス『ナショナリズムの生命力』晶文社、一九九八年、二七一ページ。

（12）J・キーン（John Kean）が指摘するように、かつてヨーロッパにおける国境を越えた市民社会の成長が不可能だと断じたR・アロンの主張は少なくとも現実によって否定されている。むしろ初期近代（一八世紀）のコスモポリタンが、後期近代に「ヨーロッパ市民」（European civilian）という形で甦っているといえる。cf. J. Keane, *Civil Society: Old Images, New Visions*, Polity Press, 1998.

（13）E・モラン『二十世紀からの脱出』法政大学出版局、三二八ページ、参照。

（14）ブラント前西ドイツ首相らの呼びかけを契機に一九九二年に設立。世界中から二八人のメンバーが集まり設立された。メンバーは全員個人の資格で参加し、いかなる政府や組織の指示を受けるものではない。詳しくは、グローバルガバナンス委員会『地球リーダーシップ』NTT出版、一九九五年、を参照。

（15）同委員会メンバーの一人である緒方貞子氏によれば、ガバナンスとは、「統治と自治の統合の上に成り立つ概念」である。

（16）T. Dunne and N. J. Wheeler, *Human Rights in Global Politics*, Cambridge University Press, 1999. によれば、現在「人権」についての言説は以下のように、少なくとも四つのタイプが見られる（次頁図参照）。

（17）A. Melucci, *Playing Self: Person and Meaning in the Planetary Society*, Cambridge University Press, 1996, p. 31.

図：「人権」をめぐる言説の四つのタイプ

認識論＼存在論	文化相対主義	普遍主義
反本質主義	共同主義的プラグマティズム	コスモポリタン的プラグマティズム
本質主義	伝統的共同体主義	リベラルな自然権

（18）高畠通敏「運動の政治学」『政治の発見』岩波書店（同時代ライブラリー）、一九九七年、二六二ページ。

（19）P・レズニック『二十一世紀の民主政』御茶ノ水書房、一九九八年、三五ページ。

（20）「核政治」（atom-politics）とは、核兵器から原子力発電にまでいたる核エネルギーの開発・利用と、それにともなう広い意味での「政治」を包括的にとらえようとする概念である。拙稿、"'Atom-politics' in East Asia：Towards a Border-less Democracy"（『新潟国際情報大学情報文化学部紀要』第五号、二〇〇二年）を参照。

（21）ヘルドの「コスモポリタン・デモクラシー」論の内容と問題に関しては、拙稿「『グローバル・デモクラシー』論の構成とその課題——D・ヘルドの理論をめぐって」（『立教法学』第四八号、一九九八年）を参照。

（22）「オタワ・プロセス」の具体的な展開とその政治学的分析については、拙稿「『地球社会』と民主主義原理——『オタワ・プロセス』を考える」（『立教法学』第五五号、二〇〇〇年）を参照。

【参考文献（議論の骨格にかかわる文献）**】**

高畠通敏「運動の政治学」（『政治の発見』岩波書店、一九九七年）

丸山眞男「開国」（『忠誠と反逆』筑摩書房、一九九八年）

A. D. Smith, *Nations and Nationalism in a Global Era*, Polity Press, 1995.
A. Melucci, *Playing Self : Person and Meaning in the Planetary Society*, Cambridge University Press, 1996.
D. Heater, *World Citizenship and Government*, Macmillan Press, 1996.
D. Heater, *What is Citizenship?*, Polity Press, 1999.
J. Galtung, *Human Rights : in Another Key*, Polity Press, 1994.
T. Dunne and N. J. Wheeler eds., *Human Rights in Global Politics*, Cambridge University Press, 1999.
J. S. Dryzek, *Discursive Democracy : Politics, Policy, and Political Science*, Cambridge University Press, 1990.
M. Walzer ed., *Toward a Global Civil Society*, Berghahn Books, 1995.（石田淳・越智敏夫・向山恭一・佐々木寛・高橋康治訳『グローバルな市民社会に向かって』日本経済評論社、二〇〇一年）
D. Held, *Democrracy and the Global Order*, Polity Press, 1995.（佐々木寛・遠藤誠治・小林誠・土井美徳・山田竜作訳『民主主義と世界秩序』NTT出版、二〇〇二年）
B. Holden ed., *Global Democracy : Key Debates*, Routledge, 2000.
拙稿「『グローバル・デモクラシー』論の構成とその課題——D・ヘルドの理論をめぐって」（『立教法学』第四八号、一九九八年）
拙稿「『地球社会』と民主主義原理——『オタワ・プロセス』を考える」（『立教法学』第五五号、二〇〇〇年）

おわりに

栗原　彬

この本は、二〇〇一年九月一一日（アメリカでの同時多発テロ）と一〇月七日（アフガニスタンでのアメリカの報復戦争）の衝撃が尾を引く戦時体制の時代に、読者に手渡される。

テロと戦争という呼び名の違いを問わず、ジェノサイド（皆殺し）としては、9・11と10・7は決して特異なできごとではない。「空からのジェノサイド」に限っても、ナチス・ドイツのコンドル軍団によるゲルニカ無差別爆撃、勅命による戦政略爆撃としての日本軍の重慶無差別爆撃、米軍による東京大空襲、ヒロシマ・ナガサキへのアメリカの原爆投下、ベトナム戦争での米軍の枯れ葉剤作戦、湾岸戦争などを列挙することができる。9・11と10・7は、二〇世紀を席巻した空からのジェノサイドの系統発生の延長上にある。

同時に、どのジェノサイドも、歴史的・社会的文脈に根ざした個体発生の側面を持っている。9・11と10・7が氷山の一角であるとすれば、水面下の氷山の本体こそが問われなければならない。

氷山の本体と市民政治とはどのような関係にあるだろうか。9・11と10・7は、地球化システムの構造を露わにしたと言える。地球化は、一方で地球市民を生み出したが、他方では愛国心に燃える一国市民を生み出しもした。すなわち、地球化と市民政治は、相乗的であると同時に、相克的でもある。

地球化システムの中で、市場の自由化と独占、情報の民主化と管理、資本主義の民主化と独裁、グローバリズムとナショナリズム、多文化共生と文化支配は、それぞれ相乗と相克のドラマを紡いでおり、前者の謳い文句にもかかわらず、現実には共起する一連の後者のセクターが、優勝劣敗の世界を導き、南と北の格差を拡大し、至る所で人間の尊厳を奪い、屈辱をもたらした。

グローバリズムの真の主体であるアメリカは、「反テロ戦争」の名で予防戦争を宣言して、圧倒的な軍事力と情報網と政治宣伝で地球秩序の再編成に乗り出した。「ならず者国家」といった名指しによって、その国をテロと関係のない人々ぐるみで絶滅させることができる。アントニオ・ネグリとマイケル・ハートは、ネットワークで全世界を支配するグローバルな世界システムを、「帝国」と呼ぶが、10・7以後露出したアメリカの突出した権力位置と戦争体制と表象装置を重ね合わせれば、いっそう「帝国」の名に似つかわしい。ブッシュ・ドクトリンは、地球化から巨体を現わした、公然たる一国帝国主義の宣言である。

「新しい帝国」と戦時体制の潮流の中で、「私」は、そして「私たち」は、どこにどのような者として立っているだろうか。

9・11テロ事件と10・7アフガニスタン空爆をめぐって、心に残る新聞への投書があった。

同時多発テロ以後の数ヵ月、私はまとまらない気持ちのまま、できるだけ反戦集会やデモに参加してきた。デモ隊を見る街の人たちの目は、概して冷ややかだと思った。世界中で反戦行動が起きていることは知っているし、平和を望む人が多いのも分かっている。でもやはり私には納得がいかない。生身の人間が日々殺されていく現実を「見物」させられながら、それでも安穏な日常生活を送れる、私たち二一世紀の人間のことが。これまで掲げられてきた「平和の言説」とは何だったのだろう。まさかこれも商品化されたものだとは思いたくない。しかし、平和をうたってきた論陣や運動は、単なる表現活動に過ぎなかったのかと思えるほど、現実に戦争をとどめる力にはならないものだと感じる（佐久間啓子〔小売業、東大和市、五三歳〕「テロと私たち　接点を考える」『朝日新聞』「声」二〇〇二年一月一一日）。

重い腰をあげて、反戦の声に唱和してみる。世界中で上っている反戦の声を黙殺して、無垢の人々への空爆が続けられる。「誤爆」という名の無差別爆撃による死者はテロの死者をはるかに上回って、四〇〇〇人を超えるという。更に空爆を正当化する言葉の空爆も重ねられる。全くの無力感。しかもテレビで人々が不条理に殺されていく現実を「見物」させられる。テレビを消せば、いつもと変らない家庭や職場の安穏な生活に戻ることができる。こうしたことに「納得がいかない」という投稿者の思いは、多くの人々に共有されるのではないか。

投稿者は「平和な『私たち』の暮らしがどこで今回のテロに結びつくのか、考えていきたい」と結ぶ。「私たち」は、アフガニスタンの人々が空爆で殺され、貶められることに、どこかでつながっていないだろうか。戦争に反対しながら戦争に加担しているのではないか。

「私たち」は、少なくとも三つの仕方でアフガニスタンの人々の生存への細い糸を断ち切り、人間の尊厳を奪うことに手を貸しているのではないだろうか。第一に、地球市場化の高い波に同乗することによって、富の差を拡大するばかりか、我知らず南の人々に屈辱を与えることによって。第二に、報復戦争による人々の圧殺を、なす術なく「見物させられる」こと、つまり傍観することによって。第三に、起こったことをあってなかったことにすること、「平和」な国の日常にスイッチを切り換えて、アフガニスタンの人々の受難を忘却することによって。参戦の言説も、反戦の言説も、加害のネットワークに連なることに変りはない。すなわち、「私たち」はシステムの代行者の位置に立たされている。

なぜ代行者になってしまうのか。地球市場の本体がネットワーク型の「新しい帝国」である限り、地球化の主体になることは、帝国のネットワークの従属者となることと相即的だからである。9・10／10・7をきっかけに、一方で大多数のアメリカ国民が熱狂的な愛国者にして十字軍になり、他方で多くの先進国の市民が傍観者であり続けることは、いずれも個のアイデンティティを失って、帝国のネットワークへの主体化＝従属化を強めたことの証しである。

帝国のネットワークの構成単位になるべき、主体という名の人間機械は、地球市場の標準化された行為モデル、「合理的な選択をするホモエコノミクス」を身体化しないではいない。「合理的な選択」によって反復的に感情操作をする身体が、自己言及的に自らの身体の動きを呪縛し、見ているものから選択的に関心を逸らす「選択的非注意」ないし傍観のハビトゥス（身にしみついた慣習行動）を育てる。

テレビという安全な観客席から、テロ事件や戦争、公害事件や環境破壊を、ゲームとして「見物」する「観客」のハビトゥスが、同じく、「死」の政治的定義と臓器移植法、住民基本台帳法と住基ネットワークシステム、盗聴法、周辺事態法、国旗・国歌法、「奉仕活動」推進案（中教審「中間報告」）、個人情報保護法案（メディア規制法）、有事法制関連三法案、首相の靖国参拝、官房長官の核武装発言などをさしたる抵抗もなく容認してきたのではないか。これらすべては、地球市場化、公共圏の縮小、国民国家の再補強、生命操作政治の進展、超管理社会化、戦争体制の強化、すなわち「新しい帝国」のシステム化ということに結びついており、システムの政治＝ネオリベラリズムの政治が市民政治につきつけた挑発的な課題となっている。

市民政治は、内なる権力のエコノミー系の内破、つまり「観客」の欲望とハビトゥスを我が身から引き剥がすことと、帝国のネオリベラリズムの政治とホモエコノミクスの再生産装置を解体して、「人間の政治」による別の系を創造することとの、両面作戦を求められている。

「観客」のハビトゥスには、システムの欲望が刷り込まれている。豊かな生活を守り、安全圏に閉じこもり、さらなる権益を求め、我有化の領域を拡大しようとする欲望が。

どのようにして「観客」のハビトゥスをゆり動かして、システムの代行者の位置から離脱していくことができるだろうか。

先述の新聞への投稿者が言う「納得がいかない」気持が大事な手がかりである。

確かに私はテレビに映るアフガニスタンの子どもを「見物」しているかもしれない。しかし、アフガニスタンの子どもを見ているつもりで、その子どもの強いまなざしに自分が見られていると思うことがある。そのまなざしをはね返すことも、眼を逸らすこともできない。テレビのスウィッチを切っても、まなざしは残る。そこに奇妙な違和感が生まれる。そのまなざしに、私の欲望が映し出される。私を死にゆくままにするなと無言で語りかけるまなざしに、私はほとんど「観客席」から腰を浮かせ始めている。

私が見るのでなく、私が見られる、という視線の逆転。私が語るばかりでなく、語られてもいることの発見。私が見ている（筈の）私と、他者に見られる私との間の像のズレ。また、私が「見物」していた子どもと、その子のまなざしに促がされて私が今見返している子どもとの間の像のズレ。視線の逆転と二重の像のズレは、私が立つ場所を移動させることによって、他者の存在が私に現れることに連動している。視差と身体位置の移動のその先に、たとえば投稿者のように「平和な『私たち』の暮らしがどこで今回のテロに結びつくのか考えていきたい」という思考と行為が開かれる。

市民活動は今、NPO化の進展に伴って活動領域を拡大しつつある反面、無数の相克を内に抱えるに至った。たとえば、地元に根づいた旧来のボランティアセンターと新しいNPOセンターとの相克。大きなNPOと小さい市民活動とのせめぎ合い。市民活動、ボランティア活動、市民運動の間の亀裂、または切り離し。老舗のNGOと新参のNPOとの確執。「奉仕活動」とボランティア活動との対立。「お手伝い型」「お楽しみ型」「お叱り型」といった殊更な類型化による分断。非営利セクターと市場セクターとの葛藤などがあげられる。

日本ボランティア学会の二〇〇一年度年次大会のある研究セッションでのこと。一人のボランティアの発した質問が心に残った。そのボランティアは、人口四、五万の地方都市で福祉のボランティア活動を行っている。活動を強化するために、NPO法人の認証を受けて、生活保証のある六人の専従を置き、事務局を整備したところ、なぜかグループの雰囲気が小さい役所に似てきたという。専従のコーディネーターとボランティアの間、グループと地域の人々との間、そして障害者とスタッフとの間に、すき間風が吹き始め、ボランティアの初心が見失われたようで寂しい、どうすればよいか、という問いかけだった。NPO化が進み、マネジメントの強化という目先のことに目を奪われがちな今日、このボランティアの問いは切実だ。しかし、もとより、彼女の問いに誰も答えることができなかった。

永い間海外でNGOの活動をやってきた中田豊一は言う。あなた自身が、自分のアイデンティティ危機の臨界点に身を置いて、ボランティアの原点を問い直すことしかできない、と。中田がそうであったように現地の人々から、「日本に帰れ」と言われたらどうするか。私がそうであったように障害者から「ボランティアなんていらないよ。金を払って専門の介助者にやってもらった方がずっと気が楽だし、サポートもうまくいく」と言われたらどうするか。中田が言うように「私がいなくなったら本当に困る人がいるか。いや困る人なんていなそうだ。それじゃ、なんで私はここにいて、この活動をやっているのだろう」と考え抜くこと。

いま、市民やボランティアは、他者の方から、アイデンティティと活動の根元的な問い直しを迫られているのではないか。かつて久野収は、市民を「『職業』を通じて生活をたてている『人間』」と定義した。もともと市民は職業と生活の矛盾を抱えた存在だが、その職業と生活を分離して、組織や国家から自由な自分の生き方を求める市民像を探究した。この古典的な市民の定義は、今日でも通用する。それと同時に、他者のまなざしに照らされるとき、「市民」も「自由な生活」もまた、無傷ではあり得ないことも見えてくる。

「市民」と「自由な生活」そのものの内に、享受への欲望とヴァルネラビリティー、抵抗と代行、コミットメント（関り）と傍観、支援と価値剝奪、共苦と加害といった相反するものの交差が見出される。言い換えれば、グレイ・ゾーンの生き方を視差と身体位置の移行の中に見出すことが、市民的アイデンティティの根元的な問い直しの出発点になるだろう。

まなざしの逆転と立つ位置の移動、そして受難の他者の存在の現れということは、取りも直さず、いのちへの極限的な感受性が開かれること、および、他者への内発的な応答可能性《レスポンシビリティ》が働き出すことを意味する。システムからの離脱はそこに始まる。市民政治は、制度と運動の側面からの問い直し、再構築とともに、「人権」をめぐる言説の彼方に、未踏の倫理の探究を求めている。

哲学者の鷲田清一は、「ケアする人のケア」研究集会で、ケアとは、私が誰かの宛て先になること、誰かが私の宛て先になることだ、と述べた。この場合、ケアをボランティア活動あるいは市民活動と書き換えてもよい。苦しみを持つ人が私の視界に現れるとき、その人を無視したり排除するのでなく、逆に同一化したり、感情的に巻き込まれていくのではなく、その人が私の宛て先になり、また私がその人の宛て先になるように立つこと。程よい距離を保って互いにそれぞれの存立に関心をもつこと、という丸山眞男の「友情」の定義が想い起される。

無数の人々が、私の前を通過していって、二度と会うことはない。しかし、誰かが私のまなざしの宛て先となって現れる。私のセンサーに応答するように、他者が向こうから訪れる。市民、ボランティアは、時代の中の苦しみ、受難、悲しみ、不条理などへの感受装置にほかならない。宛て先になるとは、「新しい人」としての市民、ボランティアのアイデンティティを創出すること、言い方を換えれば、切れた関係をつなぐこと、私もあなたもその一端に連なる「信」の関係を構築することでもある。

本書は、立教大学法学部で展開されている「基礎文献講読」の助手を経験する縁に連らなり、かつ市民政治への関心を共有する者たちによる共同作業である。「基礎文献講読」は、一年次生に社会科学の文献の読み方を教える週二コマの演習で、教員と助手が二人で組になって担当した。それは開かれた自由な討論の場であった。そのシンポジオン(饗宴)さながらに、本書に収められた論文は、それぞれの主題と方法の差異を保ちながら、政治理論・社会理論の探究と現実の市民政治への洞察との往還の企てという一点で響き合っている。私たちは、本書がアカデミズムの市民政治研究と現実の市民政治との橋渡しになることを望んでいる。市民政治をめぐる双方の現場からの「応答」を期待したい。

本書は、執筆者たちが学問の修業時代に「基礎文献講読」で胸を借りたばかりか、市民政治論はもとより、広く政治学を学ぶ上でこよなき導き手であった高畠通敏先生に、立教大学からの定年退職を記念して、捧げられる。感謝とともに。

あとがき

佐々木寛（事務局担当）

本書のきっかけは、本書の編著者である高畠通敏氏が、一九九九年三月に立教大学法学部を退職されるに際して計画された記念論文集である。「おわりに」にもあるように、執筆参加者はいずれも立教大学法学部において氏の助手を務め、あるいは大学院等で指導を仰ぐことによって薫陶を受けた研究者で構成されている。

ただ当初より、一冊の書物として世に問う以上、単に個々の参加者が論文を「寄稿」するというだけでなく、できれば時間をかけて個々のテーマを相互に深め合う必要が自覚された。参加者は、一九九八年七月から一九九九年七月にかけて計七回の共同研究会を開催し、議論を重ねた。研究会では、はじめから「市民」あるいは「市民社会」といった基礎概念の位置づけに関して率直な意見のやりとりが見られ、本書の共通テーマである「現代市民政治」がもつ多元的な側面が浮き彫りになった。最終的に、編者の判断により、これら議論相互に見られた相違やダイナミズムをむしろ活かすかたちで本書の編集がなされた。

本書が、当初の目的の通り、市民政治に関心を寄せる学生や研究者、あるいは日々市民活動に携わる多くの人々にとって、自らの現在位置を再確認するために少しでも役立つことができれば幸いである。

最後に、執筆者の原稿の遅れを寛大に見守り、たゆまず叱咤激励くださった世織書房の伊藤晶宣さんと戸来祐子さんにお礼を申し上げたい。また、本書の刊行に際しては、新潟国際情報大学の出版助成を得ることができた。併せて明記しておきたい。

●編・著者紹介（執筆順）

高畠通敏（たかばたけ・みちとし）——編者・はじめに・第1章
一九三三年生まれ。駿河台大学法学部教授。立教大学名誉教授。
主要著作『政治の発見——市民の政治理論序説』（岩波書店、一九九七年）『無党派層を考える』（共著、世織書房、一九九七年）『地方の王国』（潮出版社、一九八六年）『政治学への道案内』（三一書房、一九七六年）など。

松本礼二（まつもと・れいじ）——第2章
一九四六年生まれ。早稲田大学教育学部教授。
主要著作『近代国家と近代革命の政治思想』（共著、放送大学教育振興会、一九九七年）『トクヴィル研究——家族・宗教・国家とデモクラシー』（東京大学出版会、一九九一年）など。

都築 勉（つづき・つとむ）——第3章
一九五二年生まれ。信州大学経済学部教授。
主要著作『戦後日本の知識人——丸山眞男とその時代』（世織書房、一九九五年）「嘘の政治学」（『信州大学教養部紀要』第二三号、一九八九年）など。

小野修三（おの・しゅうぞう）——第4章
一九四八年生まれ。慶應義塾大学商学部教授。
主要著作『公私協働の発端——大正期社会行政史研究』（時潮社、一九九四年）『何のための知識か——危機に立つ社会科学』（訳書：ロバート・ストートン・リンド著、三一書房、一九七九年）など。

大海篤子（おおがい・とくこ）——第5章
お茶の水女子大学ジェンダー研究センター研究協力員。立教大学非常勤講師。
主要著作『わたし・家族・コミュニティをこえて』（新曜社、二〇〇三年）「地方議会における女性議員の〈形成〉と意識の変容——東京・生活者ネットワークの代理人の事例より」（二〇〇〇年、お茶の水女子大学提出博士論文〈学位——社会科学——〉）など。

五十嵐暁郎（いがらし・あきお）——第6章
一九四六年生まれ。立教大学法学部教授。

主要著作『明治維新の思想』(世織書房、一九九六年)『民主化時代の韓国――政治と社会はどう変わったか』(世織書房、一九九三年)など。

栗原　彬(くりはら・あきら)――第7章・おわりに
一九三六年生まれ。明治大学文学部教授。
主要著作『講座　差別の社会学』全4巻(編著、弘文堂、一九九六年)『人生のドラマトゥルギー』(岩波書店、一九九四年)など。

越智敏夫(おち・としお)――第8章
一九六一年生まれ。新潟国際情報大学情報文化学部助教授。
主要著作『講座政治学Ⅰ　政治理論』(共著、三嶺書房、一九九九年)『グローバル・デモクラシーの政治世界』(共著、有信堂、一九九七年)など。

竹中千春(たけなか・ちはる)――第9章
一九五七年生まれ。明治学院大学国際学部教授。
主要著作『民族共存の条件』(共著、早稲田大学出版会、二〇〇一年)『サバルタンの歴史――インド史の脱構築』(訳書:ラナジット・グハ他著、岩波書店、一九九八年)など。

川原　彰(かわはら・あきら)――第10章
一九五八年生まれ。中央大学法学部教授。
主要著作『市民社会の政治学』(三嶺書房、二〇〇一年)『東中欧の民主化の構造――1989年革命と比較政治研究の新展開』(有信堂、一九九三年)など。

佐々木寛(ささき・ひろし)――第11章・あとがき
一九六六年生まれ。新潟国際情報大学情報文化学部専任講師。
主要著作『NPO/NGOと国際協力』(共著、ミネルヴァ書房、二〇〇二年)『デモクラシーと世界秩序――地球市民の政治学』(共訳書:デヴィッド・ヘルド著、NTT出版、二〇〇二年)など。

現代市民政治論

2003年2月25日　第1刷発行©

編　者	高畠通敏
装　幀	間村俊一
発行者	伊藤晶宣
発行所	(株)世織書房
組版・印刷所	(株)真珠社
製本所	協栄製本(株)

〒240-0003 神奈川県横浜市保土ケ谷区天王町1丁目12番地12
http://villrge.infoweb.ne.jp/~fwgi4541/index.html
電話 045 (334) 5554　振替 00250-2-18694

落丁本・乱丁本はお取替いたします　Printed in Japah
ISBN4-906388-94-9